当代中国教育学术史

丛书主编/张斌贤

教育基本理论研究

董标 程亮 张建国 孙嘉蔚 著

海峡出版发行集团 | 福建教育出版社

图书在版编目（CIP）数据

教育基本理论研究/董标等著. —福州：福建教育出版社，2024.12. —（当代中国教育学术史/张斌贤主编）. —ISBN 978-7-5758-0006-8

Ⅰ.G40

中国国家版本馆CIP数据核字第2024CJ9517号

当代中国教育学术史

丛书主编/张斌贤

Jiaoyu Jiben Lilun Yanjiu

教育基本理论研究

董标　程亮　张建国　孙嘉蔚　著

出版发行	福建教育出版社
	（福州市梦山路27号　邮编：350025　网址：www.fep.com.cn
	编辑部电话：0591-83779615　83726908
	发行部电话：0591-83721876　87115073　010-62024258）
出 版 人	江金辉
印　　刷	福建省地质印刷厂
	（福州市金山工业区　邮编：350011）
开　　本	710毫米×1000毫米　1/16
印　　张	19.75
字　　数	273千字
插　　页	1
版　　次	2024年12月第1版　2024年12月第1次印刷
书　　号	ISBN 978-7-5758-0006-8
定　　价	59.00元

如发现本书印装质量问题，请向本社出版科（电话：0591-83726019）调换。

总　　序

　　2018年1月中旬，福建教育出版社成知辛编辑来电，邀请我编写一本反映外国教育史研究进展的著作。考虑到这本书的主题过于专业、读者面不大，因此，我建议不妨把选题扩大，组织编写一套反映教育学科各重要学科领域近几十年研究进展的丛书。成编辑欣然同意，与我商议，由我策划联系落实各分卷主要负责人。经过一个月左右的努力，到2018年2月下旬，申报选题、确定分卷主要负责人等各项准备工作基本就绪。从2018年3月开始，各分卷开始编写工作。到2019年8月底，已有数卷相继完成。按计划，从2019年下半年开始出版，并在今后一两年内出齐。这便是"当代中国教育学术史"丛书的由来。

　　这套丛书所涉及的学科领域既包括现行学科目录教育学一级学科之下的十个二级学科、公共事业管理一级学科之下的教育经济与管理，包括部分院校自设的二级学科（如教师教育、教育政策与法律、农村教育、民族教育等），也包括部分二级学科下的重要学科方向（如教育基本理论、教育哲学、教育社会学、德育研究等）。

　　负责丛书各分卷编写工作的学者分别来自北京师范大学、华东师范大学、东北师范大学、华中师范大学、西南大学、南京师

1

范大学、华南师范大学、山东师范大学、宁波大学和湖州师范学院等高校。他们都具有长期从事教育学科研究的经历，熟悉本学科和学科领域的学术进展，均为本学科或学科领域具有广泛学术影响的著名学者。

编写这套丛书的主要目的在于，第一，通过对教育学科各重要学科领域学术史的回顾，为从事教育研究的教学科研人员提供更为专业的线索清晰的学术史料参考，为教育专业本科生和研究生学习相关课程、选择阅读书目和确定研究选题提供必要的指导。因此，这套丛书的读者定位确定为：高等院校和教育科研机构的教学科研人员；各级各类教育机构管理人员和教育工作者；教育专业的本科生、研究生；相关学科的教学科研人员；热心教育研究的社会各界人士；等等。第二，通过扎实的文献研究，对教育学科各重要学科领域开展较为完整和系统的学术史梳理，全面、充分地回顾和审思中国教育研究近七十年（尤其是近四十年）的变化进程，为进一步挖掘中国教育研究及其变迁的规律奠定基础。第三，更为重要的是，编者们希望藉由丛书的编写，在教育学界逐步形成一种尊重前人研究成果、注重学术传承的风气，以进一步确立严格的学术规范，推动教育研究的长远发展。

在中国，专业的教育研究发端于清末民初。百余年来，中国的教育研究事业筚路蓝缕，历经坎坷。自中华人民共和国成立，尤其是改革开放以来，伴随着中国教育的改革发展和国际交流的不断深入，教育研究取得了长足的进步。人员规模不断扩大，成果产出大幅增加，规范意识显著增强，学术资源逐渐丰富，学术交流日益活跃，如此等等。另一方面，在教育研究事业凯歌行进的同时，也面临着前所未有的严峻挑战。

教育研究如何有效地应对来自方方面面的挑战，固然有多种可能的途径和方法，但不论怎样，学术史的研究都是必不可少的、具有基础性和战略性意义的重大选项。

在我国的教育研究中，长期以来存在的一个根深蒂固的顽疾是，轻视乃至忽视学术史研究的意义，误以为学术史研究只是课题论证的一部分或对研究生进行学术训练的一个环节，而对成熟的学者则不适用。因此，在大量的教育研究工作中，研究者很少对研究主题产生的知识背景（或知识谱系）进行深入挖掘和分析，很少系统地梳理国内外同行在同一个主题上已经开展的研究工作，分析同行业已提出的研究结论，并对结论做出中肯的评判。由此造成的突出印象是，在这些研究者的成果发表之前，似乎没有人讨论过（甚至哪怕只是涉及）这个主题，这个主题似乎是全新的。研究者本意是借此说明自己所从事的研究工作的价值，殊不知这反倒说明这项研究工作缺乏必要和充分的基础，而缺乏足够的前期基础的研究很难取得真正意义上的知识进步。诸多教育研究成果之所以常给人缺乏厚重深邃而显得单薄肤浅之感，原因之一就是研究者缺少认识问题的纵深感，而这种纵深感既源于学者个体的知识积累，也基于学科本身业已生成的深厚的学术积淀和学术传统。

由于这些现象的存在，如果要就中国教育学界研究的某一个主题（例如素质教育或学生课业负担等等）进行学术史梳理，那将是一项非常艰难甚至是不可能完成的工作。在关于同一个主题的不同论述中，往往很难发现同一个时期不同学者研究成果之间的关联（至少很少有学者明确阐明自己的研究与之前相关研究的关联），更不容易寻找到不同时期不同学者对同一个主题的研究成果之间的联系和差别。由此造成的困难是，人们虽然可以了解哪些主题曾经得到了研究，但很难确切地知道是哪位学者最初提出了这个问题，是在什么背景下提出的，教育学界对这个问题的研究前后经历了哪些阶段，运用了哪些研究方法，有什么不同的观点和主张，这些观点和主张之间的逻辑关系是什么，对该问题的研究取得了什么进展，等等。

创新源自继承。事实上，无论从事何种主题的研究，只有在全面深刻地吸收、借鉴和批判前人相关研究成果的基础上，才有可能寻找到有待继续挖掘和探索的研究问题，才有可能开展新的、有意义的研究工作，才有可能在一个较高的起点上不断拓展和深化认识，才有可能切实地推动知识的进步。就教育研究而言，通过梳理不同学科领域重要主题研究的演变过程，厘清不同时期和不同学者对相关主题研究结果的相互关系，不仅有助于判断教育研究本身的进展、存在的问题和困难，有助于不断形成学术积淀，夯实学科的基础，而且有利于逐步建立教育研究的学术传统，形成牢固的学术规范，保障教育研究事业的可持续发展。[①]

在丛书各分卷陆续付梓之际，首先要感谢各分卷负责人和他们领导的编写团队。他们的精诚合作、积极参与和辛勤劳作，使丛书能按时、保质出版。

感谢福建教育出版社的大力支持，感谢成知辛编辑和他的编辑团队为丛书的出版所付出的辛劳。

张诗贤

2019 年 9 月 13 日

[①] 在《少制造些意见，多生产点知识——关于教育研究规范化问题的评论》等文中，作者已对相关问题做了初步讨论（参见《教育科学研究》，2018 年第 1 期）。此处无非"借题发挥"，稍作补充。

目 录

引言 ··· 1

第一章　从教育史到学术史 ······································· 7
- 第一节　从《明儒学案》到《清儒学记》 ······················· 8
- 第二节　从美索不达米亚到亚历山大里亚 ······················ 26
- 第三节　从象征革命到教育革命 ································· 43
- 第四节　从书写教育到缩写教育 ································· 64
- 第五节　从学术话语到理论事实 ································· 80

第二章　从西力东渐到改革开放 ································· 93
- 第一节　从五路十代到七十感怀 ································· 93
- 第二节　从幽涧流泉到催逼未来 ································ 114

第三章　"教育基本理论"的制度化 ···························· 124
- 第一节　作为专业建制的"教育基本理论" ··················· 125
- 第二节　作为课程形态的"教育基本理论" ··················· 132
- 第三节　作为专业社群的"教育基本理论" ··················· 137
- 第四节　作为知识类型的"教育基本理论" ··················· 141

第四章　教育基本理论的多元格局 …… 144
第一节　马克思主义教育思想研究 …… 144
第二节　以基本问题为路径 …… 154
第三节　以学科架构为路径 …… 161
第四节　以教科书编写为路径 …… 169
第五节　以资料建设为路径 …… 183

第五章　教育基本理论的范畴演进 …… 192
第一节　教育的概念分析：以"本质"为主导 …… 192
第二节　教育与人的问题：以"主体"为中心 …… 197
第三节　教育与社会的关系：以"市场"为参照 …… 202
第四节　教育学的问题：走向"元研究" …… 207

第六章　21世纪以来的教育基本理论 …… 214
第一节　教育基本理论传统主题的转变 …… 214
第二节　关于教育学自身的探索 …… 218
第三节　教育学基本概念研究 …… 253
第四节　教育基本理论的两个转向 …… 270

重要文献 …… 296

后记 …… 306

引　言

教育基本理论学术史，对教育基本理论的事实（历史和现状，本丛书的意向是新近状况）加以刻画、解释并批评，蕴含揭示理论事实演变规律、推演未来趋势、促进理论发展的追求。理论事实，既是对象，又是目标，故是唯一中心。

逼近一部学术史的书写目标，从摸索、学习并基本掌握法度和规则开始。受过学术史的专门训练者，具备直接跳过这个起点的基础，则先行对教育理论划界，以便有的放矢。然后，基于法度和规则，书写学术史。

学术自由。公共知识，是任何人在任何情况下展开任何批评的对象。教育基本理论也不例外。共和国法典中，没有对任何批评方式、方法、途径和环境的强制性法条。属于"任何批评"范畴之一的专业批评，受法典保护，受规则约束。"保护"即不受任何非法干涉；"约束"即内化规则，自觉践行。这是规则的价值，是专业批评与其他批评有别的标志。

学术史研究者遵规守则，以构建真实、真确和真诚的学术话语为己任，以专业共同体话语形态，为学术社群的自由交往服务。书写学术史，或谓学术史批评，与能否取得学术成就，没有直接联系。学术成就不是学术交往的最终目的。

在自由交往中，真实、真确和真诚，既是规则，又是目标。基于法度和规则，建立交往关系，即初始目的。唯真实、真确和真诚的学术话语行动，可望窥探、进而达至真知。真知，既回报三真，又增益批判。学术交往的中程目的，是理性批判，探求真知。学术交往的终极目的、学术规则的最高价值，在于超越文本，审美批判，返璞归真，实现自由。以成就为目的的工具理性行动，与公开的或隐含的策略行动和操纵行动共谋，与真实、真确和真诚对抗、斗争。胜利者，既不是不言自明的，也不是言之即明的。对此，片刻实践无用武之地，长期历史才是唯一判官。或谓，"时间是最好的法度"。

理论社群话语形态的基本指涉（其他割舍）是以言言事，不是以言行事，但无法排除以言起事。以言言事（locutionary act），即把受规则约束的学术话语，用在理论事实上，此外无所求。以言行事（illocutionary act），感恩戴德，信誓旦旦。温良恭谦让，"忽悠秦始皇"（陈振家），不在学术话语中，不在真知追求中。以言起事（perlocutionary act），不是目的。设使友人读了这本书，爱上或厌弃教育基本理论，这并非作者的初衷。话语外溢效应，总是客观存在的。

划界方式、学术史的法度和规则，不是摆在那儿、为专业批评者随意取用的。法度和规则系统的生灭流变，构成学术形态演变的标志，是比理论事实更高、更重要的学术史对象。习得学术史的法度和规则，自我规训或谓"规范学习"（normative learning processes），是比探索并发现划界方式更难、更复杂的以言行事。学术进化，是法度和规则的生成使然。学术创新，是法度和规则的升华使然。学术革命，是法度和规则的重建使然。在学术革命中，理论的颠覆或倒置，不是出自理论事实的必然逻辑，而是法度和规则的自我革命引导的、决定的。

一切写本、印本，包括网络文献，无不具有三大属性：物质、意识、权力。有文字以来，一直如此。创造了具有决定性影响的"西学"一词的高一志（Alfonso Vagnone，1566—1640），在我国编撰、梓行古汉语版的《童幼教育》，含文艺复兴时期最新的教育理论成就，或先于或与夸美纽斯的《大教学论》同时。在运命上，《童幼教育》《大教学论》，与卢梭、杜威、赫尔巴特、费莱雷等等的教育理论一样。东西南北，一路一景，高低不同，起伏无定。这等学术景观，与理论逻辑无关。"文变染乎世情，兴废系乎时序。"（刘勰）

以自然现象为基点的法度和规则，以神祇想象为基点的法度和规则，以抽象个人为基点的法度和规则，如此等等的"世情和时序"，分别造就了似可描述为天性教育、天启教育和人的教育的诸理论。社会聚合走向民族-国家，教育与之一致。或先或后，谓国家教育。教育理论的基点变异、中心位移，以国家为轴心、为自变量，自然、上帝、个人等因变量，竞相环卫。地球村和人类世概念和思想，推进了国家中心的理论转型，教育理论便在群生-共生的方向上，进行全新探索（toward a more Holistic Critical Animal Studies Pedagogy）。"全新探索"，尊重并顺应一切演化、一切"世情和时序"的复杂化规律，以知识和价值为对象，意在超国家、超族群、跨文化、跨语言（cross-language，语言交叉）的共生教育，故不以法度和规则为中心。知识和价值的颠覆或倒置，总以法度和规则的继承为起点。法度和规则的稳定、固化程度，高于知识和价值，故知识革命和价值革命附丽之。此所谓"一切革命都是规范革命"（normative revolutions）。

天性教育、天启教育、人的教育、国家教育、共生教育，与人的社会聚合进程同构。社会聚合，在多向度上复杂化，走过宇宙-自然之路、众神—一神之路、个人-国家之路，正走在群生-共生的方向上，但始终不离生物结合，也不对心迹历程清零。社会聚合的连续性高于断裂性。文字狱见于古今中外。为学术发达、政治昌明，文字本当清零。这是想也不敢想的、敢想也不敢做的。敢想敢做并能做的，无非文字控制和选择而已。结果，语言地位每每颠三倒四，学校系统时时一马当先。

社会聚合方式高于个体存在，聚合原则高于聚合方式，聚合信念高于聚合原则，抽象信仰高于聚合信念。人是唯一诉求抽象信仰的动物。成群的种种动物、动物的合群性、动物朋友圈，对抽象信仰一无所求。发明抽象信仰是一切革命的先导，此谓"象征革命"（symbolic revolution, human revolution, creative explosion）。抽象信仰，在天性教育、天启教育、人的教育、国家教育、未广为普及的共生教育的推动下，使社群在每一条道路上，在每一个阶段，不停地创造法度和规则，以"组织起来"、组织得更好。在组织化、结构化与复杂性同步的文明进程中，法度和规则的继承关系、变异关系、倒置关系，创造了人的世界。

人的世界是组织世界、结构世界。组织局限、结构缺失，与人的局限相互强化。人和人的世界，以局限性自存自证。学术史的最大局限，是无力设定一个完整的思想史书写目标。学术史对思想史有排异性。思想不依赖语言，不依赖书写。任何思想，都不是公共知识。有些思想，后来被写出来，固定为文本，产生了思想家。但更多的思想，没有写出来，也写不出来，因为人人都是自己的思想家、社会的思想家、教育的思想家。即便写出来，未必印刷出版。即便流播于世，不知几人得观或览阅。何况印行之后，遭遇围剿焚毁，古今中外，先例无数。

散布、推广、强加一种思想写本，总以屏蔽最大多数人的思想和激情为代价。思想史书写者对芸芸众生如此不公平，奈何。完整的思想史是写不出来的。思想史，实现不了、永远实现不了全部目标甚至大部分目标。思想史的学术训练，看上去更困难，但无碍思想史文本成为学术史的对象，只是少些妄自尊大为好。

人的一些局限可被超越，更多局限超越不了，例如妄自尊大或属难以修编纠错的基因缺陷。扬声器超越了嗓门的乏力，无限量技术的堆砌，却改变不了生命规程——总有一死。死即德性（arete/virtue）。大众思想总是来去无踪，生也无形、死归洪荒。精英思想常见灰飞烟灭，天才落地，死得辉煌。思想史、理论史、学术史、教育史上的生生死死，德性使然。

自从有了完整书写（complete writing）、发生了书写革命（writing revolution），有了教育制度（或先于"完整书写"）、发生了教育革命，神话和宗教、知识和思想、理论和学科等等，以教育史为轴心，以不确定的方式，形成一个介于超验与经验、抽象与具体、实在与规范之间的庞大家族、学术世界。它们因群生而共生，因共生而共融，因共融而强大。学术史于是生焉。学术史是教育史的产物并寄生在教育史上。一切学术史都是教育史。教育史是学术史的发生和发展，学术史是教育史的实践和实现。学术史不能脱离教育史，教育史不能不写学术史。

我们的任务是写出一本"教育基本理论学术史"（《教育基本理论研究》），不是"教育基本思想学术史"。理论，以概念表述判断，以判断构造命题，以命题形成结构，以完整书写刊印传播。教育基本理论学术史的对象，比虚拟的"教育基本思想学术史"明确，但也不是任何学术史书写者，都能够面面俱到的：理论文本的创意设计、基本构造、逻辑展开、核心命题、方法探索、知识基础、制作背景、生产方式（如个人-团队/自主-荐举-资助）、传播渠道、专业批评、媒介反应、人才培养、国际交流等等。

为了认识教育基本理论而诉求的教育史，与为了求得法度和规则所追溯的教育史，本来既无二致，也无裂痕，只是截取的断面不同而已。一个是全程性、普遍性的，一个是断代的、空间的。因为被称为教育基本理论的学科，在我国只有大约半个世纪的历史。法度和规则是普遍的，教育基本理论不是。

现在活跃的专业学会（组织、团体），以"学"结尾的居多。这"学"，是翻译过来的。一些外文词尾，如-ology, -ic, -ics 等，千百年间，无定式地生成比较确定的含义。它们一般表示，划出一块地盘、发明一套方法、生产一门知识、成就一批英才。哲学没有地盘、不生产知识，也未必发明得出一套方法。哲学不是学问，而是"友谊"。哲学，大抵算是"我""爱""思"三者融合状态的一个标签或符号。"基本理论"也不以"学"作结，但既不是哲学，也不是友谊。教育基本理论，是在拨乱反正、解放思想的大变局中，创生的一种学术构想、理论理想、担道精神、批判取向。四位一体，渐而转型为以专门人才培养为中心的学科建设。它亲和哲学，讲求友道，在各"学"的边界之外、边界之间，寻求生存空间，拓展发展空间。虽然它偶尔有意无意地透视各"学"并断言，但很少付诸文字。即便写出来，一般不公表。学术有趣，友谊暧昧，这是一例。

事实存在的教育基本理论、学科制度中的教育基本理论，不是同一概念（外延）。或可从一切可见写本中抽象出教育基本理论的主要论域，但得为专业社群承认其名实相符。教育学的专业社群，未达全球化，没有类似国际足联等的"学联"（其实，有不少冒充的"国际""世界""全球"学联）。一种学术传统中的专业社群承认的，另一种不一定承认。不见西方学界存在称为教育基本理论的学科、组织，不见哪种外文，能完美传译"教育基本理论"的概念和语境，但相似和通约的也不少见。

教育学（人物、学科、学术）的自身问题（1），教育世界的核心问题和普遍问题（2），各学科都遭遇。设使各"学"窥其一斑，基本理论则企图囊括总成。对新中国的教育制度、教育改革、教育发展，教育基本理论自觉地肩负起学术责任，并在国际环境与和平发展的人类利益中，着力探索（3）。现有学科，有义务、有能力从事这方面重大问题的研究，教育基本理论的取向是理论主导的宏观刻画和整体断言。

半个世纪以来，我国学科制度中的教育基本理论，成就不小，影响较大。担当与批判，参与或介入，是教育基本理论主流的一个光荣传统。教育基本理论相对繁荣，专业组织活动相当活跃，是与其光荣传统分不开的。主流的光荣传统不止一个。融通别"流"，含（拒）不入流，也是。所有这些，似乎创造了理论"自体"的法度和规则。感念传承法度、自由交往和担道精神，感念求真传统、良好学风和组织规则。

对教育理论划界，与寻求法度和规则，是不同性质的问题，难易不等。前者是眼前的技术活儿，实在干不好，还有回旋余地。后者则不然。它为寻根意识诱导，起步万年之旅。游走环顾，探察学脉。气象万千，错愕惊异。

在漫长的学术史自我规训、规范学习和语境复习、材料预备（第一、二章）之后，我们从"改革开放"开始，主要书写前述的三个方面（第三、四、五、六章）。为行文简便，有时把"教育基本理论"简化为"教育理论""基本理论"。国际争端，治制诡幻，势派翻腾，两极流易，既经独特路径，再以复合方式，刻画和调控教育理论的行迹。以时间为经线、以论题为纬度、以情境为基点的陈述方式，势必遭遇可测、不可测的困难和障碍。在力所能及的范围内，化不可测为可测，变被动为主动，勉力为之。宏阔环境和直接背景，固不为学者掌控。期待某种学术社会学、学术政治学与学术史，联合起来。

我们以我们的谦恭敬畏，防范我们的妄自尊大。明大义，攻难题，成事在天，势所以然。淬砺自强，涵濡不息，调养出了接受不完美乃至大失败的心态。

最后写出最前面的文字，这是现代学术的一大特点。副文本压迫文本，调控读者。这是我们的局限与我们的书写局限同在的确证。

第一章　从教育史到学术史

公元1世纪，中国史上思想制度首次发生空前大变化。光武中兴、建武盛世。"明明庙谟，赳赳雄断。于赫有命，系隆我汉。"[1] 王夫之（1619—1692）认为："三代而下，取天下者，唯光武独焉，而宋太祖其次也。不无小疵，而大已醇矣。"刘秀笃信"唯智力之可以起收四海"，石破天惊，高妙隽永，"治天下以柔道"。（《读通鉴论·卷六·光武》）"柔道"，尚风化、重敦化、教学为先，以"文以载道"之名，行"教育治国"之实。毛泽东史识高标，谓《后汉书》中的《汉光武帝纪》，读起来"有兴味"。[2] 中兴盛世（抑或散乱无纲，不论），为域外思想文化的传播奠定社会基础。佛教东来。中华文化的开放性、多质性和包容性，开始形成。有容乃大，俊才云蒸。

> 自献帝播迁，文学蓬转，建安之末，区宇方辑。魏武以相王之尊，雅爱诗章；文帝以副君之重，妙善辞赋；陈思以公子之豪，下笔琳琅；并体貌英逸，故俊才云蒸。（《文心雕龙·时序》）

此后，文化、宗教（教育）、语言、艺术、技术等多方面，融于儒道释三家。唐代、元代、明末清初东传的基督教（景教、天主教），时断时续，

---

[1] ［南朝宋］范晔著，张道勤校点：《后汉书》，浙江古籍出版社，2000年版，第21页。

[2] 周留树主编：《毛泽东点评二十四史》，中国档案出版社，1991年版，目录第7页。

规模别样，与儒道释冲突交融，道统贯一，和合互济。① 三教不拘，福祸勿论。沟通英雄，外响内应。鬼力神工劈石开，留得荷香待君来。及至晚世，"儒、释、道三教，譬如三个铺面挂了三个招牌，其实都是卖的杂货，柴米油盐都是有的，不过儒家的铺子大些，佛、道的铺子小些，皆是无所不包的"。"惟儒教公到极处……所以说，'攻乎异端，斯害也已'。"（《老残游记·九》）

摆平三教，相向直言。如此一番高谈阔论，连同其场景设置——"一客吟诗"负手"面壁"，"三人品茗"促膝"谈心"——像是几位学者在纵论天下，又像是师徒间的释疑解惑。何等惬意的学术人生。汉语"学者"一词的缘起早、用得广，孔、孟、庄等都习以为常。古希腊文的，不迟于公元前3世纪，起也不迟，用也不广。两相对话困难，抑或互补。汉语的通向博学，古希腊文的表示专门。② 前者是通人，后者是专家。二者的政治属性和文化地位及其象征的演化过程，悬差巨大。但无论如何，都与文字、文法、授课、教学、教师联系在一起。在公元前，没见把不授课的皇帝或国王，称作学者的。

第一节　从《明儒学案》到《清儒学记》

一千五百年前的《文心雕龙》，总结书写了教育成就，发现了话语行动的一些规律，论列绝响，余音绕梁。晚近的《儒林外史》《老残游记》，描述了宏阔的学术景观，刻画了复杂的士子心态，空前创新，气韵留香。儒者（术士与儒吏）、儒学（隆兴与式微）、儒林（聚拢与鸟散）、儒生

---

① "明清时期中国宗教信仰的模式比同一时期的欧洲要更加丰富多彩，其全球纠缠的程度也更加深刻。"有果必有因。"儒家经典应当发挥什么作用这一基本问题被证明是极具争议性的——可以说比以往几个世纪的争议要大得多。关于儒家经典的作用，出现了一种新的不确定性，它源于阳明学派这样的群体与国家认可的官方儒学版本之间的分歧。"一说备考。[德] 多米尼克·萨克森迈尔著，张旭鹏译：《在地之人的全球纠葛：朱宗元及其相互冲突的世界》，商务印书馆，2022年版，第179、103页。

② 参见[德] 鲁道夫·普法伊费尔著，刘军译，张强校：《古典学术史（上卷）：自肇端诸源至希腊化时代末》，北京大学出版社，2015年版，第191页起。

（得意与落魄），始于鸟迹代绳，继而彪炳辞义，然后大包大揽，三坟五典八索九丘，鼓动天下。

  自鸟迹代绳，文字始炳。炎皞遗事，纪在三坟，而年世渺邈，声采靡追……逮及商周，文胜其质。雅颂所被，英华日新……写天地之辉光，晓生民之耳目矣。爰自风姓，暨于孔氏，玄圣创典，素王述训，莫不原道心以敷章，研神理而设教，取象乎河洛，问数乎蓍龟，观天文以极变，察人文以成化；然后能经纬区宇，弥纶彝宪，发挥事业，彪炳辞义。故知道沿圣以垂文，圣因文以明道，旁通而无滞，日用而不匮。易曰："鼓天下之动者存乎辞。"辞之所以能鼓天下者，乃道之文也。（《文心雕龙·原道》）

开篇遭遇"何谓书写"的难题，意料之中，特命名为"阿尔昆之问"，以纪念若类千年之困。何谓书写、何谓说话一类困惑，都在阿尔昆（Alcuin，约735—804）与查理曼大帝16岁的儿子丕平的著名对问中。圣俗两界，对此赞赏者居多。[①] 在教育学史上，孔佩雷率先批评阿尔昆的这套问答教学法——或为后世问答教学法的开天辟地，但绝不是苏格拉底法的发扬光大——既无新意，也无效果。简短对答（"书写是历史的守护者""说话是灵魂的诠释者"）[②]，便于记忆，仅此而已。[③] 当然，这无损阿尔昆卓越的学术地位。阿尔昆之问一千两百年后，回答"何谓书写"之问，依然

  [①] 例如：(1) Drane, A. T., *Christian Schools and Scholars or Sketches of Education from the Christian Era to the Council of Trent*. London: Longmans, Green and Co., 1867: pp.178-179; (2) Cubberley, E. P., *Readings in the History of Education*. Boston: Houghton Mifflin Company, 1920: p.87.

  [②] 这两条问答，英译文不很一致。"书写"一条差异不大（守护者/保管员），"说话"一条，很难统一起来。(1) P: What is speech? A: The interpreter of the soul. (2) P: What is language? A: The betrayer of the soul. P表示丕平，A代表阿尔昆。第二种英译，"说话是灵魂的背叛者"。这个难点待处理。

  [③] Compayré, G., *The History of Pedagogy*, Contributed By W. H. Payne. Boston: D. C. Heath & Company, 1889: pp.72-73. 参见［法］加布里埃尔·孔佩雷著，张瑜、王强译，《教育学史》，山东教育出版社，2017年版，第57页。

困难重重。在20世纪前期,它曾见于一种神秘学百科全书①,似乎很神秘。在1989年出版的一本专门著作里,作者用书写的意义、价值和功能等,代替了对"是什么"的回答。下笔千言,离题万里。② 稍近的伍兹(Christopher Woods)一作,改观显著。伍兹特别赞赏一种几乎公认的观点:"书写撑起文明,文明即城市文化。"③ 显示他的"引论"起笔依然是阐述意义和价值。在承认阿尔昆之问的难度之后,他尝试探讨解决方法。伍兹对"书写"的基本认识(图画,画图,以图形的方式使语言可见),与前述神秘学的描述,初始相近,渐行渐远。

对阿尔昆之问最出色的处理方式,非德里达的《论文字学》(*Of Grammatology*)莫属。它的出色,并非表现在对疑难的因应上,而是在对疑难的究辨理解中。第3章"论作为实证科学的文字学"开篇,连珠炮似的发问,即便不足以唤醒鲁迅铁屋子里的贪惰鼾齁之徒,也可望惊醒柏拉图洞穴中的梦游群氓之一二。把*Of Grammatology*译作《书写学》,或更适切一些。我华"文字学"(不是"文字狱")向来发达、强大。作《文字学》,极易误入格义之途(虽说格义总是难免的),尽管二者风马牛不相及。此外,德里达一作,确实不合乎任何可以接受的文字学定义,但"不相及"也不能绝对化。不敢说《书写学》与《文心雕龙》毫无交集,如在"延异(*différance*)是普遍的"这一点上。鉴于表音文字与表意文字的思维两别,所谓"交集",也不应扩大化。

未来,教育史、学术史的著作家,会给予《文心雕龙》《儒林外史》《老残游记》一类写本,特别是"雕龙"应有之地位。过去,较为公认的中国学术史开端,即一般认同的最早学术史专著,是《明儒学案》,这或

---

① Anonymous, *The Encyclopedia of Occult Sciences*. Introduction by M. C. Poinsot. New York: Robert M. Mcbride and Company,(N. D.):p. 195.

② Coulmas, F., *The Writing Systems of the World*. Oxford: Basil Blackwell, 1989:Part I. 1.

③ Woods, C. (ed.), *Visible Language*: *Inventions of Writing in the Ancient Middle East and Beyond*. Chicago: The University of Chicago, 2015: p. 16.

本于梁启超。① 对此，学界虽不曾反躬自问，何以对《明儒学案》的"书写"清晰明了，即通达黄宗羲的"天心"，但也不乏有益的异议。

不少的人认为中国有学术史的写作，是从黄宗羲编述《明儒学案》开始的。他在史学界创立了学术史的体例，功不可没。其实，如果考镜原流，探求本始，我国有学术史，自以《史记》《汉书》的《儒林传》为最早。②

后世扩充其体例，成为"学案"。

到了黄宗羲，才扩大其规模，从事于综括有明一代各派哲学思想的工作，成为记载二百七十余年间思想发展情况的《明儒学案》。

对理学不断进行批判，体现了他治学的独创精神和卓异见解。像这样全面而有系统的思想史专著，在他以前，诚然是没有敢于动手的人。③

无力介入这类争论。设使得以系统修习学术史，在未理解《史记》和《汉书》的《儒林传》"为最早"的断言之前，会把重点放在《文心雕龙》上。"雕龙"的"独创精神和卓异见解"，包括其预见并优选了阿尔昆之问及其择决之道，在6世纪前的学术史上，是破天荒的。但在至黄宗羲为止的启蒙运动和解放运动史上，它怕是达不到《明儒学案》的高度。

自康熙十五年（1676年）《明儒学案》刊行以来的三百五十年间，学术史的创举和兴盛、颠簸和失势、灾变和绵延、复兴和增益，激发了学人兴趣，拓展了学术领域，推进了知识增长，再造了思维结构，反省了价值法则，确立了高茂愿景。《明儒学案》创意新、主题新、内容新、方法新、文体新、体例新。六新，不在教育理论学术史作者的妄议范围之内。作为

---

① 梁启超：《清代学术概论》，上海古籍出版社，2000年版，第17页，朱维铮导读。

② "学术史"得到清晰的、具体的界定之后，"最早的"断言就不一定确切了。后文在适当的地方，再回头检讨这一点。

③ 张舜徽：《张舜徽集·清儒学记》，华中师范大学出版社，2005年版，第149—152页。

古代教育典籍，它是"私家高等教育"发达期的空前总结，是对长时段的个别教学、专深研究的系统反思。《明儒学案》不是正统儒学之论，不入《四库全书》，仅被列为"存目"。^① 所谓私家高教的"发达期"，是根据如下判断推论出来的：

> 有明事功文章，未必能越前代，至于讲学，余妄谓过之。（《明儒学案·自序》）

> 夫有明讲学之家，其辨析较宋儒为更精，而流弊亦较宋儒为更甚。（《明儒学案·冯全垓跋》）

或无须交代，所谓"私家"，很少绝然私立（completely private）。这类"讲学之家"，与官府的种种联系方式以及为地方士绅承认的程度，是私学合法存在、独立运作的社会基础。这是中国教育传统的一大特色。据此不难推展学术独立、教学自由的诸形态，如何塑造并维系了学儒身份。身份即成就，身份即局限。在独立自主的程度上，可与这类"讲学之家"比附的，是亚里士多德得到官方赞助、在吕克昂（Lyceum，这地方现在受保护）开办的学校。据说是高尔基亚（高寿，教书发大财第一人）的学生的伊索克拉底（Isocrates，前 436—前 338 年），在约前 390 年开办学园。^② 两三年后，作为它的对立面的柏拉图学园创立了（前 387 年）。柏拉图学园，设在阿卡德米（Akademeia，这个词后来变形，成了"学院""学术"

---

① "反映了编修者的思想倾向……也反映了他们对明代作品的整体偏见。"［美］盖博坚（R. Kent Guy）著，郑云艳译：《皇帝的四库——乾隆朝晚期的学者与国家》，中国人民大学出版社，2019 年版，第 105 页。参见《四库全书总目提要》卷四十四·经部四十四·小学类存目二。

② 伊索克拉底学园，只对留学生收学费，不向雅典的学生收学费，故伊索克拉底的"所有资产都来自国外"。见编委会编，李永斌译注：《古希腊演说辞全集·伊索克拉底卷》，吉林出版集团有限责任公司，2015 年版，第 363 页。

"科学院")。苏格拉底的几位学生也办学,有的学校专门面向非婚生子。①明清"讲学之家",与伊索克拉底学园、柏拉图学园、苏格拉底门生开办的学校,不属同类。

  今之君子,必欲出于一途,剿其成说,以衡量古今,稍有异同,即诋之为离经畔道,时风众势,不免为黄芽白苇之归耳。(《明儒学案·自序》)

  学术必原心术,但使存心克正,兢兢以慎独为念,从此存养省察,虽议论或有偏驳,亦不愧为圣人之徒。倘功利之见未忘,借先正之名目以自树其门户,则矫诬虚伪,势必色厉内荏,背道而驰。先生是书,殆欲以正心术者正学术欤!(《明儒学案·冯全垓跋》)

  "辞之所以能鼓天下者,乃道之文也。"学术必源于心术,故以正心术正学术。典籍中类似的抽象表述或谓泛泛而谈,常见。需要稍作解释:17世纪是儒学危机的世纪或儒家焦躁不安的时代,18世纪的政治安定之后,儒学消除了危机,走出了焦虑,语文学转型。② 士人的危机感和焦躁感是不难理解的。17世纪,一方面改朝换代,另一方面西儒行传。前者是新一轮异族统治,后者是第二次异学流播(汉代的佛学入华是第一次)。满汉

---

  ① 参见 (1) Sela, O., *China's Philological Turn: Scholars, Textualism, and the Dao in the Eighteenth Century*. New York: Columbia University Press, 2018: pp. 55, 68-71; (2) Montanari, F. (ed.), *History of Ancient Greek Scholarship: From the Beginnings to the End of the Byzantine Age*. Leiden: Brill, 2020: pp. 30-32。

  ② Sela, O., *China's Philological Turn: Scholars, Textualism, and the Dao in the Eighteenth Century*. New York: Columbia University Press, 2018: pp. 4-10. 四十多年前,1979 年出版的帕特森的《鲍瓜:方以智与学术变迁的冲击》(Peterson, W. J., *Bitter Gourd: Fang I-chih and the Impetus for Intellectual Change*. New Haven and London: Yale University Press, 1979: pp. 1-17) 一著,已经注意到这种危机和焦虑。[美]艾尔曼著,赵刚译:《从理学到朴学:中华帝国晚期思想与社会变化面面观》,江苏人民出版社,1995 年版,第 180 页。Elman, B., *From Philosophy to Philology: Intellectual and Social Aspects of Change in Late Imperial China*. Cambridge, Mass.: President and Fellows of Harvard College, 1990: p. 261. 原著中的 philology,指朴学、考据学、文献学、儒学、清学等,是为诸学术史分支。

倒置冲突和东西文化遭遇的亘古未有大裂变，精英难以适应，众人无从感应。以前，得望大漠孤烟直，不见海上生明月；知王土之外有朔方，不问东南沿海客何来。17世纪，仿佛一切都在膨胀，一切都在撕裂，一切都在突变，一切都待重建。所以，总结和反思，是由不得任何个人意志的。但操持的工具即总结和反思的语言和思维、概念和逻辑，必然呈现个体差异，虽说抽象的共同性——祛邪术、正学术——占据道德高地和文化契机。

在《明儒学案》中，举凡学者家世、渊源、气节、厄劫、宗旨、著述、弟子、私淑、学侣、传承等等学术关涉，黄宗羲"毋师己意，毋主先入"，"寻源溯委，别统分支，秩乎有条而不紊，于叙传之后，备载语录，各记其所得力，绝不执己意为去取，盖以俟后世之公论焉尔"。《明儒学案》"分其宗旨，别其源流"，"穷源竟委，博采兼收"，"纂要钩玄"，"撮其大要，以著于篇，听学者从而自择"。最终创作出"是非互见，得失两存"的史上名篇，成为"后学之津梁，千秋不朽盛业也"。（《明儒学案》诸序跋）如此种种识见，无一不从整顿学风、光大知识、承先启后、面向未来着笔，故其流风遗韵，直达章太炎、钱玄同等。章为"清学正统派的殿军"，所著《清儒》一篇，"实为近代论清学史的首出名篇"。"梁氏论述近三百年学术史，实在是从章太炎《清儒》那里来的。"[①]

《明儒学案》从方孝孺开篇，"以九死成就一个是，完天下万世之责。其扶持世教，信乎不愧千秋正学者也"（《明儒学案·方正学孝孺》），宣誓立场、态度和方向，象征王阳明心学为其坚硬内核。[②] "致吾良知于事物，事物皆得其理，非所谓'人能弘道'乎？若理在事物，则是道能弘人矣。"（《明儒学案·姚江学案》）

尚气节，继绝学；务心力，重辨析；克理障，开新史。《明儒学案》

---

① 梁启超：《清代学术概论》，上海古籍出版社，2000年版，第95页，朱维铮导读第25页。参见谢国桢：《黄梨洲学谱》，商务印书馆，1932年版；张高评：《黄梨洲及其史学》，文津出版社（台北），1989年版。

② 白寿彝等主编：《文史英华·学案卷》，湖南出版社，1993年版，前言第11页。

远远超越所谓"理解、阐释与恢复文献传统"的初始规范,①可谓以教育为体、以学术为用的开山之作,视之为《教育百科全书·明代儒学教育家卷》,比较合适。所持是论,与官方判词必然且应不同:

  宗羲此书,犹胜国门户之余风,非专为讲学设也。然于诸儒源流分合之故,叙述颇详,犹可考见其得失。知明季党祸所由来,是亦千古之炯鉴矣。(《钦定四库全书总目》卷五十八·史部十四·传记类二)

学术史批评家有"名实相符"说,亦得珍念:

  (《明儒学案》)仅反映有明一代的理学家流别。同样不能概一代学术之全,如果必正其名,只可称"明代哲学思想史",或者称"明代哲学流派史",比较名实相符。即此体例,也不能说是由黄氏所创立的。②

"久抱著《中国学术史》之志"的梁启超,接过古代启蒙家的大旗,先后推出《清代学术概论》《中国近三百年学术史》等专门教育文献(讲义转而为专著),于学术史功莫大焉。他无意间发现一种新现象:

  清儒既不喜效宋明人聚徒讲学,又非如今之欧美有种种学会学校为聚集讲习之所,则其交换知识之机会,自不免缺乏。其赖以补之者,则函札也。后辈之谒先辈,率以问学书为贽——有著述者则縢以著述——先辈视其可教者,必报书,释其疑滞而奖进之。平辈亦然。每得一义,辄驰书其共学之友相商榷,答者未尝不尽其词。凡著一书成,必经挚友数辈严勘得失,乃以问世,而其勘也皆以函札。此类函札,皆精心结撰,其实即著述也。此种风气,他时代亦间有之,而清

---

① [德]鲁道夫·普法伊费尔著,刘军译,张强校:《古典学术史(上卷):自肇端诸源至希腊化时代末》,北京大学出版社,2015年版,第4页。
② 张舜徽:《张舜徽集·清儒学记》,华中师范大学出版社,2005年版,第146—157页。

为独盛。①

在"清代的'学者社会'"名目下刻画的这一学术现象,"他时代亦间有之",不是全新的,但把它的发达程度作为问题提出并分析,不仅与"把史学从帝王将相的阴影里释放出来,呼吁做群体之历史一致",而且与"梁启超本人及其同时代之思想家如严复等人提倡之'群学'观念实同出一辙,互相呼应"。②更可道者,它十分接近一个时新的热门概念所刻画的现代学术形态。爱森斯坦(Elizabeth L. Eisenstein,1923—2016)首次全面论述印刷革命效应的杰作,以现代"学术共同体""文人共同体"(learned communities)为中心,铺展开来。现代文人共同体,相对于古代书写文化中的"文士英才"(literate elites),若无大规模、持续性的系统化书面学习、书卷教育("book" learning),是不可能形成的。印刷文化激发、引导交往革命,全盘学术革命(revolutionized all forms of learning)势不可当。③用"学术共同体""文人共同体"对译learned communities,非常勉强。多年来,学术文献中有"中国文人(儒)"〔Chinese Literati(ru)〕、"士人文化"(Literati Culture,中国)、"乡野文人"(Provincial Literati,日本)、(文艺复兴时期印刷文化中的翻译)"文人"(literati),等等。把learned communities,理解为"知识共同体"(intellectual commonwealth),把重点放在"共同体"上,而不是放在"学术""学识""学问""文人""知识""文艺"某个点或某方面,或切合梁启超与爱森斯坦相通的灵犀。

书写文化和印刷文化都属于书面文化,但书写文化保留了、延续了口

---

① 梁启超:《清代学术概论》,上海古籍出版社,2000年版,第61、64页,朱维铮导读。

② 程美宝:《地方史、地方性、地方性知识——走出梁启超的新史学片想》,载杨念群、黄兴涛、毛丹主编:《新史学:多学科对话的图景》,中国人民大学出版社,2003年版,第687—688、71页。

③ Eisenstein, E. L., *The Printing Revolution in Early Modern Europe*. Cambridge: Cambridge University Press, 2005: Introduction, pp. 3, 6-8, 25, 46, 71, 294.

语文化的特性，印刷文化却脱离了口语特性，故二者不是同一种"书面"文化。① 梁启超把对学者网络或社交方式的形成和扩大的观察成就，推展到对学术交往的手段、途径、方式、效应（邮政服务和考试制度的改进）的分析和评断上，拓宽了学术天地（定义），今谓"学术环境和氛围（气候）"的形成和发展。② 从1896年开始的多年间，梁启超为推广"学会""学校"所作的种种呐喊，都是其"学术观"现代性形成的一个个路标。明乎此，《清代学术概论》的底蕴积淀和切实愿景，就容易理解了。梁启超的"学术史"中的思潮涌动、人才辈出、知识进步、思想革命、人类进化、激情燃烧，与其学问天地的悲天悯人，复调弦绝，夜空沈沈。高歌击节声半苦，低吟一曲叹学术：

> 西方科学之勃兴，亦不过近百年间事耳，吾乾嘉诸老未能有人焉于此间分一席，抑何足深病？惟自今以往仍保持此现状，斯乃真可愧真可悲耳。呜呼！此非前辈之责而后者之责也。后起者若能率由前辈治古典学所用之科学精神，而移其方向于人文自然各界，又安见所收获之不如欧美？若如今日之揭科学旗帜以吓人者，加减乘除之未娴，普通生理心理之未学，惟开口骂"线装书"，闭口笑"玄学鬼"，猖猖于通衢以自鸣得意。夫科学而至于为清谈之具，则中国乃真自绝于科学矣！此余之所以悁悁而悲也。③

梁启超显然不满足于推展学术定义。哪怕是最宽泛的学术定义，由于

---

① Vicentini, E., Scribal Culture and Theory of Authorship: The Case of the Marco Polo Manuscript Tradition. *Scripta Mediterranea* (SM), 1991-1992, Vol. 12-13: p. 138.

② 参见 (1) Sela, O., *China's Philological Turn: Scholars, Textualism, and the Dao in the Eighteenth Century*. New York: Columbia University Press, 2018: pp. 21-26, 71-77, 179; (2) Montanari, F. (ed.), *History of Ancient Greek Scholarship: From the Beginnings to the End of the Byzantine Age*. Leiden: Brill, 2020: p. 21.

③ 梁启超著，夏晓虹、陆胤校：《中国近三百年学术史》，商务印书馆，2011年版，第423页，参见34页一段："中国为什么积弱到这样田地呢？不如人的地方在那里呢？政治上的耻辱应该什么人负责任呢？怎么样才能打开出一个新局面呢？"

逻辑限制，都是无法呈现学术与社会、学术与时代等关系的。即，定义无法刻画复杂性。对定义的回避，往往是（但并非总是）尊重复杂性的表现。学术社会学、学术政治学等，对"一部真正意义上的学术史"而言，明显高过"理解、阐释与恢复文献传统之术"。对此，不一定能够形成共识。任公的敏锐和远见，令人"慨长思而怀古"。

  献身甘作万矢的，著论求为百世师。
  誓起民权移旧俗，更研哲理牖新知。
  十年以后当思我，举国犹狂欲语谁？
  世界无穷愿无尽，海天寥廓立多时。
——梁启超：《自励二首·其二》①

  钱穆的同名著作、张舜徽也曾拟稿的同名著作，反映了狭义学术史"意见相异"的递归关系。钱宾四初讲时，

  正值"九一八事变"骤起。五载以来，身处故都，不啻边塞，大难目击别有会心。进退前人，自适己意？亦将以明天人之际，通古今之变。求以合之当世，备一家之言。②

  梁启超之论，似乎已经"不合乎当世"。"合乎当世"，成为独立的学术史指标。说学术史文本出于当世，合乎作者，这不难理解。钱氏论黄宗羲时曾提醒说："今读其书者，惊其立说之创辟，而忘其处境之艰虞，则亦未为善读古人书矣。"③古人谓"知人论世"，但见知人论学先于知人论世。钱氏知黄宗羲。黄氏、钱氏"自深于学问""自治其性情"，与天下人才不得其（皇朝承认并授予的）资格者，迥然有别：

---

  ① 参见黄克武：《百年以后当思我：梁启超史学思想的再反省》，见杨念群、黄兴涛、毛丹主编：《新史学：多学科对话的图景》，中国人民大学出版社，2003年版，第71页。
  ② 钱穆：《中国近三百年学术史》（一），联经出版事业公司（台北），1998年版，自序第18页。
  ③ 钱穆：《中国近三百年学术史》（一），联经出版事业公司（台北），1998年版，第41页。

其不得者，抱其沉冤抑塞之气，嘘吸于宇宙间。其生也，或为佯狂，或为迂怪，甚而为幽僻诡异之行；其死也，皆能为妖，为厉，为灾，为浸，上薄乎日星，下彻平渊泉，以为百姓之害；此虽诸臣不能自治其性情，自深于学问，亦不得谓菲资格之限制有以激之使然也。（《儒林外史·五十六》）

学问自深，经由"自治性情"而"合之当世"。钱氏的学术理想，比梁启超的更为高远，也更难达成。今读钱氏之学术史著述，当知钱氏如此"别有会心"，如何刻画了他的学术史："鉴古知今""唤醒国魂"的"救亡史学"，必然"青睐与张扬"中国文化。① 梁启超的"半苦低吟"与之比对，复如无病呻吟：

凡真学者之态度，皆当为学问而治学问。夫用之云者，以所用为目的，学问则为达此目的之一手段也。为学问而治学问者，学问即目的，故更无有用无用之可言。……就纯粹的学者之见地论之，只当问成为学不成为学，不必问有用与无用，非如此则学问不能独立，不能发达。②

张舜徽的《清儒学记》（1991年出版，讲义转而为专著），原作《中国近三百年学术史》。张舜徽1946年任教兰州大学，主讲"中国近三百年学术史"课程，撰述《中国近三百年学术史》。书名变异，足可窥探张氏初心。（参见表1.1）《清儒学记》的自序说：

过去虽有梁启超、钱穆写过《中国近三百年学术史》，校其短长，各有偏胜。我早年在兰州教书时，也曾以此设课，有所撰述，复不同于二家。

---

① 麻天祥：《中国近代学术史》，湖南师范大学出版社，2001年版，第256—268页。
② 梁启超：《清代学术概论》，上海古籍出版社，2000年版，第48页，朱维铮导读。

表 1.1　百年来三部学术通史的基本信息

时间	1923	1931	1946
作者	梁启超 （1873—1929）	钱穆 （1895—1990）	张舜徽 （1911—1992）
书名	中国近三百年学术史 （参见《清代学术概论》）	中国近三百年学术史	中国近三百年学术史 （《清儒学记》，1991）
要目	第一讲　反动与先驱 第二—四讲　清代学术变迁与政治的影响（上中下） 第五讲　阳明学派之余波及其修正 第六讲　清代经学之建设 第七讲　两畸儒 第八讲　清初史学之建设 第九讲　程朱学派及其依附者 第十讲　实践实用主义 第十一讲　科学之曙光 第十二讲　清初学海波澜余录 第十三讲　清代学者整理旧学之总成绩（一）经学、小学及音韵学 第十四讲　清代学者整理旧学之总成绩（二）校注古籍、辨伪书、辑佚书 第十五讲　清代学者整理旧学之总成绩（三）史学、方志学、地理学、传记及谱牒学 第十六讲　清代学者整理旧学之总成绩（四）历算学及其他科学、乐曲学	序 第一章　引论 第二章　黄梨洲 第三章　王船山 第四章　顾亭林 第五章　颜习斋　李恕谷 第六章　阎潜邱　毛西河 第七章　李穆堂 第八章　戴东原 第九章　章实斋 第十章　焦里堂　阮芸台　凌次仲 第十一章　龚定庵 第十二章　曾涤生 第十三章　陈兰甫 第十四章　康长素 附表	顾炎武学记第一 张履祥学记第二 颜李学记第三 戴震学记第四 钱大昕学记第五 浙东学记第六 湖南学记第七 扬州学记第八 常州学记第九 孙诒让学记第十
注	各讲所附，略	各章所附，略	总述、分述等，略

四十多年过去，张舜徽不再以《中国近三百年学术史》为名，而命其为《清儒学记》。"细揣其用意，原名似有与前贤争胜之嫌"，取在他"年少气盛，不复知有难事"之时，表明了他的学术史志向，一直"与梁、钱二家不同"。"张舜徽届天命之年后，洗尽少年意气，学术自成体系。"《清儒学记》，"详人所略，略人所详，加强了个案的分析描述，淡去了宏观的专题论列"。[①] 学术规范愈加合理，固为《清儒学记》的显著成就。终于在学术史上提出重大问题，才是张舜徽的独特贡献。具有专门性质的教育典籍，古来非但不很发达，而且往往不登大雅之堂。自前现代（并无一致的时间标志）始，无论中外，发掘、编修、创作专门教育文本，成了启蒙思想家（教育家）的职分和天职。张舜徽笔下的黄宗羲，先知先觉，高于师儒：

> 黄宗羲反对整个封建制度。书中首先诋斥了封建的君主制度，指出在君主制度下，"使天下之人不敢自私，不敢自利"，而只允许皇帝一人大私大利，把天下当成自己的产业，"传之子孙，受享无穷"，给天下造成了无穷无尽的灾难。他严正地宣布君主的罪恶是："屠毒天下之肝脑，离散天下之子女，以博我一人之产业"；"敲剥天下之骨髓，离散天下之子女，以奉我一人之淫乐"。"然则为天下之大害者，君而已矣。""天下之人怨恶其君，视之如寇仇，名之为独夫，固其所也。"他对封建君主压迫剥削人民的凶残本性，揭露得十分深刻。作为一个三百多年前的封建学者，能够对封建君权进行如此直接的揭露和痛骂，不能不使人佩服他的大胆和高识。他还进一步分析了君主专制下的整个官僚机构，都是君主的爪牙和刽子手。他们不顾人民的死活，把"民生之憔悴"，视为"纤芥之疾"；却将人民创造的财富看成君主的私产，"视天下人民为人君囊中之私物"。这样的官僚机构，人民理所当然地敌视他们，抛弃他们。他推原官吏的设置，为的是与君主分工共同治理天下，而不是"私其一人一姓"，官吏的工作，不能

[①] 刘筱红：《张舜徽与清代学术史研究》，华中师范大学出版社，2001年版，第15、18—19页。

以君主的好恶是非为依从。所以他说："我之出而仕也，为天下，非为君也；为万民，非为一姓也。"并且还提出天下治乱的标准，"不在一姓之兴亡，而在万民之忧乐"。如果"为臣者轻视斯民之水火，即能辅君而兴，从君而亡，其于臣道固未尝不背也"。可知他对封建社会中那些逢迎君主，但求持禄保宠，而不关心人民痛苦的官吏，是极其痛恨而仇视的。①

在新中国经受马克思主义、毛泽东思想的再教育之后，张舜徽的认识高度和价值尺度，显然超越了梁启超和钱穆。张舜徽捡起学术史的接力棒，在马克思主义学术观的指导下，揭示了黄宗羲的"天心"，逼近学术的最高价值、终极理想。说来说去，无非人的解放，可梁启超、钱穆走不到"揭示"这一步。显然，有无马克思主义，还是不一样的。当然，"人的解放"固属教育的终极使命。五百年来，甚至千年来的学术当事人，无不以启蒙和解放为己任，以教育为正途，或深钻一脉，或囊括万有，或博专兼进。"开民智，鼓民力，新民德"，亦即"开智，鼓力，新德"。可是，往往被寄予开、鼓、新厚望的学校系统，常常令人失望。

  今日各学堂的学生，你看那一省学堂里没有闹过事。究竟为了甚么大事么？不过觉得他们人势众了，可以任意妄为，随便找个题目暴动暴动，觉得有趣，其实落了单的时候，比老鼠还不中用。(《老残游记·残稿》)

这是启蒙的专断所致，并非学校之过。以为只要民智开、民力鼓、民德新，切忌妄议官宦智塞、官宦力苶、官宦德荒。这样的开、鼓、新，涉嫌歧视官僚系统和精英社群，不太公正。封建君主与民同在，精英士人自省乏力，都是开、鼓、新的对象，都能成为开、鼓、新的动力。偏极的对象，狭隘的启蒙，即启蒙的专断。启蒙悖论，于是生焉。局部动员，仓皇

---

① 张舜徽：《张舜徽集·清儒学记》，华中师范大学出版社，2005年版，第145—146页。

启蒙。"以天下为己任"中人，骨子里拥堵着"舍我其谁"的匹夫之勇者，难说没有。东西洋自上而下的宣风教化而成大业者，内如文景之治、贞观之治，外有加洛林文艺复兴[①]、英吉利"女皇端拱扩鸿基"（详后），不算太少。自上而下、自下而上，都有可能。当然，天时地利，一体整合，启蒙大业，庶几得逞。

黄梨洲、梁启超、钱穆、张舜徽，这个名单还应增补、拉长。比如，从章太炎、王国维、陈寅恪、赵元任，到杨向奎[②]、王元化、李慎之、刘梦溪，等等，寻天觅地，拓荒填海，评论文士，期许才子。一部部传世之作，一阵阵风生水起。从《明儒学案》到《清儒学记》，三百多年，枝繁叶茂，人才辈出。

若问三大学术通史一致聚焦的对象是什么，大可以"国学"谓之。以儒学为轴心（法度）的国学，是"中国学术"的简称。它暗示并实行"学以国别""国异学分"的分类规则，有如古代中国、古代希腊盛行的"异学"说、"异邦"观。这在学术发达的现代社会，恐怕难以服众。20世纪30年代早期，王治心（1881—1968，本名王树声，今湖州人）似有所针对地指出，学术是"世界性的"，"不当以国家作分别"。"国学"，指"在中国的各种学术"。王治心清醒地认识到，言必称"国"，学术危殆。他的著

[①] 加洛林文艺复兴（Carolingian Renaissance）的直接起因是，782年，查理曼大帝恭请阿尔昆掌管宫廷学校。West, A. F., *Alcuin: The Rise of the Christian Schools*. New York: Charles Scribner's Sons, 1912: pp.42-43. 参见（1）[英]麦克曼勒斯著，张景龙等译，程依依、袁鹰校：《牛津基督教史》（插图本），贵州人民出版社，1995年版，第95页；（2）渠敬东：《教育史研究中的总体史观与辩证法——涂尔干〈教育思想的演进〉的方法论意涵》，《北京大学教育评论》2015年第4期。今天，数字技术带起了加洛林学术的研究，光大查理曼的教化景观。参见 Teeuwen, M., & O'Sullivan, S., *Carolingian Scholarship and Martianus Capella: Ninth-century Commentary Traditions on De nuptiis in Context*. Turnhout, Belgium: Brepols Publishers, 2011: n. v. 书名中的"*De nuptiis*"，或为 *De nuptiis Philologiae et Mercurii*？下文作《七学科》，通"七艺"。用"教化景观"，不用"文艺复兴"，是因为，彼时的教化状况，可谓诗书废、礼乐缺，或学术空疏，经术乖张，无"复兴"可言。经由办学，查理曼开创了学术文化新天地。

[②] "向老"曾经主纂和主持中国社会科学院院级重点课题"二十世纪著名学者学案"。详见杨向奎等：《百年学案》（上、下），辽宁人民出版社，2003年版，前言第1页。

作《中国学术体系》的主要内容，起于"诸子时代"，终于"新学时代"（从西学输入到新文化运动）①，实为学术通史。与三大通史比起来看，《中国学术体系》既守护轴心和法度，又重视西学（从利玛窦起笔）和新学，断限显著下延，学术外延略有扩大，学者心态更显开阔。种种迹象显示，王治心不在当朝"学术达人""卓越团队"之列，论著鲜有问津。他是一位明白人，少见的明白人。

"初疑认真办事可以讨好，所以认真办事，到后来阅历渐多，知道认真办事不但不能讨好，还要讨不好；倒不如认真逢迎的讨好还靠得住些，自然走到认真逢迎的一条路上去了。你们看是不是呢？"老残叹道："此吾中国之所以日弱也！中国有四长，皆甲于全球：……天时第一；……地理第一；……人质第一；……政教第一；理应执全球的牛耳才是。然而国日以削，民日以困，骎骎然将至于危者，其故安在？风俗为之也。"（《老残游记·残稿》）

《中国学术体系》刊印70周年的时候，一部六卷本学术史问世。主编在"总序"中，给出作为长期探索结晶的"中国学术史"定义：

直面已有（已存在）的哲学家、思想家、学问家、科学家、宗教家、文学家、史学家、经学家等的已有的学说和方法系统，并藉其文本和成果，通过考镜源流、分源别派，历史地呈现其学术延续的血脉和趋势。这便是中国学术史。②

这个定义，从学科上看，显著拓宽了学术外延。尽管诸"家"分类是不周延的，例如"史学家、经学家"属于"学问家"。但突出"科学家、宗教家"，就等于终止了恒定轴心的恒定循环。现代思想推进知识谱系重建，思想革命改造知识变迁和文化演变的呈现模式。多样化学术、多样性

---

① 王治心：《中国学术体系》，福建协和大学，1934年版，第1—2、213—217页。
② 张立文主编：《中国学术通史》（6卷），人民出版社，2004年版，"总序"第5—6页，参见"魏晋南北朝卷"第12章、"宋元明卷"第4章。

进展的鲜明印记，昭然于世。此外，这套学术史的个别卷，重视学术与教育的关系、学风与世道的关系，为之设立专章，以前少见，不乏新意。但它似乎不完全立足于"在中国的"学术立场，故不太重视西学。在其"宋元明卷"，不但没有设列专章，甚至不舍得给"西学"一节。在"清代卷"设有与"新学"关联的章节，但通篇不采用、不引入、不分析西儒写本。奇特，意外，遗憾。不过，这总比用一鳞半爪的文献作根据，从整体上、在全程上，对中国学术史妄加断言并且是终极的为好，虽说这些断言，并非外行抹黑。以18世纪人文知识成就的碎片为根基的一类断言，就像古迹文物，理应善待留观。

中国人是作为一个不成熟的民族被统治的，其伦理习俗也具有不独立自主的特性。缺少真正的内在性也延伸到学术领域。不存在独立自由的学术。当我们谈到中国的学术时，听到的都是对这方面很高的赞誉。

但是所有这些都缺少最主要的东西，即人的内在性和智慧的自由土壤，这种内在性和智慧能在自身中把思想财富积累起来，把所有具体存在的东西变成思想。学术的旨趣在于获得自我满足，能够内在地生活和拥有一个思想的世界。中国人没有这种土壤，他们从事学术，却不是以科学的自由旨趣为主导。科学与教育、知识的积累大都是经验性的，而不是理论性的，不是为思想而思想的自由旨趣，学术主要是为国家的利益服务。国家把学术作为工具掌握在自己手中，所以国家并不支持（或）促进纯粹的学术生活、纯粹为学术而学术的旨趣。如果我们现在考察学术本身的状况，就会看到，中国学术所享有的崇高声望正在消失。①

在学术史与思想史、理论史、教育史的纠缠中，不妨想象，从《明儒学案》到《清儒学记》，从《中国学术》到《中国学术通史》，特别是前三

---

① ［德］黑格尔著，刘立群等译，张慎、梁志学校：《世界史哲学讲演录（1822—1823）》（《黑格尔全集·第27卷·第Ⅰ分册》），商务印书馆，2016年版，第135—136页，参见第138页。

者，各自的法度和规则、套路和进退，再结合黑格尔所谓学术荣誉、崇高声望"正在消失"的整体判断，给教育理论学术史的修习者带来什么？观其流泉，忧心钦钦。文思涩滞，夜半惊魂。辗转进退，比较互勘，或能化繁为简，由难而易，涉险通关，求瓜得豆。

第二节　从美索不达米亚到亚历山大里亚

美索不达米亚文明，不在"四大文明"范畴内。"四大文明"是伪概念、假命题。

　　四大文明是日本特有的用词①，系由江上波夫（以"骑马民族征服王朝说"等闻名的学者）提出，首见于昭和二十七年（1952 年）发行的教科书《再订世界史》（山川出版社）。推测该书意图系强调昔日亚洲有高度文明，借以鼓舞因战败而一蹶不振的日本人。然而，将古代的亚洲区分为四个文明地区并非日本独特的构思，反倒是在欧洲形成的想法。②

军国主义的亡灵激发四大文明的灵感。这种"东学西渐"（实则"西

---

　　①　在现代世界，可能如此，古代不是这样。明确使用"四大文明地区"词组表述宏阔观察成就的文献，见 9—10 世纪的这本地理学著作：[阿拉伯] 伊本·胡尔达兹比赫著，宋岘译注，郅溥浩校订：《道里邦国志》，中华书局，1991 年版，第 167 页。
　　②　[日] 青柳正规等著，张家玮等译：《兴亡的世界史》（全套21卷，讲谈社创立百年纪念），八旗文化出版社（台北），2019 年版，第 1 卷第 4 章。"在欧洲形成的想法"，可从王治心的《中国学术体系》（第 1—2 页）获得支持。"世界学术发生最早的国家，我们大概承认有四个：就是埃及印度希腊和中国，形成了现在所谓的东西洋文明。"印行《中国学术体系》这年，王治心转任沪江大学国文系主任。1948 年，"回"金陵神学院，担任中国文化和教会史教授，出任《金陵神学志》主编。参见网页 http://www.zhunei.work/jiaohui/2202.html。这份刊物的"主编"身份，比这所大学的"教授"身份，更能旁证他了解"在欧洲形成的想法"。至于说"学术发生最早的国家"，实为倒因为果，无法成立。若表述的意思是"学术的最早发生地，现在属于××国家"，则无异议。另外，我倾向于用"美索不达米亚文化"作表述用语，但有时是承前文献决定用语选择。

为东用"），不是出于忏悔，而是有意招魂，以为填补汤因比所谓战后日本人的"精神空虚"[①]。"精神空虚"，威逼学术圈事小；捏造区隔，扭曲文明，撕裂文化，牢范学术，体大。在西方学术圈外，雪莱（1792—1822）的名言"我们都是希腊人，我们的文学、艺术、法律、宗教都是起源于希腊"，反映了彼时大部分精英认知的"古代世界"，类乎黑格尔"精神的朝霞升起于东方，（但是）精神只存在于西方"的思想樊篱、文明防火墙、文野隔离带，几近"古老的中国""就是一个没有历史的帝国"的独断论翻版。赵林居然认为："（雪莱）这话一点都不夸张。"[②]其实，西方学术圈内外黑格尔、雪莱一类人物"不着边际"的言行，若非登峰造极的夸张，就是坐井观天的奇异。德国一位不甚知名的博士，也活跃在19世纪。"在一本让他名声大振的书中"，宣称"古代希腊人和现代德国人是同一个民族，说的是同一种语言"。[③]如此等等，"离奇地高估了""我们"和"希腊人"，蒙蔽了无数读者。"事出有因"，非黑格尔、雪莱、赵林等个人之过。

时势造英雄，溟蒙烟雨中，需要一段文字，说明前句话双引号里的一些说法——认为黑格尔、雪莱、赵林坐井观天的观点，"或可商榷"。

脚注有时可以用来消遣——通常的情况是作者在同行的背后捅刀子。有时候，刺入的方式还算温柔。如历史学家可能只是简单地援引

[①] 汪荣祖：《史学九章》，生活·读书·新知三联书店，2006年版，第40页。汤氏谓罗马人也曾"精神空虚"、西方人正发生"精神危机"，见《史学九章》第43、49页。

[②] ［德］黑格尔著，刘立群等译，张慎、梁志学校：《世界史哲学讲演录（1822—1823）》（《黑格尔全集·第27卷·第Ⅰ分册》），商务印书馆，2016年版，第113、114、119、134页。赵林一语，见 http://www.rmlt.com.cn/2017/0815/489820_2.shtml。黑格尔所谓"没有历史"，指他断言的没有发生思想革命。即，"古老的原则没有被任何外来的原则所取代"，"自身平静地发展着"。故，"中国历史能引起人们兴趣的只是它的主要环节"。

[③] ［德］维拉莫威兹著，陈恒译：《古典学的历史》，生活·读书·新知三联书店，2023年版，第19页。Wilamowitz-Moellendorff, U. v., *History of Classical Scholarship*, translated from the German by Alan Harris, edited with introduction and notes by Hugh Lloyd-Jones.（劳埃德-琼斯，英国古典学家，1922—2009，与下文将提到的《抄工与学者》的两位作者，曾在牛津大学共事）Baltimore, Maryland：Johns Hopkins University Press，1982：xviii.

一部著作的作者、标题、出版地点和时间。但是，他们还时常悄悄地将微妙而致命的"参较"（cf. [compare]）一词置于脚注的前端。至少对专业读者来说，这暗示了两点：在征引的那部著作中有另外一种观点，而且它是错的。然而，并不是每一位读者都知晓这个密码。于是，有时候还要刺得更用力、更一针见血。例如，仅用一个成语或者精心选择的形容词就简短而明确地否定掉一部著作或者一个论点。英国人的典型做法是用一个狡猾的副词结构："oddly overestimated"（离奇地高估了）；德国人则直接指明"ganz abwegig"（不着边际）；法国人稍显冷淡，但留有颜面地说"discutable"（或可商榷）。所有这些无法避免的贬低之词都出现在同样突出的位置，执行的都是同一类的学术刺杀行动。①

脚注是学术史的重大技术发明，并非所有写手都喜欢它。学术刺杀（scholarly version of assassination），只是强调知识博弈和认识暗杀，也可以理解为学术神圣、真知至上，"要为真理而斗争"。鼓舞学术勇气，提高学术警觉，维护学术操守，激发学术争鸣，推进学术繁荣，争取学术自由。学术刺杀，无涉人格和生命，故与"学术杀人"，完全不同。识别种种"不着边际"言行，彻底推翻"四大文明"假说，有多方面的意义：复原文明多样性的事实，揭开学术复杂性的面纱。弃却唯我主义的知识论，颠覆沙文主义的文化论。在承认多样性和尊重复杂性的认知和立场上，在唯物论-辩证法的指导下，学习某种马克思主义学术观，审查学术史书写的背景和逻辑，探索多元互通学术史的书写方式。

---

① [美]格拉夫敦（Anthony Grafton）著，张弢、王春华译：《脚注趣史》，北京大学出版社，2014年版，第8页。脚注的适切性，可用个案讨论，增进了解。"现代西方的《论语》版本都把注释作为脚注，或者尾注，这样的编辑方式不尊重中国传统的经典诠释。进一步可以说，中国近现代的《论语》版本也都把经典文字和注释很严格地区分开来：经典构成一个单独的文字单位，下面才是注释，这样就破坏了经典文字和注释的密切关系。"[法]梅谦立（Thierry Meynard）：《〈论语〉在西方的第一个译本（1687年）》，《中国哲学史》2011年第4期，第105—106页。

"人类第一次、也是最重要的一次信息技术革命，发生在美索不达米亚。"[①] 教育史和学术史，思想史和哲学史，长期不能书写美索不达米亚文明中的思维和想象、知识和技术、生活和宗教、文学和哲学、教化与学校，这主要不是伪概念、假命题的定向作用和指挥力度导致的。伪概念、假命题（1）的前面，有黑格尔-雪莱式的短见和偏视（2），有殖民主义、帝国主义的霸权和话语（3）。这些，又与东方主义（Orientalism）[②]、西方中心说混合（4），加上长期以来，人类认知美索不达米亚文明的途径只有两条且不确定：古希腊个别史家的有限记述和《圣经·旧约》的有限篇章（5）。此五者，尤其是认知途径的狭隘（5），直接导致了"不能书写"。"不能书写"，与"不愿书写"《文心雕龙》《老残游记》一类的学术地位有别。"不能"，因为没充分的资源，所以没相应的能力之谓也。正是在资源缺及能力弱的文明状态、文化环境、知识基础中，成就了黑格尔-雪莱式话语、东方主义传统，乃至"四大文明"之伪的流播。

　　东方主义，与希腊主义（Hellenism）、泛希腊主义（Panhellenism）这等具有特定政治-文化含义的观念、概念、信念，有不解之缘。"像自我美化的许多概念一样，泛希腊主义概念起源于希腊的内部冲突，而非外力、敌人激发的。这个概念成了城邦霸权或帝国统治的宣传工具。他们提出一个向野蛮人宣战的共同目标，用泛希腊主义，为一个城邦通过战争实现对其他一些城邦的控制，进行辩护。"柏拉图的《美涅克塞努篇》（*Menexenus*），现在被认为是希腊人自夸的一个代表、东方主义的（一个）源头。希腊人模棱两可地对待外部世界，例如对波斯人，既嘲笑又向往；希波战争后，变得排外仇外（suppressed alien culture）。[③] 希腊人魔鬼化"他

---

① Gnanadesikan, A. E.（格纳纳德西肯），*The Writing Revolution*: *Cuneiform to the Internet*. West Sussex: John Wiley & Sons Ltd., 2009: p. 14.

② 译作东方主义、东方学，还指特定的思维方式、价值尺度。相应的 Orientalist，既作东方通、东方学家，也作东方主义者。作为学科的东方学，与思维方式、东方想象、价值尺度纠缠得很复杂。参见［美］爱德华·萨义德（Edward W. Said）著，王宇根译：《东方学》，生活·读书·新知三联书店，1999年版，绪论。

③ Morris, S. P., *Daidalos and the Origins of Greek Art*. New Jersey: Princeton University Press, 2022: pp. 364-365, 369-371, 123.

者"，发明"异邦魔鬼学"，可与典籍中的蛮、夷、戎、狄等等媲美。

"东方主义"是一个集合概念，源远流长，旨趣纷呈，取向各异，所指多变，"有好有坏"[①]，界定不易。作为学科，又是另一番景象。在萨义德的名作《东方学》出版之前，论者早已企图别其门类，发现主流。萨义德援用福柯的话语理论，聚焦西亚，特色鲜明，使其《东方学》成为"伟大叙事"。《东方学》的空间定位在西亚，文化固守伊斯兰，族群限于阿拉伯。唯其局限，成就伟大。20 世纪 60 年代的民族主义和共产主义，反帝国主义和反殖民主义，可视作 70—80 年代东方学（东方主义研究）兴盛的根本动力。东方主义的运势，使东方学遭受"攻击"，发生"危机"，走向"终结"。[②] 东方学不会终结，东方主义势必消亡。在这种大背景下，西方学界的希腊观巨变。

  时运交移，质文代变，古今情理，如可言乎？

  ……故知歌谣文理，与世推移，风动于上，而波震于下者（也）。

  文变染乎世情，兴废系乎时序，原始以要终，虽百世可知也。

  蔚映十代，辞采九变。枢中所动，环流无倦。质文沿时，崇替在

[①] App，U.（阿普，瑞典人，出生在 1949 年），*The Birth of Orientalism*. Philadelphia：University of Pennsylvania Press，2010：pp. 12-13. 至迟在 17 世纪及以前，"有好有坏"，这个表述很有意思，好像把古代的"灵魂解剖学"用之于东方主义、东方学，"坏"的有如疾病。参见 [英] 泰勒主编，韩东晖、聂敏里、冯俊译：《劳特利奇哲学史》（第一卷），中国人民大学出版社，2017 年版，第 456 页。

[②] 萨达尔（Ziauddin Sarder，1951，巴基斯坦裔英国学者，屡获殊荣）指出，20 世纪 70—80 年代，是现代史上东方主义著作"最为丰富的 20 年"。他的《东方主义》（*Orientalism*）一书，是英国开放大学出版社的"社会科学概念丛书"（Concepts in the Social Sciences Series）之一，简明流畅，不失全面，难得。见 Sarder，Z.，*Orientalism*. Buckingham：Open University Press，1999，中译本有些削删。[英] 萨达尔著，马雪峰译：《东方主义》，吉林人民出版社，2005 年版。"伟大叙事"引文，见《东方主义》第 130 页，参见第 104—122 页。Macfie，A. L.（麦克菲），*Orientalism*. London：Pearson Education Limited，2002：pp. 3，73-107. 麦克菲的这本《东方主义》，与萨达尔的论题交错，篇幅接近，但更像是学术史训练用书，而非通识读物。对在"攻击""危机""终结"和"回应"的描述中，几乎未见东亚学者参与其间，学术话语的集中趋势明显。萨达尔、麦克菲的著作，主题都是"东方学"。

选。终古虽远，旷（僾）焉如面。(《文心雕龙·时序》)①

刘勰的"文变染乎世情，兴废系乎时序"的断言，在此接受检验并得验证，唯所谓上下，与中土有别。我华之上下是本土的，西洋之上下是外力的。作为文明动力之一的民族主义，与作为野蛮势力的极端主义，当严格区别开来。地球是圆的，经纬度是对称的。若只存在东方主义，不存在西方主义，就不符合对称定律。对称定律，同时也是很大一块文化园地里的审美原则。东西方的种种东方主义和西方主义，在不同空间，在不同程度上，阻滞学术进步。现在，寻租的、售卖的、热舞的、妩媚的、表演的、卖笑的、苟且的，等等，总之，眼花缭乱的西方主义，即极端主义，比"战狼"式的东方主义，危害更大。② 东方主义伤及皮毛，西方主义植入病毒。

为方便讨论，在此不妨引入"完整书写"表述，同时承认它的三个标准：(1) 完整的书写，必须以交流为己任；(2) 完整的书写，必须是书写在耐磨材料或电子面板上的精细文字符号；(3) 完整的书写所使用的符号，必须是按照惯例能够用来清楚地发音的（即系统地排列组合有意义的声音），或者是能够实现交流的电子编程。③

一百多年前的"不能书写"或是可以原谅的。当今，复演过去一套、

----

① 参见黄叔琳注，李详补注，杨明照拾遗：《增订文心雕龙校注》，中华书局，2000年版，第539页；周振甫：《文心雕龙今译》，中华书局，1995年版，第389—406页。

② "战狼"，化用《东方主义》汉译本第89页的"狼"。西方主义之所以比东方主义更有危害，是因为它外卷、反扑、恶斗的空间，远远大于东方主义有史以来聚焦的任何"东方"和所有"东方之和"。在东方主义者的逻辑中，东亚之东方，西亚之东方，南亚之东方、中亚之东方、东北亚之东方，各不同等，各不同命。东方主义者的焦点，在时间和空间上，很短小。

③ 构成早期书写的各种表现形式，虽然是"不完整的书写"（因为无论哪一种书写形式，都没有同时满足完整书写的三个标准），但也都尽力将"书写"一词的含义阐述到极致。它们都实现了某种交流的需要，尽管这种交流是受地域局限的或是有些模糊的。Fischer, S. R., *A History of Language*. London: Reaktion Books Ltd., 2001: pp. 11-12. 汉译本见 [新西兰] 斯蒂文·罗杰·费希尔著，李华田等译：《书写的历史》，中央编译出版社，2012年版，第1章。

复制旧作定式，如泰勒晚近出版的堂皇十卷《劳特利奇哲学史》的开篇，还有它基于所谓"雅典官方日历记年法"的"年表"（起于公元前507/508年）[①]，显著夸大古希腊的历法成就。泰勒的做法，类乎自文艺复兴到20世纪早期的主流，不合时宜了。到公元前507/508年，持续存在超过3000年的美索不达米亚文明，从文字产生到完整书写，已经灭亡了一代人时间，标志是波斯人攻下新巴比伦（公元前539年）。在几千年的发展中，泰勒年表中的四要素，美索不达米亚一个都不少，且全是原创的。可见，跟泰勒学的哲学史，就单一时间尺度而言，怕是现代哲学碎片而已。

20世纪50年代初的个别通识性著作，富有远见地以"教育：第一批学校"开篇，接着的第2章是"学生时代：拍马屁第一案"，寓意"马屁精古已有之"。[②] 此间，少量单篇论文，主要从文献发掘、归类、断代、载体形式上，论及美索不达米亚的学校。[③] 半个世纪前的教育史名作，非但已从美索不达米亚起笔，遥遥领先泰勒的哲学史，而且注意到希腊与美索不达米亚的联系等许多方面。用20世纪70年代的知识标准，乃至用20世纪末期的知识标准来审查，可谓新知制胜。

在欧洲，普法伊费尔说，从1578年算起，桑兹（John Edwin Sandys，

[①] "历史年表"含四方面内容：政治和宗教，艺术，科技，哲学。[英] 泰勒主编，韩东晖、聂敏里、冯俊译：《劳特利奇哲学史》（第一卷），中国人民大学出版社，2017年版。

[②] Kramer, S. N., *History Begins at Sumer*. Philadelphia: University of Pennsylvania Press, 2010: p. 10. 汉译作 [美] 克雷默：《历史始于苏美尔》（未见），后文还会提到这本书。人类第一次拍马屁（apple-polishing）、溜须术，是一名学生发明的：公子哥上学迟到了，泥板上的作业做得也糟糕，该挨并确实挨了老师的鞭子，很不走运。他放学回家后恳请父亲："请老师来咱们家，对他说些好话，请他不再生气，再送点礼物给他。这是个好主意吧！"是为克雷默谓史上拍马屁第一案。体现青少年特点的写本，在已经发现的存量和内容的生动性上，只见于美索不达米亚。

[③] Delnero, P., *Sumerian Extract Tablets and Scribal Education*. *Journal of Cuneiform Studies* (JCS), 2010, 62: pp. 53-68. 这篇论文，涉及研究美索不达米亚书写教育（scribal education）的文献跨度，大约两代人时间。作者倾向于认为，在经过对教育内容较长时间的探讨之后，新世纪美索不达米亚书写教育的研究重点，将转向书写教育过程（how scribes were trained）。可见，丰富的文献，不足以自行显露有待教育史家探明的问题。

1844—1922)的著作,虽是"仅有(的)一部名副其实的(学术史)综论著作",却"是一篇关于古典学学者之逐世纪、逐国、逐书编目,而非一部真正意义上的学术史"。① 在普氏的审视中,直至他自己的学术史出版之前,在英语和德语中(未必不包括法语等欧洲主要民族语言),除了灵光闪现的学术史卓识和"有用的工具书"之外,没有多少可观的著作。非也,何况普氏过分地突出了"一批学术领军人物"。② 设使精英玉碎、学术不兴,普法伊费尔一流就无所事事了。君不见,

> 天降乱离兮孰知其由,
> 三纲易位兮四维不修。
> 骨肉相残兮至亲为仇,
> 奸臣得计兮谋国用犹。
> 忠臣发愤兮血泪交流,
> 以此殉君兮抑又何求?
> 呜呼哀哉兮庶不我尤!
>
> ——《方孝孺临刑遗辞》

其实,其中有的也未必算得上是精英。普氏敬重的前代学者维拉莫威兹指出:"每个时代的先驱性人物都很少。挑选出很多所谓代表性人物,

---

① 1903 年,由剑桥大学出版社刊行桑兹著作的首卷(1906 年第 2 版,1921 年第 3 版。第二卷、第三卷于 1908 年出版)。[英] 约翰·埃德温·桑兹著,张治译:《西方古典学术史》(第一卷)(*A History of Classical Scholarship*),上海人民出版社,2020 年版;[德] 鲁道夫·普法伊费尔著,刘军译,张强校:《古典学术史(上卷):自肇端诸源至希腊化时代末》,北京大学出版社,2015 年版,作者序言第 2 页。

② 参见 (1) Grafton, A., *Joseph Scaliger: A Study in the History of Classical Scholarship*(Ⅰ,Ⅱ). Oxford: Oxford University Press, 1993;(2) Harrison, S., & Pelling C. (eds.), *Classical Scholarship and Its History from the Renaissance to the Present*. Berlin/Boston: Walter de Gruyter GmbH, 2021;(3) Wilson, N. G., *Scholars of Byzantium*. Massachusetts: Gerald Duckworth & Co. Ltd., 1996: p. 273。

实无必要。"①在维拉莫威兹看来，像卡西奥多罗斯（Cassiodorus，485—585）、科拉伊斯（Adamantios Korais，1748—1833）、桑兹这样的人②，是不多的。

普氏对"学术"概念流变的阐发，亦逊色于桑兹的洋洋大观、清晰明了。普氏一著的序言里冒出来的"赓续不绝之语文学"，非精通德文者，是难以理解的。借助桑兹的第一章不难认识到，德文所谓的语文学，变作英文"暧昧的舶来词"philology（参见前文的"朴学"等译名），在内涵与外延、方法和取向诸方面的语用，都不如英文的学术史（history of scholarship）适切。不过，这一暧昧，意外地旁证了多样化学术的真实性和历史感。学术传统和偏好获得文化上的合理性，有助于提防把学术差异抹除的"总之"，有助于提防弃置学术进阶的"纵观"，有助于对种种"主义"及它们之间的千丝万缕联系，形成并保持敬畏感。至于所谓"可观"，无非一言其数量多少，二论其质量高低。普法伊费尔一著的上卷（Ⅰ），起自"希腊学术的史前史"，重点在第二部分的开篇"学术兴起于亚历山大里亚"。汉译本的"下卷"，即《古典学术史：1300—1850年》（Ⅱ），止于"19世纪德意志的古典学（Altertumswissenschaft）——从尼布尔到德罗伊森"。从上卷到下卷，中间有一千多年的空白。如译者所言：

> 普氏的两卷所涉及的内容远非古典学术史的全貌，古代拉丁学术史、中世纪学术史、拜占庭学术史等，均溢出了普氏的论述范围。③

---

① Wilamowitz-Moellendorff, U. v.（维拉莫威兹）, *History of Classical Scholarship*, translated from the German by Alan Harris, edited with introduction and notes by Hugh Lloyd-Jones. Baltimore, Maryland: Johns Hopkins University Press, 1982: pp. 3-4, 10, 15-16. ［德］维拉莫威兹著，陈恒译：《古典学的历史》，生活·读书·新知三联书店，2023年版，第48页。未依据这个译本，改订这句引文。

② 关于卡西奥多罗斯，参见董标：《教师概念的发明——长时段、大空间的教育学基础知识勘探学试验》，《华东师范大学学报（教育科学版）》2024年第12期。

③ ［德］鲁道夫·普法伊费尔著，刘军译，张强校：《古典学术史（上卷）：自肇端诸源至希腊化时代末》，北京大学出版社，2015年版，第420—421页。

Altertumswissenschaft 这个德文单词，是 19 世纪德国学者发明的，是经过几百年才形成的一个概念，并非指通常所说的古典学。外延或更宽泛，故英译者或不译，或作 the science of antiquity。把用在这里的 science 翻译成汉语，也很难。作"科学"容易，但它不是汉语的"科学"（科举考试的科目或自然科学）。做"知识"尚可，但这样就会严重窄化 Altertumswissenschaft 的外延。Altertumswissenschaft，大意指"一本正经地探究与古代世界有关的一切事物的规律性的（全部）学科"。这个"古代世界"，特指古希腊-罗马。几乎与之相互替补的"全部学科"一语，暗示经由通识教育而达博雅教育（自由教育）的境界（进阶），警醒并挑战的是"模仿自然科学"的专业教育、学科分治。[①] 今天看来，Altertumswissenschaft 履行了预言使命，无愧于几个世纪的自我创造。

跳跃的、大跨度的普法伊费尔的学术史著作显示，学术史未必书写得很有连贯性。或者说，连贯不连贯，不是学术史的硬性指标。何谓学术史的硬性指标，取决于对何谓学术史、何谓"真正意义上的学术史"问题的解答。与对许多问题的千篇一律的回应方式不同，学术史之问既非千篇一律，必然莫衷一是。怎样的回答才算是合理合情、名正言顺的？这样的追问，没有现成答案，倒也不乏种种学术史文本"可观"。不妨取用老套笨拙的文本分析法，在递归和迭代中，找到答题方向。

普法伊费尔所谓"学术兴起于亚历山大里亚"断言中的"兴起"一词，微妙地表示学术渊源并不遥遥。这是十分难解的，虽然无人以任何可见的方式，鲁莽轻视或暗中否定亚历山大城的学术地位。[②] 桑兹溯源的学术史是"雅典时期"，内容是"史诗之研究"。桑兹在创作时，必然对荷马

[①] Wilamowitz-Moellendorff, U. v., *History of Classical Scholarship*. translated from the German by Alan Harris, edited with introduction and notes by Hugh Lloyd-Jones. Baltimore, Maryland: Johns Hopkins University Press, 1982: pp. vii-xviii. 参见［德］维拉莫威兹著，陈恒译：《古典学的历史》，生活·读书·新知三联书店，2023 年版，第 4、19 页。

[②] 亚历山大城兴建于公元前 4 世纪最后三分之一年代，宋代的《诸蕃志》称之为"遏根陀国"。见 https://zh.wikipedia.org/zh-hans/%E4%BA%9A%E5%8E%86%E5%B1%B1%E5%A4%A7%E6%B8%AF。

的作品了然于心，必然对《吉尔伽美什史诗》不甚了了。后者的大部分内容，1920年始才大体译注出来，近百年来，有新的发现和增补。① 当然，他与鲍温（James Bowen）一样，未得见不断增多的《希腊史诗起源于安纳托利亚》之类突破性著述。所以，桑兹不论美索不达米亚的学术史。普法伊费尔，一方面在其著作的第一部分第二章，大篇幅谈及楔形文字，强调它并没有促成"学术"的出现；另一方面，普氏不乐意接受"早期希腊人尚'目不识丁'"的事实，② 依然笃信"学术兴起于亚历山大里亚"。普氏著作出版之际，来自一流大学、权威机构、权威人士的一份权威报告，隔着大西洋，在仙界与普氏沟通：

  现代中东和北非不是重大文化成就的中心，而且在最近的将来也不可能成为这样的中心。因此，从现代文化发展的角度来说，对这一地区或其语言进行研究没有多大价值。

  ……我们所研究的地区不是政治力量的中心也没有成为这样一个中心的可能性。……与非洲、拉美和远东相比，中东对美国所具有的直接的政治重要性（甚至其作为"头版头条"或"花边新闻"的价值）正在减弱（北非稍好一些）。

  ……因此，当代中东对我们只有很小的价值，似乎仅能引起学界的注意。但这并没有降低对这一地区进行研究的合理性及其学术价值，也没有影响学者们所做研究的质量。③

美索不达米亚文明，对学术史上几乎所有学者"所做研究的质量"而言，没有意义。19世纪的一位业余（amateur）学者、读不了东方文献原文的顿克尔（Max Dunker，1811—1886），是少见的例外。他"叙述的东

---

① 参见 https://zh.wikipedia.org/zh-hans/%E5%90%89%E5%B0%94%E4%BC%BD%E7%BE%8E%E4%BB%80%E5%8F%B2%E8%AF%97。

② ［德］鲁道夫·普法伊费尔著，刘军译，张强校：《古典学术史（上卷）：自肇端诸源至希腊化时代末》，北京大学出版社，2015年版，第22—23页。现在，对希腊人长期目不识丁的情况，学术界已经有了充分的认识。

③ ［美］爱德华·萨义德（Edward W. Said）著，王宇根译：《东方学》，生活·读书·新知三联书店，1999年版，第369—370页。

方世界与希腊世界之间的联系是一个可信的观念,今天我们已经知道许多这方面的联系"①。至普氏著作出版时的学术史、古典学术史,在偏执、偏狭、偏至中,构建场域、提高质量,自我阐扬、赢得高分,漂洋过海、引领世界。不知有多少地方的多少学者,被这类学术史,套上枷锁,牵着鼻子,却又趾高气扬,高歌猛进。

在普氏和桑兹的著作之间,还有一本,就是前面提到的维拉莫威兹的《古典学的历史》(参见表 1.2)。在它的英译本行将面世时,出版社打出的广告语是"短小精悍的学术史",指其独特的目标设定和构思智巧:以审美为目的(the nobility of beauty and art)揭示学术本质(nature of classical scholarship),以学术史上的革命性人物为批评对象,注重古典学术源流、学术文献的开发、学术行动的环境、学术交往的影响、学术转型的宏阔背景。删繁就简,鸟瞰整体。可比附马克思的"政治经济学(方法)批判"(简称《大纲》,*Grundrisse*,1858,在维拉莫威兹生前未曾出版),可谓"学术史批判大纲"(the evolution of scholarship in broad outline)②、以古希腊的 Altertumswissenschaft 为中心的整体性学术史批判大纲。20 世纪 80 年代初英译、出版,表明注重范式的"学术史批判",是引导学术史转型、开辟学术史新形态的有效手段。从这时起到 90 年代初,即在大约十年间,学术史研究,加强了对"范式"和"史观"的反思和探索。

---

① [德]维拉莫威兹著,陈恒译:《古典学的历史》,生活·读书·新知三联书店,2023 年版,第 260 页。Wilamowitz-Moellendorff, U. v., *History of Classical Scholarship*. translated from the German by Alan Harris, edited with introduction and notes by Hugh Lloyd-Jones. Baltimore, Maryland:Johns Hopkins University Press,1982:p.155. 汉译本第 261 页,译者加上一条脚注,以马克斯·韦伯为标杆,质疑维拉莫威兹的"直接阅读""原文"学术指标。大半个世纪以来,韦伯、汤因比一批学人,无论是在学术观构建上,还是在资料库建设上,都从主流学术圈退隐了。历史学跨越了汤因比,社会学很少谈韦伯。参见前文。

② Wilamowitz-Moellendorff, U. v., *History of Classical Scholarship*. translated from the German by Alan Harris, edited with introduction and notes by Hugh Lloyd-Jones. Baltimore, Maryland:Johns Hopkins University Press,1982:pp.1-3. 广告语见 https://www.jstor.org/stable/294263,出自劳埃德-琼斯的序文。

表 1.2　一百二十年来三部学术通史的基本信息

时间	1903	1921	1968
作(编)者	桑兹 John Edwin Sandys, 1844—1922	维拉莫威兹 U. von Wilamowitz-Moellendorff, 1848—1931	普法伊费尔 Rudolf Pfeiffer, 1889—1979
书名	*A History of Classical Scholarship* 西方古典学术史（第一卷）	*History of Classical Scholarship* 古典学的历史	*History of Classical Scholarship* 古典学术史
要目	第一编　雅典时期，约西元前 600—约前 300 年 第二编　亚历山大里亚时期，约西元前 300—西元 1 年	◇未设目录。"学术史所关心的只是那些发现、传播古代作家著作的人。"（学术史聚焦古代作家著作的发现者和传播者）①	卷 I 第一部分　希腊学术的史前史 第二部分　希腊化时代

---

① ［德］维拉莫威兹著，陈恒译：《古典学的历史》，生活・读书・新知三联书店，2023 年版，第 73 页。Wilamowitz-Moellendorff, U. v., *History of Classical Scholarship*, translated from the German by Alan Harris, edited with introduction and notes by Hugh Lloyd-Jones. Baltimore, Maryland: Johns Hopkins University Press, 1982: p. 22. 按照这种清晰的、具体的学术史定义，我国有学术史，当以刘歆的《七略》为最早。前文引述的"以《史记》《汉书》的《儒林传》为最早"一说，似乎可疑。参见［美］盖博坚（R. Kent Guy）著，郑云艳译，《皇帝的四库——乾隆朝晚期的学者与国家》，中国人民大学出版社，2019 年版，第 58 页。

续表

要目	第三编 罗马时期的拉丁学术，约西元前168—约西元530年 第四编 罗马时期的希腊学术，约西元1—约530年 第五编 拜占庭时期，约西元530—约1350年 第六编 西方中古时期，约西元530—约1350年	◇以古希腊的Altertumswissenschaft为中心、以人物（著作）为进路的整体性学术史批判大纲	卷Ⅱ 第一部分 古典学术在意大利文艺复兴时期的重振 第二部分 尼德兰和德意志的人文主义与古典学术 第三部分 从法兰西的文艺复兴到德意志的新希腊精神 第四部分 德意志的新希腊精神

新史学、现代性、后现代、批判理论、话语理论、人类世概念、生命政治理论、女性主义话语、殖民主义话语，等等取向或视角，直到今天的"数字学术"（digital scholarship）[①]，天女散花般地飘落在学术史地盘，标志着以古希腊-罗马为中心、为起点的（古典）学术史进入一个新时代。

维拉莫威兹的名字和著作，在汉语教育学的学术文献中未必得见。1921年，维拉莫威兹在柏林大学（弗里德里希-威廉大学）退休[②]，他的著

---

① 数字学术基于互联网。"美国人发明的互联网是人类历史上唯一可行的共产主义模式。"参见 Peters, M. A., & Jandrić, P., *The Digital University*: *A Dialogue and Manifesto*. New York: Peter Lang, 2018: pp. 357-358。这个说法，既逗乐又深邃，与"数字苦力"（digital labour）相映成趣。以文本安身立命的学者，在越来越多的数字大学里、在大学越来越数字化的进程中，正在转型为数字苦力、数字学者（digital labour/digital scholar）。它与别的领域越来越多的数字苦力的同异之处，成了一个全新的学术问题。参见（1）Deyrup, M. M.（ed.），*Digital Scholarship*. New York: Routledge, 2009；（2）Weller, M., *The Digital Scholar*: *How Technology is Transforming Scholarly Practice*. London: Bloomsbury Academica, 2011。

② 维拉莫维兹的一篇规规矩矩的学术传记，见 Kublmann, P., & Schneider, H.（eds.），*Brill's History of Classical Scholarship · New Pauly · A Biographical Dictionary*. translated and edited by Duncan Smart and Chad M. Schroeder. Leiden: Brill, 2014: pp. 660-662。

39

名门生耶格尔（Werner Jaeger，1888—1961）接替了教职，十多年后出版享誉学界的《教化：古希腊文化的理想》。这人、这书，不再罕见。耶格尔对前述"模仿自然科学"的专业教育、学科分治，以及它必然导致的"文化生活的机械化和野蛮化的激烈加速"（文化危机，即所谓"尼采问题"），提出了名曰"第三波人文主义"的制度化路线图（institutional lines）以解救之。第一波是文艺复兴的人文主义，第二波是歌德时代的人文主义，但"国家社会主义德国，不能建设第三波人文主义的社会基础"[①]。既然如此，只有危机加深和处境恶化这唯一前景。几年后爆发的第二次世界大战，证实了耶格尔预言。

二战后，种种楔形文字文献的翻译和出版，开始加速，90年代达到高潮。18世纪以来的圣经研究（Biblical studies，圣经学，有别于包括"教学/教育学"在内的"释经学"）、东方研究（Oriental studies，东方学，含东亚研究和西亚研究）、埃及学（Egyptology）等等，丰富了学术库存。

在学术史和教育史上，释经学（Hermeneutics）影响深远，有必要述其大要和起始。释经学含四大环节（部类）：解经或释义（exegesis），解说（exposition），讲道（homiletics），教授（pedagogy）。[②] 起点"解经或释义"，严格定向在经义授受（exegetical bounding）过程中。起点决定进程。经义授受，从专门构造或制作出的话语和语言开始，以神话形式创造亲密关系，传授内部亲密语言，产生内部复合意义。在教学规程上，经义授受采取小组教学形式，在小团体内部，学习和吸收文本思想，说出当说出的词汇，重复和强化说之当说，建立一种适切而不可逆的格局。此谓"以言行事过程"（performative）。它，既是表演行为，又是表述行为。比起日常行为，表演行为能更有力地把语言和思想落实到行动上，表演行为

[①] Wilamowitz-Moellendorff, U. v., *History of Classical Scholarship*. translated from the German by Alan Harris, edited with introduction and notes by Hugh Lloyd-Jones. Baltimore, Maryland: Johns Hopkins University Press, 1982: pp. xxvii. 参见［德］维拉莫威兹著，陈恒译：《古典学的历史》，生活・读书・新知三联书店，2023年版，第32—33页。

[②] 参见 http://www.pcchong.com/Hermeneutics/Hermeneutics1.htm#，第一章：什么是释经学？

助力完成自我改造。经义授受是一种刚性游戏规则，导向"忏悔现象学（phenomenology of confession）。在众目睽睽之下，用深度思维（deep theory）交流，真挚地、深刻地寻觅灵魂（soul-searching），庶几救赎。经义授受，即文本须经由教育系统实现价值过程。教育为本，其他次之。经义授受是主干，其他各部是枝蔓。教育制度结构，是建立依附关系、提供教学场所、创造话语社会的组织基础。作为经义授受之可行条件的教育过程，把话语社会建设工程的目的显露出来——形成政治从属关系。因此，从属关系比任何经义授受都重要。[①] 经义授受，旁证了教育无目的说，展示了一类悲剧辩证法，上演了一出辩证法悲剧。其实，作为解经或释义起点的经义授受，以初步建立的从属关系为标志。过程的展开，无非是把不成熟、不理想、不巩固的从属关系，改造为成熟、理想、固化的从属关系。于是倒推：一切从属关系，必然诉求经义授受。见诸一切从属关系中的经义授受，实为宣风教化，但比之规范、严整。即，经义授受是正规教育。

19世纪兴起的亚述学（Assyriology），赫梯学（Hittitology）、苏美尔学（Sumerology），与楔形文字学（Cuneiform studies）、楔形文字学术（Cuneiform scholarship）的加速进展，存在不等程度的联系。战后创刊的《楔形文字研究》杂志（*Journal of Cuneiform Studies*，JCS，1947，年刊，美国东方研究学会，ASOR），一直连续出刊、发行，领先学术进展（据ChatGPT）。最近三十年间，楔形文字学急剧颠覆并重建人文学科知识版图，包括重新认识古希腊取得的新成就。除东亚研究之外的所有新兴学术领域，都与美索不达米亚研究有交集。[②]

在异质文献、领域突破、方法多元的三重冲击下，"西方古典学术史"

[①] Apter, D. E., & Saich, T., *Revolutionary Discourse in Mao's Republic*. London: Harvard University Press, 1994: pp. 2, 107-108, 114, 134, 263, 292-293, 300-302.

[②] 这一表述，遭遇挑战。刘仲敬在近作中，明确认定美索不达米亚的发展与东亚存在联系，东亚某地曾经是美索不达米亚的殖民地。见刘仲敬：《逆转的文明史：美索不达米亚》，八旗文化出版社（台北），2022年版，第2章。

的传统取向，完成了自己的使命。个人偏好，不在此列。古希腊-罗马长期圄圄的"学术史"，自行终结。知识领域出新，历史价值另说。大学教学，自有惯性。守护传统的学术通史取向但不无增益（调适）的教学参考书，依然在出版。① 同类专著，特别是个人编修的专著，半个多世纪以来，未见出新。惯性是大学精神的"基要"之一。非此，所谓独立和自主，颜面尽失，无地自容。至于那则广告，似乎是在迎接学术"短平快"巅峰时代的到来。

在三部学术通史之外，还见希尔爵士专门编辑出版的一本古典学图谱的学生用书。必须承认，一百二十年前，与桑兹的名作同年问世的这一学术通史通识之作，内容虽说足够狭隘②，但对激发古典兴趣、推进英国古典学术研究，功不可没。今天，对中国学术场域，它有另一番启迪：基础教育传承学术理想，"学术从娃娃抓起"。

现在有一个观点，可作为跨世纪的整体性论定来看待："英语中的这三部学术通史都过时了，但还是很有用的。"③ 三部通史，原文是英文的有两本（桑兹的和普氏的）。德文译成英文的，只有维拉莫威兹的。普氏是德国人，用英文写出的学术史，地道的英语读者，会发现有些表达不周。

---

① 例如前面提到的 Montanari, F. (ed.), *History of Ancient Greek Scholarship*: *From the Beginnings to the End of the Byzantine Age*. Leiden: Brill, 2020。汉语学界并不落后，如方鸣等主编：《二十世纪中国学术要籍大辞典》，中共中央党校出版社，1993 年版；吴阶平总主编：《20 世纪中国学术大典》，福建教育出版社，2001 年版；张立文主编：《中国学术通史》（6 卷），人民出版社，2004 年版。这些都是宏大工程，非个人之力所能成就。

② ［英］乔治·弗朗西斯·希尔著：《西方古典学图谱（影印版）》（*Illustrations of School Classics*，1903，Macmillan），中西书局，2018 年版。希尔（Sir George Francis Hill, 1867—1948）曾任大英博物馆馆长、首席图书管理员。

③ 耶鲁大学图书馆网页（https://guides.library.yale.edu/c.php? g=295967&p=1976008）顺便推荐了两套学术史百科全书：*The Oxford Encyclopedia of Ancient Greece and Rome*（Oxford, 2010）and Brill's *New Pauly*（Brill, 2002- ），再加一本书：Reynolds, L. D., Wilson, N. G., *Scribes and Scholars*: *A Guide to the Transmission of Greek and Latin Literature*（4th edition）. Oxford: Oxford University Press, 2013. 这本的第 3 版于 1991 年出版），汉译本作［英］雷诺兹、［英］威尔逊著，苏杰译：《抄工与学者》，北京大学出版社，2015 年版。

学术通史的主要作者是德国学者，这一独特的学术景观，映射学术与文化、学术与政治的关系。

> 德国人在学术与科学方面所做的巨大努力一定程度上是和德国获得欧洲霸权的欲望联系在一起的，尽管这很难成为谴责（condemnation）德国学术的理由，但有助于解释德国学术成果中不断增加的粗糙和机械因素。①

霸权欲或极端民族主义与粗制滥造，同卵双生子似的，不论。

现在有一种动态，可视作百年后论学术废兴的一个象征：从千禧年当年开始后的十几年间，大都会艺术博物馆，得个人赞助设立"教师培训项目"（resource for educators），面向 K12 学生，专门制作、出版、发布附带光盘、链接的古今艺术珍品教本、学本。美索不达米亚、非洲、日本、韩国、中世纪、文艺复兴等等，各成一册，应有尽有（ChatGPT 能够提供"实施途径"方面的有用信息）。这一积极动向再次证实，伟大的教育力量在民间，宏阔的学术道路在资源。目前，在全球范围内，这个项目只是一个象征。当然也不止于象征。K12 学生，不一定驻留美国。谁"抓住"青年，谁就抓住了未来。基础教育传承学术理想。按理，一代人后初见成效，三代人后改天换地。

第三节　从象征革命到教育革命

发生了第一次、最重要一次信息技术革命的美索不达米亚，是一种城市文明。米鲁普（Marc Van De Mieroop）尝试开发美索不达米亚城市模型，以与古希腊城市区别开来。他几乎是在开玩笑地说，区区几个世纪的

---

① ［德］维拉莫威兹著，陈恒译：《古典学的历史》，生活·读书·新知三联书店，2023 年版，第 20 页。Wilamowitz-Moellendorff, U. v., *History of Classical Scholarship*. translated from the German by Alan Harris, edited with introduction and notes by Hugh Lloyd-Jones. Baltimore, Maryland：Johns Hopkins University Press，1982：pp. xviii-xix.

43

古希腊城市，怎么好与有三千多年历史的最大城市群、最高城市化程度的美索不达米亚比呢？[①] 其实，他并不是在比较这二者，而是对一些东方主义者的无知和偏见，表示不满，进行抗争。一些东方主义者的知识构造和心理偏好、认知模式和情绪倾向，或基于希腊主义，或出于泛希腊主义。

"一切革命都是规范革命"。"城市是规范学习的温床"[②]，城市是一切信息和知识的中心，故为规范创新中心和规范学习中心。城市是根据地，不是游击区。城市文明、城市革命，是信息技术革命的必要-充分条件。无之不可能，有则必发生。不含足量信息、新异知识、思想基础、价值原则的一切美其名曰的革命，不是革命。或是造反，或是暴乱，或是起义，或是崩溃。

所有城市的兴废，固然没有共时性，但城市的结构和功能总有最小公约数。在美索不达米亚，最早的城市是哪一个，最早、最大的城市是哪一个，每个城市的创建时间，等等，既取决于聚居规模的考古学证据，又取决于城市的操作性定义，故多有争议。被视为马克思主义者的考古学家柴尔德（Gordon Childe，1892—1957）提出的区别城市与乡村的十大标准，依然有效。研究者的城市排序，固然不一，但对最早的城市（群）出现在美索不达米亚这一点，没有争议。如，乌尔（Ur，《圣经》中的"吾珥"，公元前5500年）、埃利都（Eridu，公元前5400年）、加泰土丘（公元前7500年—公元前5700年，参见前文）、乌鲁克（Uruk，公元前4500年）。位于今伊拉克南部幼发拉底河之滨的尼普尔（Nippur），也是最古老的城市之一。据信，它的历史可追溯至公元前5262年。[③] 尼普尔是美索不达米亚最重要的宗教中心，或谓之"宗教首都"。"首都"或与"书写教育中心/学术中心（as a center of scribal learning）"互生共鸣，虽然它从来不是任何王朝或帝国的首都。在宗教上和学术上，尼普尔与巴比伦一起，成为

---

① Mieroop, M. V. D., *The Ancient Mesopotamian City*. New York: Oxford University Press, 1997: pp. 5-6. 米鲁普（1956—），比利时人，1996年起任哥伦比亚大学西亚史教授。

② Brunkhorst, H., *Critical Theory of Legal Revolutions*. New York: Bloomsbury Academic, 2014: pp. 9, 189. Ref. Huff, T. E., *The Rise of Early Modern Science: Islam, China, and the West*. New York: Cambridge University Press, 2003: pp. 118-123.

③ 参见维基上的尼普尔。

美索不达米亚城市群中最典型的两个城市。①

最早出现的文字、运用的完整文字，连同经济生活、贸易活动、军事行动等等的流水账，加上史诗、文学和神庙，标志着城市文明的崛起和城邦国家的建立。随后出现的中央集权国家，不仅展示强大的治理能力（最早的灌溉系统只是一个证据），而且开辟人类历史的新纪元。世纪之交，米鲁普提出一个爆炸性论点，暗示同性质的问题，具有震撼性和冲击力：设使马克思非常了解且充分掌握美索不达米亚经济和社会的实际情况，他的历史理论会不会改弦更张？

马克思去世时（1883 年），学界方才破译十几种美索不达米亚语中的阿卡德语这一种，尚未出版阿卡德语的经济生活和贸易活动的文字记录。人类掌握的古代美索不达米亚知识，依然限于古代资料和希伯来圣经中的那些混乱记述。因此，不应指望马克思、恩格斯，对美索不达米亚文明有任何了解或特别关注，但他们的古代经济和社会的基本思想，仍是一个有益的参考框架，对随后的美索不达米亚研究极为重要。②

马克斯·韦伯，虽比马克思和恩格斯更了解美索不达米亚，但他无意挣脱东西文化对立论的窠臼："东方以专制主义为标志，西方以个人自由为特征。""韦伯恪守东西（unconditional，绝对）对立的教条，坚定地置身于东方主义传统之中。"当然，也得说，韦伯的理想类型方法，对美索

---

① Mieroop, M. V. D., *The Ancient Mesopotamian City*. New York：Oxford University Press，1997：pp. 29，36-37，222-225；Anonymous, *Mesopotamian Cities：A Captivating Guide to Eridu，Uruk，Ur，Akkad，Assur，Lagash，Babylon，Nippur，Nimrud，and Nineveh*. Enthralling History，2021；Anonymous, *Ancient Mesopotamia：An Enthralling Overview of Mesopotamian History，Starting from Eridu through the Sumerians，Akkadians，Assyrians，Hittites，and Persians to Alexander the Great*. Enthralling History，2022：chap. 1. 新近重要的专业文献，见 Kleinerman, A., *Education in Early 2nd Millennium BC Babylonia：The Sumerian Epistolary Miscellany*. Leiden：Brill，2011：pp. 96-97。

② Mieroop, M. V. D., *Cuneiform Texts and the Writing of History*. London：Routledge，2005：p. 110.

不达米亚的研究不无意义。这主要是因为，盲目贩卖韦伯方法者，实在是太多了。① 一定的范围内，或一度与马克思和韦伯齐名的汤因比，在20世纪50年代，学术生涯如日中天。今人认为，先前被"吹捧"出来的皇皇巨作《历史研究》，早已"淡出"学术圈。在总体取向上，汤因比"胸怀世界"，追求人类文明的公式化表达。② 这在一定程度上，必然降低对东方主义、欧洲中心的路径依赖。虽此，因种种楔形文字文献的破译进度，赶不上他的学术鼎盛年，故他不能正确书写并定位美索不达米亚文明史。至于公式化的文明史沉思，早已化作一个时代的一种史学探索的纪念。

偏好"公式"的汤因比，与擅长"类型"的韦伯，都导向固定学术话语模式。对此，不宜抽象地肯定或否定。使无学术话语，无学术独立，无学术操守，无学术勇气，无学术自由，无学术争鸣，追逐、建构任何一种哪怕充满偏见或缺陷的学术模式，就是学术创举。美索不达米亚文明进程，合乎进步想象，倒置革命理想。唯一的例外（文明史上的主角是例外，不是循例）是不断革命，不断灭亡；不断灭亡，不断革命。最终，灭亡。这一广大地区，没有成功发展出资本主义社会，也没有达到社会主义初级阶段。革命是全面的但不是同步的、等价的，灭亡是政治的，不是文化的和技术的。理论力量和考古发掘，已经能够描述和解释革命和不断革命的发生、发展和意义，但无法解释灭亡。

象征革命是发生在美索不达米亚的第一场决定人类发展方向的革命。③
象征革命照亮心理（系统），构建社会（系统），创造意义（世界），

---

① Mieroop, M. V. D., *The Ancient Mesopotamian City*. New York: Oxford University Press, 1997: pp. 252-253, 254.
② 汪荣祖：《史学九章》，生活·读书·新知三联书店，2006年版，第39—61页。
③ 参见董标：《教师概念的发明——长时段、大空间的教育学基础知识勘探学试验》，《华东师范大学学报（教育科学版）》2024年第12期。

组织、安排、调控生活世界和技术世界。象征革命是书写革命、城市革命、教育革命、宗教革命、技术革命等等所有革命的基点和先导。技术的本质，既是人的能力、能量的自我发现，又是审视自我的局限所达成的自我发明。"审视"的理据，不是技术，而是意义。当然，人不是神，无法预料、防范替补和补强，对人的发展的价值，替补和补强，怕是危险和得益兼具。原子弹替补冷兵器，最得意，也最危险。

书写革命是发生在美索不达米亚的第二场决定人类发展方向的革命。

古代美索不达米亚，"地理上边界不清，编年上时间不明，这是其自身的连续性与新政治、新文化不断影响的集成反映。西亚（中东）历史的整体特征，就是如此。"① 在美索不达米亚，存在过 15 种以上的语言，包括苏美尔语、阿卡德语、亚述语、巴比伦语、胡里语、乌拉尔图语、埃兰语和赫梯语等。"楔形文字"命名，专指在美索不达米亚发现的、初始用削尖的芦苇，在黏土板上压制出构成字符的各种楔形线条。楔形文字"是文字，不是语言，可以为任何语言使用"。在泥板上刻画曲线是困难的，但像盖戳那样操作就容易得多。最初的象形、表意楔形线条，有如电报，没有语法，或属于先期楔形文字（proto-cuneiform，原始文字）②，最终演变成拼音字母，故很多语言都能借用这种字母。美索不达米亚文明是一种书写文明。"迄今为止，最早的泥板文书发现在乌鲁克遗址的第 4 层［乌鲁克文化晚期，公元前 3500 年］，为象形文字。它是后来楔形文字的祖先。这种象形文字所达到的水平说明，将来还会在其他遗址发现更早的相当于乌鲁克遗址第 5 层、第 6 层年代的文字（因此，乌鲁克遗址的 5、6 层也被

---

① Mieroop，M. V. D.，*The Ancient Mesopotamian City*. New York：Oxford University Press，1997：p. xiii. "中东"（大体与西亚重合）与它们是一个家族的，但"主义"色彩似乎稍淡。对"地理""编年"的认识，今非昔比。已见接近三千年的编年史资料（公元前 3000—公元前 300）出版，是从法文翻译过来的：Glassner，J-J.，(Edited by Benjamin R. Foster). *Mesopotamian Chronicles*. Atlanta：Society of Biblical Literature，2004。

② Mieroop，M. V. D.，*Cuneiform Texts and the Writing of History*. London：Routledge，2005：pp. 10，35.

归入原始文字阶段)。"①

古代绝大多数语言（文字）消失得无影无踪，楔形文字是幸运的，这或与其传播遥远有关。它被用于五大不同语系（languages of five different families）中：苏美尔语和埃兰语（都是孤立的），阿卡德语（闪米特语），胡里安语和乌拉尔语（二者有关但不与其他语言相关），赫梯语（印欧语系）。所有这些，是古代、古代晚期、前现代和现代（止于19世纪中叶）的人类不完全掌握、大都不掌握的。16世纪，荷兰一位医生不遗余力，企图证明古埃及象形文字（最早使用不迟于公元前3150年）实际上是荷兰语。17世纪，对偶然发现的楔形文字，西方学者拒不承认它是一种文字。②从一种自称的"语言动力学"或"历史社会语言学"的研究看，在阿拉姆语（一个语言群，起于公元前12世纪？）、腓尼基字母（起于公元前11世

---

① ［英］劳埃德（Seton Lloyd）著，杨建华译，黄菊元校：《美索不达米亚考古——从旧石器时代至波斯征服》，文物出版社，1990年版，第45页。参见 Coulmas, F. （ed.）, *The Blackwell Encyclopedia of Writing Systems*. Oxford: Blackwell Publishing, 1999: pp. 102-104. 考古学家在尼普尔发现的神庙图书馆，时间约前第三千纪初期，在乌尔发现的神庙图书馆为公元前3000年左右。王室图书馆占有重要地位，在汉谟拉比时代国王拥有很多图书馆，分散在几乎每座重要城市。亚述时期的私人图书馆出土丰富，尤为重要的是亚述国王亚述巴尼拔（前668－前627年）图书馆。该图书馆由英国考古学家莱亚德于19世纪中期首次发现，当时在尼尼微王宫中发现多个房间，其中放有大量刻有王家档案的泥板书，还有许多巴比伦文学作品的抄本。在这个曾遭遇火灾的宫殿中，共发现约2.4万块泥板书。亚述巴尼拔命人从各地收集有价值的泥板，再由亚述书吏整齐抄录，书吏还常常在原文毁坏的地方留白，并注释"我不懂"或"原缺"。该图书馆的藏书包括哲学、数学、语言学、医学、文学和占星学。图书馆有馆藏图书的分类和书目，登记全部藏书以方便读者查找。所有图书都盖有印章——"天下之王，亚述王亚述巴尼拔宫廷"。见 https://zh.wikipedia.org/wiki/%E7%BE%8E%E7%B4%A2%E4%B8%8D%E8%BE%BE%E7%B1%B3%E4%BA%9A♯%E6%9C%80%E6%97%A9%E7%9A%84%E5%AD%A6%E6%A0%A1。

② Gnanadesikan, A. E., *The Writing Revolution: Cuneiform to the Internet*. West Sussex: John Wiley & Sons Ltd., 2009: pp. 19-21, 26, 28, 32, 34. 格纳纳德西肯这本书的第2章，用语言学的专门方法，分析楔形文字源流。"公元前3150年"是一个新进的考古学断限，与其他说法不同。

纪）慢慢取代楔形文字之前，[1] 楔形文字已经使用了大约三千年。除了泥板，美索不达米亚人还把楔形文字刻在石头上，并开始在羊皮纸或纸莎草上写字。[2] 在楔形文字的迁徙、扩散和渗透过程中，顶替了苏美尔语的阿卡德语，成为最早的、唯一的"世界语"。在公元前第二个千年，"不论周围的语言环境是怎样的"，"美索不达米亚周围的所有首都城市都在学习和使用阿卡德语。但"20 世纪中叶英国权威语言学家""如下一番精辟的评论"，并不包括美索不达米亚的种种语言：

> 世界上的各种强大势力创造了世界语言……罗马帝国成就了拉丁语，大英帝国成就了英语。教会当然也是一种强大的组织……对世界上所发生的事情抱有强烈情感的人们在语言的创造上影响也最大。如果没有希伯来语、阿拉伯语、拉丁语、梵语和英语，语言团体中的先哲将会怎样，这简直难以想象。政治家、士兵、水手、传教士、实干家、有强烈感觉的人成就了世界语言。它们建立在鲜血、金钱和力量上，并且在权力的追求中承受苦难。[3]

这就不难理解，在虚拟的美索不达米亚制高点上观察，哪怕时新的、易于为人接受的断言，有时也显得老旧，直至失真：

> 临近公元前 1000 年的时代，很多书写系统和文字在世界上不同地区流传开来。除了两种文字——埃及文字（及其后代）和汉字——以

---

[1] ［英］奥斯特勒（Nicholas Ostler）著，章璐等译：《语言帝国：世界语言史》，上海人民出版社，2016 年版，第 505—506、28 页；关于阿拉姆语和腓尼基字母，参见第 62—80 页。

[2] Anonymous, *Ancient Mesopotamia: An Enthralling Overview of Mesopotamian History, Starting from Eridu through the Sumerians, Akkadians, Assyrians, Hittites, and Persians to Alexander the Great*. Enthralling History, 2022: chap. 10. "并开始在羊皮纸或纸莎草上写字"（began writing on parchment or papyrus），存疑。至于从波斯人统治到希腊化时期，二者作为书写材料，似无异议。见 Mieroop, M. V. D., *Cuneiform Texts and the Writing of History*. London: Routledge, 2005: p. 37。

[3] ［英］奥斯特勒（Nicholas Ostler）著，章璐等译：《语言帝国：世界语言史》，上海人民出版社，2016 年版，第 29、55、14—15 页。

外，所有这些文字都已消亡，都没有衍生出其他文字。① 公元前8世纪前后的书写革命，"是信息流跨越时空的真确起始"。②

在公元前1000年，象形的楔形文字或"原始文字"进化为音符的楔形文字，已经过去两千多年。"信息流跨越时空的真确起始"在美索不达米亚，不在其他地方。古希腊爱琴海世界的克里特岛上的线性文字A（公元前2100—公元前1450），考古发现所得资料甚少，至今没能破译。"线形文字B"（公元前1450—公元前1350），取代了线性文字A。线形文字B的不少符号与A相近，但更多的是改造和"创新"（innovate），故线形文字B被认为是一种新文字（a new script）。后来，它也莫名其妙地灭亡了，古希腊进入黑暗时代。③ 但到荷马时代（前1100—前900）末期，书写仍然属于绝密艺术

---

① "失却文本，人类生活的关键要素为之一变，但并不会根除它们。人的思想和生活习惯之间互相改造的平衡，总是根据经验建立起来的。平衡不要假设。" Gosden, C., History without Text. *In* Baines, J., Bennet, J., and Houston, S. (eds.), *The Disappearance of Writing Systems: Perspectives on Literacy and Communication*. London: Equinox Publishing Ltd., 2008: p. 336. 书名中的"disappearance"，作"消失，消亡，灭绝"等解。这几个名词，作动词用时就会有各种时态，作形容词用时有比较级和最高级。它被同时用作名词、动词和形容词时，特别是动词时，才能刻画书写系统、文字体系，甚至语言制度的命运。学术界开辟这一研究领域，是在21世纪初年进行的。过去，即便认识到消失、消亡、灭绝的种种文字和语言具有重要意义，也几乎无从下手。

② Fischer, S. R., *A History of Language*. London: Reaktion Books Ltd., 2001: p. 66; 汉译本［新西兰］斯蒂文·罗杰·费希尔著，李华田等译：《书写的历史》，中央编译出版社，2012年版，第2章；Fang, I., *A History of Mass Communication: Six Information Revolutions*. London and New York: Taylor & Francis Group, 2016: p. xvii.

③ Bennet, J., Now You See It; Now You Don't! The Disappearance of the Linear A Script on Crete. *In* Baines, J., Bennet, J., and Houston, S. (eds.), *The Disappearance of Writing Systems: Perspectives on Literacy and Communication*. London: Equinox Publishing Ltd., 2008: pp. 4, 15-16. 几十年来，对线形文字与塞浦路斯文字的联系这样专深的问题，有几位学者在努力探索。倾向性的结论是，改造、采用了塞浦路斯字母。参见（1）Woodard, R. D., *Greek Writing from Knossos to Homer: A Linguistic Interpretation of the Origin of the Greek Alphabet and the Continuity of Ancient Greek Literacy*. New York: Oxford University Press, 1997: chap. 7;（2）Steele, P. M., *Writing and Society in Ancient Cyprus*. New York: Cambridge University Press, 2019: Chap. 5.

(a secret craft)。荷马笔下的英雄，没有能写的。书写艺人、技人、专家，或是记忆女神的女儿缪斯的代理。① 在一些奇才异士看来，荷马的英雄们没给荷马带来声望。或者说，后世把吟游诗人当成教化英雄来看待，或许想象过度。由此反证，不相信荷马的教育能力、诗人的教育价值，不属纯粹偏见。②

多年前有报告说，东方文字最早的证据（没有破译），是公元前3500年左右哈拉帕文化（位于俾路支东部和印度河谷）的简单"陶匠"标记。这种文字，或"是一种从左到右书写的音节文字"。有论者推测，这里"可能已经产生了最早的一些学校（schools）"③，至今未见跟进的报告。学校，只能一所一所地开建，但任何一所孤立学校的存在，都不能证明学校产生。学校是教育系统的要素之一，教育系统是社会系统的部门之一，必须成建制、成规模地存在并运作且有成就，才符合常识。南方文字最早

---

① 关于古希腊抄写和书写工具的漫长进化，参见 Montanari, F.（ed.），*History of Ancient Greek Scholarship: From the Beginnings to the End of the Byzantine Age*. Leiden: Brill, 2020: pp. 16-18.

② "亲爱的荷马"，假定你……能够知道怎样的教育和训练能够使人在公私生活中变好或变坏，那么，请问：有哪一个城邦是因为你而被治理好了的？有哪一个城邦把自己的大治说成是因为你是他们的优秀立法者，是你给他们造福的？有谁曾归功于你？苏格拉底问格劳孔：如果荷马从未担任过什么公职，那么，"你有没有听说过他创建过什么私人学校，在世的时候学生们乐于从游听教，死后将一种荷马楷模传给后人？"格劳孔："苏格拉底啊，要知道，荷马的学生克里昂夫洛斯作为荷马教育的一个标本，或许甚至比自己的名字还更可笑呢，如果关于荷马的传说可靠的话。据传说他于荷马在世时就轻视他。"苏格拉底："是有这个传说的。但是，格劳孔啊，如果荷马真能教育人提高人的品德，他确有真知识而不是只有模仿术的话，我想就会有许多青年跟他学习，敬他爱他了。你说是吗？"同样道理，如果荷马真能帮助自己的同时代人得到美德，……人们会依依难舍，把他看得胜过黄金，强留他住在自己家里的。"如果挽留不住，那么，无论他到哪里，人们也会随侍到那里，直到充分地得到了他的教育为止。你说我的这些想法对吗？"格劳孔："苏格拉底啊，我觉得你的话完全对的。"[古希腊]柏拉图著、郭斌和、张竹明译：《理想国》，商务印书馆，1986年版，第394—396页，599d—600e。

③ Lucas, C. J., The Scribal Tablet-House in Ancient Mesopotamia. *History of Education Quarterly*, 1979, 19（3）: p. 306. 这个"公元前3500年"说，仅一见。哈拉帕文化的起点，多说是公元前3300年。

51

的，在开罗以南 500 公里处的阿拜多斯。公元前 3400 年，那里就在使用成熟的象形文字。① 这两种文字，都没有像楔形文字那样的传播、开发、复制、杂交和规模宏大的语料库成就。

楔形文字中的美丽诗篇、女性书写者留下的写本及其创造，预示女性文化史、教育史、学术史的一个新方向，当然不应在学术史上一直缺席下去。苏格拉底口中漂亮的"女贤哲"、爱情诗的"创造"者、女校长、女教育家、"女教师的样板"萨福（Sappho），在公元前 7—6 世纪开办女校（文艺团体？）。萨福生平、萨福学校，多有争议。新近文献，倾向于把萨福形象、萨福女校，看成维多利亚时代的想象和创造。② 激发无数想象的古希腊女诗人萨福，现已确知，比历史上第一位有名的女诗人恩海杜安娜（Enheduanna，公元前 23 世纪）大约年轻 1600 岁。美索不达米亚的恩海杜安娜，几千年来，没给学术界带来任何联想。这位祭司、哲学家、史上第一位"自成体系的神学家"（the first systematic theologian）③，一直不为人知。构造一个萨福遭遇恩海杜安娜、恰巧又被长相不敢恭维的苏格拉底碰上了的意象，岂不妙哉？

美索不达米亚文明是"最精于书写的文明"。④ 即便不计公元前 3500

---

① 参见（1）Beck, F. A. G., *Greek Education*：450-350B.C.. London：Methuen & Co. Ltd., 1964：pp. 43-46；（2）Thomas, R., *Literacy and Orality in Ancient Greece*. New York：Cambridge University Press, 1999：p. 21。

② Johnson, M., *Sappho*. New York：Bloomsbury Academic, 2013；Freeman, P., *Searching for Sappho：The Lost Songs and World of the First Woman Poet. Including New Translations of All of Sappho's Surviving Poetry*. New York：W. W. Norton & Company, 2016. 参见［英］保罗·克里瓦切克（Paul Kriwaczek）著，陈沅译：《巴比伦：美索不达米亚和文明的诞生》，社会科学文献出版社，2020 年版，第六章"统治四方：青铜英雄时代"；Otto, A., Professional Women and Women at Work in Mesopotamia and Syria (3rd and Early 2nd Millennia BC)：The (Rare) Information from Visual Images. *In* Lion, B., and Michel, C. (eds.), *The Role of Women in Work and Society in the Ancient Near East*. Boston/Berlin：Walter de Gruyter Inc., 2016。

③ French, M., *From Eve to Dawn*. New York：The Feminist Press, 2008：pp. 14, 101。

④ "最精于书写"，见［美］伯特曼（Stephen Bertman）著，秋叶译：《古代美索不达米亚社会生活》，商务印书馆，2016 年版，第 158 页。

年前美索不达米亚的"原始文字",只把最早确切使用苏美尔语书写的文字,定在杰姆代特奈斯尔时期（Jemdet Nasr Culture,公元前3100—公元前2900,所见文献中最迟的断限）[①],亦不对前述"美索不达米亚文明是一种书写文明"的判断构成挑战。揭示书写革命的意义,得从书写和文字的意义开始。学术界至今未揭开苏美尔语的起源之谜,更谈不上给它归类。全面刻画书写革命,尚需时日。

教育革命是发生在美索不达米亚的第三场决定人类发展方向的革命。

象征革命、城市革命、书写革命,与教育革命相互包含。或者说,它们的交集是一个整体。用不同的核心概念分析一个整体,实为多元分析,即分析角度的不停变换。好处是看得全面一些,坏处是复原整体困难。在美索不达米亚文献中,"教师"、"学校"、"上课"（教课,teach）、"课本"（text）之类,都好像很平常,没有多少新鲜感。现行各种苏美尔语词典（Sumerian Lexicon）,都可查见。刻画的文化生活和学校教育,规范,多样,生动。四千多年前的这些,让人惊叹不已。但若问美索不达米亚人怎么看待我们的反应,这是很难回答的。我们不知道,被翻译为"学校"等等的实际存在,与彼时人们的实际认识、操作、期待,间距有多大。我们对"课本"等等的刻板印象,与他们对泥板等等的刻板印象,是不是合得来。或出自内廷医官的一封短信写道:"几位公主的身体已无大碍,可以（出院?）回去上学了（leave and attend school again）。"[②]翻译出的这句话,没有多少理解难度。但今谓"上学"与古之"上学",无法全面对接,只得默认虚实不同的两点:通感和要素。通感是历史的和艺术的想象,要素

---

① "最迟断限",参见［英］劳埃德（Seton Lloyd）著,杨建华译,黄菊元校:《美索不达米亚考古——从旧石器时代至波斯征服》,文物出版社,1990年版,第45、76—77页,参见第38页。

② 说是短信,有失公允。在泥板上刻写（压印）一封译成英文大约有170个单词的信,想来是个慢功夫。Oppenheim, A. L. (Translated and with an Introduction), *Letters from Mesopotamia: Official, Business, and Private Letters on Clay Tablets from Two Millennia*. Chicago: The University of Chicago Press, 1967: pp. 118, 36, 41; Reid, J. N., *Slavery in Early Mesopotamia from Late Uruk until the Fall of Babylon in the Longue Durée*. Ph. D. dissertation, University of Oxford, 2014: p. 101.

是我们的"上学"与他们的"上学"之间的最小公约项。我们无权要求他们，我们防范我们替补他们。

与宫廷或王宫学校性质和职能都不同的书写（书手、书写、抄写、书记——抄写员、书记员）学校，大约在公元前第三千纪年前期，苏美尔的学校已初具雏形。到前第三千纪中期，学校开始遍及苏美尔。前第三千纪下半期，苏美尔的学校制度成熟和繁荣起来。这是一种在时间上稍稍前倾的判断。在（幼发拉底河西岸的古老城市/城邦）马里（Mari），考古学家发掘出约前2100年的学校，含一条通道和两间教室，大房间44尺长，25尺宽；小房间面积约为大房间的1/3。房间内有供写字的石凳、泥板和水槽，附近有泥板书出土。目前发掘出的学校的遗址分为三类：位于王宫附近的、神庙附近的和书吏居住区附近的。现在发现，亚述书吏自带学生的现象很普遍。在学校中，学生自带午饭，学习时间从早上到晚上回家，学校不留宿。苏美尔学校的学生基本来自富裕家庭，并且均为男性，女书吏的名字在浩瀚文献中仅偶有出现。苏美尔和巴比伦的学校，教授语言、计算测量、专业名词的读写及文学创作，目的是为王室和神庙培养书吏或书记员，也培养商业贸易方面的私人书吏。①像在埃及一样，簿记员们在专门的学校里，培训年轻的男孩（或偶尔有女孩），这样就有了"世界上最早的正规教育系统"，产生一个簿记员阶（可见多种头衔、命名和分工），其中大部分在农业领域工作。有的成了私人秘书，有的成了世界上最早的律师，"很多人产生了极大的社会影响"。②

---

① 20世纪50年代前，没能发现学校遗址。克雷默对此耿耿于怀，参见前文。参见维基上的美索不达米亚。

② The World's First Formal Educational Systems. In Lucas, C. J., The Scribal Tablet-House in Ancient Mesopotamia. History of Education Quarterly, 1979, 19 (3): p.307. "极大的社会影响"，见 Fischer, S. R., A History of Language. London: Reaktion Books Ltd., 2001: p.50；[新西兰]斯蒂文·罗杰·费希尔著，李华田等译：《书写的历史》，中央编译出版社，2012年版，第2章。二者同见 Bertman, S., Handbook to Life in Ancient Mesopotamia. New York: Facts On File, 2003: p.50. 至21世纪行将过去四分之一的当口，学界对1979年的"世界上最早的正规教育系统"断言，未见异议。

一种在时间上稍稍后倾，但与恩海杜安娜的业绩矛盾，不过同时暗示了自我否定的说法是："在美索不达米亚，至迟到古巴比伦时代的公元前2000年，就产生了学校，（以后的发掘成果和研究报告）大概率会把时间再提前几个世纪。①到公元前18世纪汉谟拉比时代中期，以两河流域的'岛'（the al-Jarirah or 'island'）为中轴，从现在的巴格达向东南，直到沙特阿拉伯，抄写学术机构蓬勃发展。"②尼普尔的学校（Nippur school）实施双语教学，亦见三语或多语说，今谓"多语是美索不达米亚学术实践的核心"。③教学"三要素"是：学写苏美尔语，用苏美尔语音读出，翻译成阿卡德语。④"学校"被称作"泥板屋"，教师是"泥板屋之父"（学生是"之子"），校长是专家。学校的时间管理很紧张，分科授课很明确，年终考试难度高，都是有案可稽的。"多种学科的教育"中的"音乐课程"，班

---

① 对已经发现的学校文书（Letters，公私通信，境内外通信，不是官方记录，特有价值），学者们已经从其形态和内容上，作了整理、归类和有重点的阐释、评估（Mieroop, M. V. D., *Cuneiform Texts and the Writing of History*. London: Routledge, 2005）。See George, A. R., & Spada, G., *Old Babylonian Texts in the Schoyen Collection, Part 2, School Letter, Model Contracts, and Related Texts*. Pennsylvania: Pennsylvania State University Press, 2019. Ref. Mieroop, M. V. D., *Cuneiform Texts and the Writing of History*. London: Routledge, 2005: pp. 22-23.

② Lucas, C. J., The Scribal Tablet-House in Ancient Mesopotamia. *History of Education Quarterly*, 1979, 19 (3): p. 306.

③ Crisostomo, C. J., Language, Translation, and Commentary in Cuneiform Scribal Practice. *Ancient Near Eastern History*, 2018, 5 (1-2): 41-56. https://doi.org/10.1515/janeh-2018-0005.

④ 在教育、学术和政治上，萨珊帝国都无意识地传承了多语实践，"而其内容则体现出美索不达米亚的影响"。"萨珊帝国是希腊、美索不达米亚和印度的科学与哲学相聚之地。""波斯是古典晚期希腊和印度知识传播的渠道，最终成为新旧观念相聚之地。这一切将被穆斯林文明所继承，当西方忘记自己的哲学和科学传统时，穆斯林文明又将这些观念传至西方。"［伊朗］图拉吉·达利遥义著，吴赟培译：《萨珊波斯：帝国的崛起与衰落》，北京大学出版社，2021年版，第99—100、175—190、201—202页。

班可考。① 学校纪律看起来严酷，学生总是害怕因为迟到或什么被鞭笞。

> 我渴，给我水；我饿，拿面包来。我要睡觉。给我铺床，给我洗脚。我可不愿迟到挨鞭子。明早儿早早叫醒我。②

从一连串的祈使语气看，说这话的学生，年龄不会太小，家境不会不好。遗憾的是，无法确知美索不达米亚的学生年龄（段）标准、概念，或许不存在学龄段的统一规定。在文明之初，"学龄"是一个直觉、习惯、传统决定外延的假设性概念，即事实上不存在，这才合乎常识。直觉、习惯、传统，经由法典的文本化，使"学龄"最终合法化。如此形成的概念事实，既非全然挣脱直觉、习惯和传统，又非逻辑、法条、科学的成就。假设性概念，演化为约定性概念。约定使之成为事实。约定是有前提条件和社会基础的，事实是由无限变量构成的。所以，至今，乃至可见的将来，具有普遍性特征的学龄概念，只（可能）有具体操作方式，而无放之四海而皆准的刚性标准。过去较多地把它与经济发展水平联系起来，这样做是对的。问题是，一旦它明确出自法条，就等于确实介入了权力之争并表现为权力意识、权力觉醒、权力分配，必然产生权力衍生效应。结果，意识转化为资源，资源表现为权力，权力得以象征化。在象征（话语、符号、歌舞、仪式、程式、规模）中，生命永恒和权力固化。社群共有象征分裂和极化之后，阶级定位趋于明确，意识形态堪当维稳大任。如此，偏好经济与教育的常规选项，遭遇政治挑战，二者之间就免不了扭扭扯扯。

---

① Mieroop, M. V. D., *Philosophy Before the Greeks: The Pursuit of Truth in Ancient Babylonia*. New Jersey: Princeton University Press, 2016: pp.56-57. 后面还会提到这本书，姑且标注简化汉译名《哲学起源于古巴比伦》。［美］萨默维尔（Barbara A. Somervill）著，李红燕译：《古代美索不达米亚诸帝国》，商务印书馆，2014年版，第97—99页；［伊拉克］苏比·安韦尔·拉辛德：《美索不达米亚的音乐文化》，载［德］汉斯·希克曼著，金经言译：《上古时代的音乐》，文化艺术出版社，1989年版，第76—79页；李晓东等：《古代文明的金字塔——法老的埃及》，辽宁大学出版社，1996年版，第178—182页。

② Kramer, S. N., Cultural Anthropology and the Cuneiform Documents. *Ethnology*, 1962, 1 (3): p.312.

这时，拉偏架的，看不顺眼的其他力量介入（用"文化"打包它们）。在常识中，被直觉、习惯、传统遮蔽的"权力"，最终成为政治舞台、经济竞争和文化场域的主角。与此同时，政治、经济和文化的地方性，被区域性、国际性和全球化压迫、挤压。最终的最终是，学龄越长，国家越强。根据最终的"最终的"最新趋势推演，国家越强大，学龄越淡化，终身教育的信念和实践越普及。权力转移，在落实普遍人权的唯一道路上，展现文明的魅力和力量。"天下大势，浩浩汤汤，顺之者昌，逆之者亡。"孙中山的名句，就像出自先知之口。

  美索不达米亚的实际情况是，学生的年龄范围很可能处于十岁以下到十几岁。因为上学必须私人付钱而且十分昂贵，学生们很可能都是那些富裕家庭和家势显赫的孩子们。除了王室的女儿们和推荐将来作为女祭司的女孩子们以外，学生们全部是男性。①

世界上最早的正规教育系统，根据前述不同信息，保守的推断，即同样暗示自我否定的推断是，创立时间不迟于公元前 23 世纪，但连续程度、分布广度，依然不明，目前还写不出教育制度创世纪编年史。已经探明，经过若干"改革重建"（reconstructions），"职业教育"的基础课程（the elementary curriculum）趋向于复杂，文学（不是文化）和歌德内容下移、植入书写教育。至古巴比伦晚期，课程已经"相当完善"（well established）。② 与之相应，学业负担明显加重。"课程完善"与"负担加重"或信息超载，走着同一条道路。初始的一分为二，最终合二为一。"完善"的兴奋与"重负"的郁结，宛如一枚硬币的两面。一件出土于尼普尔的描述父子闹矛盾的泥板，被命名为"父与子的对话"。一开始，父亲愤怒地责骂儿子忘恩负义，指其为自己提前挖掘坟墓。最令他痛心的是，儿子拒绝书吏职业。结尾处，父亲的心情突然变好，停止了对儿子的指责。这类

---

  ① ［美］伯特曼著，秋叶译：《古代美索不达米亚社会生活》，商务印书馆，2016年版，第 319 页。
  ② Kleinerman, A., *Education in Early 2nd Millennium BC Babylonia: The Sumerian Epistolary Miscellany*. Leiden: Brill, 2011: pp. 92, 97.

家庭矛盾普遍存在，也反映在苏美尔谚语中：叛逆的儿子——他的母亲不应该生下他，他的神不应该塑造他。①

美索不达米亚的书写教育，先行探索了一种"视觉"认识论、视觉教育论、视觉教育认识论——读写认知，读写心理，读写教学，具有心理学、教育学、哲学等多方面价值。这些年来，"视觉认知""阅读理解"的心理学、哲学研究成就颇丰。在"认识论与教育"的意义上，视觉与读写，不是新鲜论题。但在教育理论中，一是对教育认识的形而上学探究有待加强②，二是教育理论话语，长期无力刻画并揭示诸如视觉主导的认知途径、听觉主导的认知途径等，在人的交往和发展中的独特意义。对教育过程与感觉器官发展的刻画，教育理论的因应之道往往名曰"综合"，实则笼统，尚待形成分化图式。就连"音乐的耳朵"与"美的建造"这类语言，都不多见。视觉认识论，实实在在地触及了感觉器官与经验世界的关系，由此推导出一个"书写教育是文明史上破天荒的经验主义教育制度和

---

① 吴宇虹等：《泥板上不朽的苏美尔文明》，北京大学出版社，2013 年版，第 6 章第 1 节。

② 刘庆昌新近出版的著作《人类教育认识论纲》（福建教育出版社，2023 年版），第一次把"教育认识"推进到形而上学领域。20 世纪 80 年代末，学界首次聚焦教育认识，基点是切近当前教育实践。经两三代学者的上下求索后，教育认识论可望在教育理论中根深叶茂。参见张健主编，厉以贤、查有梁副主编：《教育的新认识——社会主义初级阶段教育思想探讨之一》，四川教育出版社，1989 年版。该书作者有（以姓氏笔画为序）：丁源、刁培萼、车树实、厉以贤、石佩臣、李国拱、李明德、励雪琴、张健、查有梁、桑新民、黄学溥、曹青阳、谢麟。据"内容提要"说：这本书从五个方面论述了对教育的新认识。其一，研究了教育的战略地位。把生产力标准提到第一位，用此标准看教育，就必然导致一系列对教育的新认识。这对总结历史经验，探讨教育规律，有重要现实意义。其二，本书研究了教育与经济发展。阐述了社会经济发展与教育发展的密切关系，教育如何为社会经济发展服务，以及商品经济对教育产生的影响和对策。其三，本书还研究了教育与社会进步。从教育与民主，教育与文明等相互影响的机制进行了分析，论述了社会主义教育与资本主义教育的异同，以及如何在改革中显示社会主义教育的优越性，并论述了应以什么观点作指导向外国教育理论学习和学习什么。其四，本书研究了教育与人才培养。阐述了新时期的人才观，人才学与教育学的关系。论述了"社会需要"和"个人需要"都是教育目的之根据的认识。最后，本书研究了教育的整体改革，从分析农村教育整体改革的实践与理论开始，进而论述了教育整体改革的设想与认识。

实践"的结论,是牵强的。它牵涉的问题广度,比书写教育更复杂。

尽管课程与教学法看上去相当狭窄,但准确地说,美索不达米亚的教育还是在寻求反复灌输我们必须称之为"人性"的东西。实际上,这个词头一次出现在人类历史上是在苏美尔的文献中,而且出现在那些专门涉及教育目的的文献中。一个学生对他的校长说:"我一直就像小狗一样,直到您打开了我的双眼。您在我身体里制造了人性。"一位心灰意冷的书写者给他的儿子写道:"因为你并不尊重自己的人性,我的心都碎了。"通过对往昔的尊重,通过对学习的敬畏,通过对自律的持久练习,而且通过服务高于自我的根本信仰,美索不达米亚人寻求达到教育最高目标的办法就是,对人性情感和行为的培养。①

"美索不达米亚的制度化崇拜完全是一种城市现象",但城市是行政中心、经济中心,不是宗教中心。城市的功能是资源分配,宗教的作用是使分配正规化。故神庙不是崇拜中心,而是管理和存储中心。② 经济、政治与宗教的这种奇妙结合方式——经济是基础,宗教是保障,政治是整合,一旦为真,就等于重写城市史。城市里的一些"学院"(academies,农村完全没有,也不可能有)训练出的官僚、诗人和学者这三类写手,一方面服务于以经济为中心的城邦事务,另一方面作为雇佣劳动者,为私人服务。现在可见的大量泥板(已经发表大约百万件)③,以行政记录、经济表格为多。这说明,他们主要致力于多方面的公共事务:记账—查账,生产活动,租赁借贷,签订合同,战争缴获,宣传文告,技术推演,天文历法,朗诵史诗,抄写宗教文献,等等。他们个个都是多面手,"直到第一

---

① [美]伯特曼著,秋叶译:《古代美索不达米亚社会生活》,商务印书馆,2016年版,第319—322页。

② Mieroop, M. V. D., *The Ancient Mesopotamian City*. New York:Oxford University Press Inc., 1997:p. 217.

③ Mieroop, M. V. D., *Philosophy Before the Greeks:The Pursuit of Truth in Ancient Babylonia*(《哲学起源于古巴比伦》). New Jersey:Princeton University Press,2016:p. 12.

个千年（公元前 1000），才被视作分门别类的专门家"。

写本无孔不入，得在"经济是基础，宗教是保障，政治是整合"三点之后补上一点："书写是命脉。"

> 在美索不达米亚的全部历史上，教育可能一直保持抄写性质。
>
> 描述苏美尔学校生活的文本，保留在文学经典中。传统的学校文本，在美索不达米亚的整个历史中普遍使用。①

在美索不达米亚，经济是基础，宗教是保障，政治是整合，书写是命脉，四者联袂，决定了教育理论阐释自身的时候，总有哲学诉求，总有宗教情怀，总有历史积淀。"反复灌输"人性的美索不达米亚的教育，最先把哲学、宗教和历史整合起来。得说，在教育理论中，规避哲学、宗教和历史及其与教育革命的关系，或者不现实，或者不负责。对美索不达米亚的哲学、宗教和历史，尤其是哲学，学界没说过多少话，中外皆然。事出有因。今天不同了。前面展示了一个"人性"概念的最早起源，还可以展示一下研究美索不达米亚哲学取得的一些成就②，借以比较论者选定论题的表述方式，与中哲史、西哲史的常见论题，有何不同。（参见表 1.3。试译出的节目，参照了内容）当然，这些一定不是全部论题。

---

① Mieroop，M. V. D.，*The Ancient Mesopotamian City*. New York：Oxford University Press，1997：pp. 219-221.

② 例如，(1) 徐远和等主编：《东方哲学史》（上古卷），人民出版社，2010 年版，第八章"古代美索不达米亚的哲学思想"；(2) 洪修平主编：《东方哲学与东方宗教》，江苏人民出版社，2016 年版，第一编"美索不达米亚宗教"；(3) Frankfort，H. et al. (ed.)，*Before Philosophy：A Study of the Primitive Myths，Beliefs，and Speculations of Egypt and Mesopotamia，Out of Which Grew the Religions and Philosophies of the Later World*. Chicago：University of Chicago Press，1959，这本有用的资料书，有意无意地出于东方主义的独断，垄断哲学话语；(4) Mieroop，M. V. D.，*Philosophy Before the Greeks：The Pursuit of Truth in Ancient Babylonia*（《哲学起源于古巴比伦》）. New Jersey：Princeton University Press，2016；(5) Grogan，J. (ed.)，*Beyond Greece and Rome：Reading the Ancient Near East in Early Modern Europe*. Oxford：Oxford University Press，2020.

表1.3 汉英两个文本中的美索不达米亚哲学主题对照

论著	古代美索不达米亚的哲学思想	哲学起源于古巴比伦
节目	第一节 创世神学中的宇宙论	第一部分 巴比伦认识论：一篇论文 Part Ⅰ　An Essay in Babylonian Epistemology 第1章　认识创世纪 1. At the Time of Creation
	第二节 "是"与"非"对立的伦理观	第二部分　宇宙秩序 Part Ⅱ　The Order of Things 第2章　辞典编撰和列表清单 2. Word Lists：A Very Short History 第3章　从辞典、诗篇到实在 3. Constructing Reality
	第三节 "死亡神学"中的来世观	第三部分　众神之作 Part Ⅲ　Writings of The Gods 第4章　占卜竞技场 4. Omen Lists in Babylonian Culture 第5章　宇宙知识构造 5. The Structure of Knowledge of the Universe
	第四节 疑神论、厌世论的透视与对白	第四部分 法典和法条 Part Ⅳ　The Word of the Law 第6章　成文法 6. Of Ancient Codes 第7章　哲学王 7. The Philosopher-King
		第五部分　一种巴比伦认识论 Part Ⅴ　A Babylonian Epistemology 第8章　认识论简史 8. Babylonian Epistemology in History 第9章　认识自主概念 9. The Conceptual Autonomy of Babylonian Epistemology

米鲁普从"我读故我在"开始，把焦点对准一种"视觉"认识论，徐远和等主编的《东方哲学史》，从认识论的一个否定性前提开始：

> 我们在否认古代苏美尔人的严格的认识论的哲学时，也不能忽视古代苏美尔人以及巴比伦人、亚述人的思想家的智慧及其对宇宙论、神学论等所作的贡献。①

米鲁普的"我读故我在"，不免引发"我思故我在""我疑故我在"的连番联想。② 徐远和等的终极判读，有本有源，但既不是直接来自种种象形文字写本之一，也不是来自哲学史的专门论著之一，而是一本老旧的通识著作《历史始于苏美尔》（前文已经不止一次提到，作者克雷默是卓有成就的亚述学家）。它共39章，每章讲一个"世界历史第一"即人类首创项目。从"第一批学校"开始，止于"第一座水族馆"（Aquarium，实际的主要内容，是一位养鱼爱好者留下的写本翻译）。在这本著作中，不存在一个"否定性"前提。原文只表示，美索不达米亚文明没有开发出"现代哲学通常称作认识论的部分"，这不是说"没有认识论"，也不是说不存在"不太通常""不太发达（现代）"的认识论。③

"完整书写"几千年、全面创新的一种文明，若缺失"严格的认识论"，这是有违常识的。何况，若无"严格的认识论"，哲学家、神学家恩海杜安娜，即如神话般存在。英文本中的"通常"（commonly），就不是一个"通常"表述。它的时间副词属性，遮蔽了它的"某种哲学"范本的先

---

① 徐远和等主编：《东方哲学史》（上古卷），人民出版社，2010年版，第165—166页

② 董标：《教育理论的知识基础是什么——教育认知革命"宣言"》，《山西大学学报（哲学社会科学版）》2022年第4期，第92—102页。

③ 《历史始于苏美尔》（*History Begins at Sumer*）内容丰富，反映了此前楔形文字写本的破译进展，体现了20世纪前半期的学术水平。《东方哲学史》的作者，引用的是1981年版的。关键原文如下："The Sumerians failed to develop a systematic philosophy in the accepted sense of the word. It never occurred to them to raise any questions concerning the fundamental nature of reality and knowledge, and they therefore evolved practically nothing corresponding to the philosophical subdivision which is commonly known today as epistemology."（Chap. 13）

入之见、前置逻辑和语境框架。当然，文化环境各异，学术条件不同，文本资源相差巨大，哲学基础和观察视角不一，导致论者择取的主题趋异。设使学术进展加快，象征革命、书写革命、教育革命三者，在美索不达米亚文明进程中的"革命地位"，或发生变化。即便学术活动戛然而止，三大革命说也未必因其合理、确当而为学界认可。这是自然的学术现象，又是积极的学术进展。米鲁普表明美索不达米亚认识论是独特的，这比《东方哲学史》的"否定"更合理。合理，合乎常识之谓也。异质的思想和语言、价值和法则，是激发创造性工作的前提。至于美索不达米亚的宗教和历史研究成就，可观的已经相当可观。不具。

美索不达米亚文明创造了世界上最早的正规教育系统，人类发生了第一次教育革命。目前所得综合信息显示，事在公元前23世纪之前（约在书写革命千年之后），标志是学校成批地出现、运作且卓有成就。成批，不限于一时一地。由此，直接产生了此一时彼一时、此一地彼一地之间的学校网络、学校差异问题；学校等级、类别结构问题；教学是发生在固定的公共场所里，还是在类乎"家塾"的环境中的问题；在教育内容上已经认识得比较充分的基础教育之外，是否还存在类乎第二、三级的教学机关问题。这些尚待探明的问题①，不至于影响教育革命的整体判断。

人类历史上的第一次教育革命，是以教育制度，即职业教育机构的创立为标志的。职业教育，即先于普通教育的职业教育，是一切制度化教育的领头羊、先行官、示范者、引路人，但不是缔造者。职业教育是领袖、导师、舵手，但不是统帅。职业教育是旗手、标兵、榜样，但不是领队。自此，学校系统即教育制度，在文明史上创生、创造。教育话语，进入社会世界。教育制度和教育话语的生生死死、死去活来、来去无定，催逼一

---

① 论及这些内容的文献不算很稀少。已见前文的下面这本以博士论文为基础的新近之作，颇多增益。它的篇幅不小，近400页。正文200页，"附录"一类副文本占去160页。在正文中，一半以上的篇幅，仍在处理文献问题，故分析、讨论的空间不大。美索不达米亚研究一类文献，似乎多有些"文献"（考据学、朴学）的特色。这是正当选择。因为至今，种种楔形文字的文献难题并未根本解决。Kleinerman, A., *Education in Early 2nd Millennium BC Babylonia: The Sumerian Epistolary Miscellany*. Leiden: Brill, 2011.

代又一代人，寻其规律，发明技术，创制规范，达成欲望。

教育制度是全新的自主发明。人类发现教育职能、创始教育行动，不是自然人性、天然个体的孤立创造。书写教育，是教育过程，但不是教育目的。"儿子拒绝书吏职业"，是抗拒某种教育内容或方式的表现，也是抗拒信息超载的表现。内容是文化建构，方式是社会行动。文化建构即教化发明，社会行动即交往方式。从个人发展看，书写教育的亲疏之道，是文字发明以来教育价值分裂的绵长咏叹调。教育目的是通过嗓音传达的，也是经由嗓音评估的，如那位父亲的发怒，再如孔子之于门生。如来"有肉眼""有天眼""有慧眼""有法眼""有佛眼"，料必应有"天耳（鼻，口，肌）""慧耳（鼻，口，肌）""法耳（鼻，口，肌）""佛耳（鼻，口，肌）"。可惜，好像没这么说。① 古典文献重视"眼"，未必始终确指一个职能定向的感觉器官，反而有如孟子指定"心"执行思维职能一样，指代、概括或替代而已，不必接受现代科学的"感觉器官"概念审查。

第四节　从书写教育到缩写教育

"学校里只有一种教育（类型），这是美索不达米亚的稳定特征。"② 米鲁普的这一判断，十分难解。根据语境，后半句强调，学校教育与城市文明、行政中心、管理中心、文献中心、宗教中心、知识中心、存储中心、交流中心，同在、共在。这一点理解起来并不难。非此，无以言说教育革命。面对这些自成系统的"中心"，如何判断"中心"的中心，如何判断这些系统孰轻孰重、孰先孰后？卢曼（Niklas Luhmann，1927—1998）认定，任何社会的中心都会有不少，但重要的社会系统没有很多，也不能有

---

① "须菩提！于意云何？如来有肉眼不？""如是，世尊！如来有肉眼。""须菩提！于意云何？如来有天眼不？""如是，世尊！如来有天眼。""须菩提！于意云何？如来有慧眼不？""如是，世尊！如来有慧眼。""须菩提！于意云何？如来有法眼不？""如是，世尊！如来有法眼。""须菩提！于意云何？如来有佛眼不？""如是，世尊！如来有佛眼。"（《金刚经》）

② Mieroop, M. V. D., *The Ancient Mesopotamian City*. New York：Oxford University Press，1997：p. 221.

太多，这是人的局限造成的。人（类）的注意力，注定只能聚焦在很小的范围内。因此，唯有建立系统，才能成功提升效率。"系统的功能就是化约复杂性。"系统可以确保信息在有意义的脉络中被加以处理。①卢曼所谓"自我指涉的自我再制的系统"有三：生命系统、心理系统和社会系统。社会系统包含三种子系统：社会、组织和互动。系统的最基本的、不可分解的单位是"最小规模的沟通"。最基本的单位具有最小的意义，它对"沟通之指涉是必要的"。②换言之，最小的意义是最小的沟通的必要条件。"社会是一个意义组建中的系统"。意义无处不在，无意义不存在，也制造不出无意义。"一旦把无意义、'无所谓'生产出来，它就有意义了。"③

　　卢曼一番高论，制造悖论。米鲁普的城市复杂化与卢曼的化约复杂性，怎么整合起来，是一个问题。他们两位之间，未见存在"最小沟通"的证据。米鲁普-卢曼悖论，有如"自我指涉的自我再制的系统"一员，寄生并暗藏在最小意义单位中。卢曼似乎暗暗地、坚定地支持我所谓"书写是命脉"的断言。这是不可能的，他不曾聚焦美索不达米亚。

　　长期以来研究古希腊教育所得知识，现在几近常识，但要把古希腊的学校、教育与古希腊的"稳定特征"联系起来，则十分牵强。"教育革命"概念，罕见用在古希腊-罗马教育史的陈述中，这就避免了牵强和尴尬。虽然不能说，任何"革命"概念的约定性定义，都不宜用在古希腊-罗马教育史的叙事上。看来，"学校里只有一种教育，这是美索不达米亚的稳定特征"这句话的后半句，只是强调"教育制度源远流长"。这一特征，当然是任何已知的其他古代文化难以比拟的。"源远流长"，这个明褒实贬的成语，善于掩饰维特根斯坦揭示的人类根本问题，它既不认识，也不能破解米鲁普-卢曼悖论。

---

　　① ［德］汉斯·约阿斯、沃尔夫冈·克诺伯著，郑作彧译：《社会理论二十讲》，上海人民出版社，2021年版，第11讲。

　　② 苏国勋、刘小枫主编：《二十世纪西方社会理论文选Ⅱ：社会理论的诸理论》，上海三联书店，2005年版，第158、161页。

　　③ Luhmann, N., *Theory of Society*, vol. 1, I. *Society as a Social System*. Trans. by Rhodes Barrett. Stanford, California: Stanford University Press, 2012: pp. 22-23.

蕴含在米鲁普-卢曼悖论中的难题才是关键,特命名为"米鲁普难题":"只有一种教育"是真是假。若真,则(1)这是一种什么教育?(2)谁是这种教育的直接当事人?(3)为什么"只有一种教育"?(4)这种教育的效应和价值如何?

鲍温叙述的美索不达米亚教育,定性为"书写教育之始"。下一个"之始"是埃及,二者的发展道路相似。鲍温著作的首章分三节:文字产生前的美索不达米亚,文字初始的美索不达米亚(公元前 3000—公元前 2000),文化发达的美索不达米亚(公元前 2000—公元前 500)。第三节,在内容上和篇幅上,都是重点。这样的安排,合乎教育史学的范式,只是断限过时了。从第二节的"计算和书写的开端",到第三节的"文字与学习"和"智慧之家:训练写手的高等教育"这两部分,似乎构成一个等级系统,但无法一眼望见"一种教育"。鲍温之作,有两条线索帮助探讨米鲁普难题。第一是,美索不达米亚人,从消极一面看待人力和人性,畏首畏尾,逆来顺受;第二是,书写机械化,文化神秘化,耗尽创造力,解放变桎梏,错失经由文字发展抽象思维的良机。[①] 这两点,虽都得到美索不达米亚写本(诗篇或其他)的支持,但仍然不能证实或证伪,因为必得思量:(1)鲍温的资料选判是否合理?(2)相反写本是否存在?(3)鲍温自身抗拒东方主义的力量是否足够强大?类似"逆来顺受"的说法颇多,米鲁普明确表示反对。他用"城市自治,居民自由"在美索不达米亚并不罕见的委婉之辞,加上他参与翻译的一本法文著作中的"恋爱自由",对抗东方主义。"文献显示,没有宗教、法律、私人、习俗、禁欲主义、神秘主义等因素,障碍自由恋爱。美索不达米亚人自由恋爱的发展方式,极具特色。""自由恋爱"(备考)一说,不至于屏蔽对父权和女性地位的具体

[①] Bowen, J., *A History of Western Education*, Vol.1, *The Ancient World: Orient and Mediterranean 2000 B.C.-A.D. 1054*. New York: Routledge, 1972: pp.18-21. 在这部分内容里,鲍温征引的已经破译的泥板文献,既丰富,又有趣。Kramer, S. N., Cultural Anthropology and the Cuneiform Documents. *Ethnology*, 1962, 1 (3): pp.299-314.

探究。①

美索不达米亚作为一种城市文明模型，虽然极具"制度化崇拜"的表象，但"经济基础"的地位，从未动摇。难怪米鲁普强调，马克思和恩格斯对"美索不达米亚研究极为重要"，难怪他感慨困于东方主义的马克斯·韦伯。书写是命脉，牵一发动全身。"一种教育"，唯从受教育者的出路着眼，或谓教育目标是确定的、明确的、一贯的，既不是朝秦暮楚的，也不是丢三落四的。无法想象（尽管是事实）这意味着什么：教育制度的学校系统，一直探索其教育目标，一直不停改变其实现目标的话语和操作。

"一种教育"，言说外延，固守目标；无涉内涵，也不排他。只要有助于规范学习，怎么都行。只有培养出越来越多的写手、高水平写手的目标这一点，即书写教育不容挑战。其内容、方式等等，任由传统和创新，无须硬性规定。其实，教育目标是教育内容、教育方式的规范。传统和创新，亦得经由教育目标的检验并经由检验而闯关。一种卓越的古典教育智慧，创始了系统与行动、行动与规则、规则与自由、自由与自觉的中庸之道：软性规定优越于硬性规定，较少规定优越于较多规定，宏观规定优越于微观规定，总体规定优越于细节规定。一种教育，纲举目张。米鲁普的城市复杂性与卢曼的系统简单性的悖论，即米鲁普-卢曼悖论，得以破解，教育革命的定义自我生成，自行涌现：教育目标明确，教育制度创始。

在"一种教育"中，"书写教育不容挑战"。"一种教育"就是书写教育。界定书写教育的任务，凸显在前。但自始至此，"书写"未得界定，遑论定义"书写教育"。走出悖论，慎终追远，从结尾退回起点。

书写教育和抄写教育都可以用 scribal education 表示，强调抄录的

---

① 研究美索不达米亚女性的文献，现在"已经很丰富了"。Mieroop, M. V. D., *The Ancient Mesopotamian City*. New York: Oxford University Press, 1997: p. 253; Bottéro, J., *Mesopotamia: Writing, Reasoning, and the Gods*. translated by Zainab Bahrani and Marc Van De Mieroop. Chicago: University of Chicago Press, 1987: pp. 185-198; Mieroop, M. V. D., *Cuneiform Texts and the Writing of History*. London: Routledge, 2005: p. 137.

transcription education 用得不多。这使"书写"与"抄写"二者的关系复杂起来，属于前文命名的"阿尔昆之问"。如果用文字教育（writing education）来表示二者，一时可能屏蔽复杂性，但"复杂性"还是在那儿待着。文字教育属传统所谓"3R"之一，一眼就识别出它的四重基础性质（这就把问题变得更复杂）：第一，技能水平的基础性质；第二，年龄阶段的儿童性质；第三，文字教育在教育、文化和学术进化中的前现代、现代性质；第四，文字教育的现代性又意味着作为普遍人权的教育权，从普遍权利到权力实现的转移。

在现代教育中，抄写，是学龄初段甚至学龄前文字教育的形式、步骤、途径之一，尽管在扫盲中不限于学龄和年龄。无法断定最早的文字教育，是面向多大年龄的人群，加上它的"现代性"，使其在文献中的出现频率低。还有一个原因是，据 ChatGPT 提供的信息，古英语名词 writ 有特定的法律、政治含义，勾连王权，外延狭隘。把书写教育、抄写教育与文字教育区别开来，扩大外延，限制作为独立变量的四大属性（基础，儿童，现代，权利-权力）必然带来的不便，但这样做，并未揭示"二者的关系"，只是强调使用"书写"一词时，表示它是一切"写"的基础这一点。

既然"书写"是"一切写"的基础，那么，书写教育之后，再行专门的抄写教育，目的不是为了书写得更好，而是为了满足社会分工发展（交往方式演进）的需要。抄写，包括转抄、誊抄、摘抄、编目、归类等等，是学术行动的第一步，也是社会管理的基本功，必得专门训练。抄写教育的对象是以抄写为志业、为职业者，他们可望服务于公共机构，可望官运亨通。在内容上，与书写教育相比，抄写教育属于高等（级）教育。在方向上，抄写教育定向职业门类（出路）。在这条路线上行走的，一般都是"官人""文官"。凡是经过专门训练的，都成为官人，也不可能。掉队的，或有别的路可走。完成书写教育之后，有的不一定再接受专门的抄写教育，即可自行书写、创作。这是一条自由文人的发展路线，一条后发路线，即官人先于文人。官在前是初衷，文在后是效应。"两条路线"是一种推想，也很难完全分开两条路线。历史上实际发生的情况，比这更复杂。

前文"1500年前的《文心雕龙》，总结了书写教育成就"，这里的"书写教育"，指行动者经受过的书写教育程度，相对较高，但与是否经受专门的抄写教育，没有关系。卡西奥多罗斯的抄写教育，直接跳过书写教育环节（阶段），以积累、保存、传播经典文献为初衷，是专门的抄写教育，具有明确的学术目的，不含自由文人的培养目标。这也说明，卡西奥多罗斯实施高等（级）教育。

　　奇才异士，偏爱高等教育，从苏格拉底到亚里士多德，都这样。他们真爱且珍爱友谊-哲学，选才优先，无类不教，因材施教，培养精英。孔子平易近人，释迦牟尼、耶稣、穆罕默德，都像孔子那样，有教无类，说教大众。自从发生了教育革命，在有类与无类两条路线上，在精英与大众两种定式里，教育制度各行其是是主流，彼此交恶也不罕见。文明以来，地球上自发的有组织的"毁校"行动，是人类鲜明的行迹之一。自前现代到现代，两条路线合二为一了。"合一"之后，毁校不止。在名义上，毁校行动各有理据。禁止异教，捣毁异学，焚书坑儒，或监禁或消灭文士。禁止补课，惩办教辅机构。或罚款、或收监，或既罚款又收监。若问现代教育制度，是否发扬光大了两条路线各自的优良传统，是否克服了两条路线各自的内在局限，无法回答。

　　教育是普遍人权、普遍权利，但从来不是、至今也不是普遍权力。古代史上的权利-权力关系是倒置的：教育是一种权力，而非权利。现代是一种权利，争取转变为权力。因此，古代教育中的受教育者，是实现了其权力的一部分社群成员。书写教育是一种特权，抄写教育是特权中的特权。学校是特权创造出来并为权力服务的，不是权利自行繁衍的，也不效忠权利。权力的创造力，与权利的普遍性相比，是更高效的文明生产力、更强大的文明动力机。

　　古代唯一的普遍的权力实现，是自然而然的口语文化中的口语教育。它与权力有关，例如听说哪种、哪些语言和语音，从来不在个人选择范围内，从来没有个人自由，但主要基于自然法的保障。人，生来只带语言器官，没有语言技能，这一缺陷注定了人的命运。没有语言技能的人，免遭祸从口出的惩罚。习得言说技能的，同步学会了妄议本领。人意识不到，本领与祸害也是同步的，只是静悄悄而已。

没有任何个人和社群，是与口语教育绝缘的。这本与学校无关、事实上长期无关。最终，在自然法和口语文化、口语教育之间，插进一个第三者，这就是从职业教育机构到义务教育制度的教育变迁和系统扩展。在自然法与口语之间的这个第三者，一直不忘初心，一直不改天性，一直我行我素，一直名声不佳；一直被动接招改头换面，一直疲惫不堪应付诘难。是的，天性赋予它规律，规律决定它的地位，地位使它任性。意志，热情，佞妄，善良，对它克制一点，教育世界就会安宁一些，人的进化就会从容一些。

克制总有限度。书写教育和抄写教育之辨的真正核心，或许不是权力转移难题，而是感官分裂事实。或者说，在社群维度上的"核心"是权力转移，在个人维度上，书写教育和抄写教育共享一个"核心"——创造片面发展的人。经由书写教育，片面发展的视觉引起感觉器官分裂。听觉收缩，视觉锐进，"感知比率"发生变化（reversal，逆转或倒置）。听觉、嗅觉、味觉、触觉、运动觉，因视觉一家独大，都被限制了，有的甚至被"截取"了。听觉"关闭"，"视觉比听觉优先，语言和交流带来的影响就重塑了社会的空间观念"。①视觉交流的发生，比文字的发明，至少要早三万五千年。视觉图像是记忆的钥匙，是人类心理活动的路标。最早的实验心理学家冯特和詹姆斯（William James），在 19 世纪 90 年代观察到，图像是人类心理的基石，语言不是。20 世纪的"图片优势效应"（picture superiority effect）实验，证实了这一观点：当概念以图像而不是文字呈现

---

① reversal，在《谷登堡星汉璀璨：印刷文明的诞生》中是高频词。论者以为，逆转原则（principle of reversal），"作为媒介行为以及作用的一个特征"，是贯穿麦克卢汉"后期作品的思想基石"。见［加］麦克卢汉著，杨晨光译：《谷登堡星汉璀璨：印刷文明的诞生》，北京理工大学出版社，2014 年版，"序一"，第 12 页；［加］麦克卢汉著，何道宽译：《理解媒介：论人的延伸》，译林出版社，2022 年版，"增订评注本序"，第 29 页。

时，人们更容易记住它们。① 文字主导视觉记忆之后，相比图像记忆而言，产生了文字记忆片面发展的人。一类精英，倒背如流。听—视转化，标志着大脑开发、心理发展的关键性突破。②

在感知比率之外，另有比较奇特的一条比率，在发挥天条般的作用——"几何比率"。普鲁塔克谈道：

> 据说，斯巴达的莱克格斯不准人民学算术，因为算术的效果是民主的、大众的。他引进了几何，因为几何更加适合冷静的寡头政治君主立宪制。算术涉及的是数字运算，它平均分配东西。相反，几何用的是比例，它的分配是按优劣。因此，几何不是国家混乱的根源。它有一个令人注目的原则：区别好人和坏人。人们得到的分配比例，不是按其分量或命运，而是区别恶行和美德。几何学的体制是上帝处理事情的体制。③

按照几何学原理进行"分配"，即设定不易的道德原则并据之编码社

---

① Kovarik, B., *Revolutions in Communication：Media History from Gutenberg to The Digital Age*. New York：The Continuum International Publishing Group, 2011：p. 108.

② 再一次心理突破，是字母活字印刷术完成——"把印刷术变成商品"。许多符号结构学家认为，文字使语词具象化。实际上，使语词具象化的不是书写，而是印刷术。此外，诗歌活动也凭借印刷术而具象化了。姑不论深度心理学背后起作用的其他因素，在人生世界和人本身的新感悟背后，一种主要的推动力量是文字和印刷术造就的。心理分析批评难以解释用名号描绘的人物，也难以解释用机能心理学中冲突的概念，即用"美德"（virtues）和"邪恶"（vices）来描绘的人物。现代心理学和小说里的"丰满"的人物，展示了当代人对于生存境遇的意识；就此而言，人的生存感悟经过了文字和印刷术的加工。这绝不是贬低当代人的人生感悟。Ong, W. J., *Orality and Literacy：The Technologizing of the Word*. New York：Routledge, 2012：pp. 89, 116, 151-152. [美] 沃尔特·翁著, 何道宽译：《口语文化与书面文化：语词的技术化》, 北京大学出版社, 2008 年版, 第 68、90、119 页。

③ [加] 哈罗德·伊尼斯著, 何道宽译：《帝国与传播》, 中国人民大学出版社, 2012 年版, 第 111 页, 参见第 307 页。这段译文中出现的"上帝"（God）, 亦作"神"。参见董标：《教师概念的发明——长时段、大空间的教育学基础知识勘探学试验》,《华东师范大学学报（教育科学版）》2024 年第 12 期。

71

会成员个体，是"囚禁民主""宰制大众"的伟大创新。几何学的"囚禁"和"宰制"的另一重要历史意义是，它证明，人的数字化，远非始自今日。监狱里的犯人、教室里的学生、医院里的病号、学校内的教师、军事人员、谍报人员的编码，直至今天的身份证号，是道德几何分配原则的推广。显然，数字化技术和数字化社会，只是数字传统的增益和发展，它也不会比古代的"囚禁"和"宰制"更坏，但它技术高、力量大，足以助力实现更坏、更高、更快、更全的"囚禁"和"宰制"。可是，几何伦理学叱咤风云，几何历史观没有地位。科恩指出，福柯的"考古学"，并非是要按本来面貌解释历史，而是纠正现代流行的历史观点。① 这种说法，很有见地。还原几何历史观，是复原现场的重要环节。

几何是视觉的。"视觉生命是一种无尽的漫游欲望。"眼睛，"除了欲望，什么也不是"。视觉欲望张扬了，潘多拉之盒打开了。视觉霸权、视觉王政、视觉创伤、视觉杀人、视觉中心主义，② 天使与魔鬼一同降临人世，社会世界变得静悄悄或哑无声息地刻板运行。

文字产生距离，使言语产出的结果更加精确，因为文字使言语脱离口头表达丰富但混乱的生存语境。口语的滔滔不绝和社群的智慧可以给人留下很深的印象，无论是大段的正式的叙事还是言简意赅、意义隽永的词语，都使人印象深刻。③

---

① ［美］沃尔特·翁著，何道宽译：《口语文化与书面文化：语词的技术化》，北京大学出版社，2008年版，第128页。

② Westley, H., *The Body as Medium and Metaphor*. Amsterdam: Rodopi B. V., 2008: pp. 12-13, 28; McCance, D., *Medusa's Ear: University Foundings from Kant to Chora L*. Albany: The State University of New York Press, 2004: passim, esp., pp. 3-4. *Ref*. Shu-mei Shih（史书美），*The Lure of the Modern: Writing Modernism in Semi-colonial China*, 1917-1937. Berkeley and Los Angeles, California: The University of California Press, 2001: p. 271. 汉译本［美］史书美著，何恬译：《现代的诱惑：书写半殖民地中国的现代主义（1917—1937）》，江苏人民出版社，2007年版，第305页的注释不尽可靠。

③ ［美］沃尔特·翁著，何道宽译：《口语文化与书面文化：语词的技术化》，北京大学出版社，2008年版，第79页。

人在抽象思维领域偶然取得的"成就",基于文字表达的交往理性,发起视觉压迫听觉的信息革命。转而异化为成就方向——一种新型社群取向和公共空间于是形成。它,先是限于财会、商贸、存储记录、战果统计,伴随口传文学的重复书写和精神交流,继而致力于"约书"编纂。无论如何,它越来越远离芸芸众生的基本生活。文字发明,是新媒介技术发明,是感觉区隔术发明,更是社群分割术。原先,在口语文化中,作为分化工具的言语,是生命政治的单一杠杆、单杠。现在,双杆或支点与杠杆的紧密并精密化结合,把生命政治推向新的高度。

书写教育以来的所有新媒介,都具有文字的特性:任人如何对媒介入情,媒介总是无情——无动于衷的媒介与喜怒哀乐的人的交流和交往,不是发生在人与人之间,而是在人与物(写本)之间进行的。一封情书在手里,与一位情人在眼前,是完全不同的情感体验。望梅止渴,真止不了渴;画饼充饥,真充不了饥。如此,一切基于此的交往,都具有非人性、半人性特点。以写本为典范、为起始的一切媒介,延伸人,放大人,限制人,截取人。媒介制造交往规范,扭曲人的交往。人的异化与人的延伸同步,人的萎缩与人的放大共时。社会的复合性由此而生,人性的复合性据此开发。

"鬼迷心窍的好奇心",被书本掠惑,走火入魔,与莎草纸或羊皮纸无关。就像伊甸园的苹果,"藏书馆是世俗的一种诱惑"[1],这才是真正的"底蕴"。冠冕堂皇的爱护图书资源的行动,原来包藏祸心。这两个成语同时出现在这里,是偶然,是巧合,是技术,如书写技术的天性驱动的产物,不是修辞策略的精妙设计,固然与任何顶层构想无关。但加上一句"符号系统的功能变化是暴力事件"(斯皮瓦克)[2],立马令人十分不安。"屈子当年赋楚骚,手中握有杀人刀。艾萧太盛椒兰少,一跃冲向万里

---

[1] [意]翁贝托·埃科著,沈萼梅、刘锡荣译:《玫瑰的名字》,上海译文出版社,2009年版,第44、46页。

[2] Baker, H. A., Jr., Hybridity, the Rap Race, and Pedagogy for the 1990s. In Constance Penley and Andrew Ross (eds.), Technoculture. Minnesota: The University of Minnesota Press, 1991: p. 197.

涛"①，说的正是屈原作品从文化到武化的转型。信息暴力，不流血地制造社群中人的封闭意识和对抗意识。夸美纽斯援引大约比屈原年轻 400 岁的普鲁塔克的话说：

> 有许多富有天分的人毁在他们的教员手里，这些教员没有能力去管理或指导那些自由人，他们不是把他们当做马匹看待，而是把他们当做驴子看待。②

夸美纽斯的思想资源十分丰富。胡果带给他的力量和信心，又通过他传递到了伊万·伊里奇。当然也难排除，为了发扬光大胡果的《学程大全》(*Didascalicon*) 这部"阅读术"(Art of reading) 的开山之作，伊里奇在运用他的文本考古学 (Archaeology of the text, 文本技术考古学, Archaeology of the technology of the text) 的时候，发现了夸美纽斯的文本意义。③ 伊里奇自 20 世纪 60 年代早期聚焦技术与人的发展，可谓先锋派的排头兵。在 13 世纪前期，胡果以学术方式开发的学术阅读史，拓宽了、挖深了卡西奥多罗斯开辟的先河。中间还有若干学术英雄的推动，不论。

胡果的直觉和创造，把阅读、德性和救赎联系起来，启发了自夸美纽斯到伊里奇的一代又一代，具有划时代意义。可惜，直觉抵不过技术，天才不能自主。技术自主放大，信息诱导启蒙。漫长的封闭运动、思想抗争和理性唤醒，交织在一起。卢梭的思想以及德里达的阐发，可借以表述"听觉是黑暗的危险替补"判断。在卢梭那里，语言是自然的、淳朴的，文字是欲望的、邪恶的。欲望战胜自然，邪恶清除淳朴。文字替代语言是

---

① 毛泽东：《七绝·屈原》(1961)，载张迪杰主编：《毛泽东全集》(第 44 卷)，润东出版社 (香港)，2013 年版，第 448 页。

② [捷] 夸美纽斯著，傅任敢译：《大教学论》，教育科学出版社，2001 年版，第 56 页。

③ Gabbard, D., Sensual Literacy: Ivan Illich and the Technologies of the Text. *Interchange*, 1995, 26 (3): p. 298. *Ref.* Fiske, A., Paradisus Homo Amicus. *Speculum*, 1965, 40 (3): 436-459; Illich, I., *Deschooling Society*. New York: Harper and Row, Publishers, Inc., 1971: chap. 2.

"危险的"。当然,这是一种"不幸的优点"。① 长期以来,思想界和学术界一直不乏(虽非广为关注)贬抑视觉-文字、抬高听觉-口语的倾向,新近的如多妮·麦坎斯(Dawne McCance,1944—)。②

"读者不只是书面信息的提取者,更是一个知识组织者。"③ 大都市的孩子在头脑中创造出山楂树的模样,小山村的儿孙辈想象了迪士尼的欢乐。借用字符,形成并掌握了自己的感知代码,创造和想象。字符为创造和想象服务,与事实存在无关。字符变得不重要,重要的是情境、经验和代码。代码是行动指南。代码的共同性,表现为它的凝聚力和人的社会化。凝聚力建造社群,社会化赋予身份。④ 人的感受器官和储存系统,不是符号的篮筐。"每每阅读文本,每每改变文本。"同理,"阅读不一定是解放,不一定不是桎梏"。⑤ 种种类似现象,必须诉诸不同并且流变的个体经验和环境变量如何制作感知代码来解释。

符号对机体所产生的影响(这可能是来自外部的任何刺激,或者是内部发生的任何过程),都以一般和更准确的方式取决于机体过去的历史。在某种意义上,整个过去的历史是有关系的,但是在那个历史中过去事件中间,将有一些事件比另一些更加直接地决定当前激

---

① [法]雅克·德里达著,汪堂家译:《论文字学》,上海译文出版社,1999 年版,第 218 页。Derrida, J., *Of Grammatology*. Corrected edition, translated by Gayatri Chakravorty Spivak. Baltimore: The Johns Hopkins University Press, 1997: p. 151.

② 参见 McCance, D., *Medusa's Ear: University Foundings from Kant to Chora L.* Albany: The State University of New York Press, 2004.

③ Moss, A., *Locating Knowledge*. See Enenkel, K. A. E., Neuber, W., *Cognition and the Book: Typologies of Formal Organisation of Knowledge in the Printed Book of the Early Modern Period*. Leiden, The Netherlands: Brill, 2005: p. 40.

④ 叙事很难平衡。比如,这里强调孩童的"山楂树""迪士尼"感知代码的共同性及其意义,就省却了(不是忽略了)无论是小山村的还是大都市的孩童彼此之间的感知代码的差异性。揭示这种差异性,对揭示媒介和信息之于个人发展,有重要意义。共同性强调社会情境变量,差异性突出个人经验变量。在叙述上最好是保持二者的平衡,但很难。

⑤ Raven, J., New Reading Histories, Print Culture and the Identification of Change: The Case of Eighteenth-Century England. *Social History*, 1998, 23 (3): pp. 270, 286, 287.

动的性质。①

经由抄写教育,书写教育推进书写术的神秘化和垄断化,教育制度是神秘化和垄断化的自我发明和规制保障。在社会分层的意义上,教育从言语全权代理工具,退化为特权代理工具。它不但代理,而且自我增值,扩张为知识中心和学术中心,培植自己的专门人员,开挖职业伦理的先河,激发千秋万代、万寿无疆的幻觉。最终,它作为分层代理的工具,经由"缩写教育",演进为文化长城或知识瓮城或思想铁幕,进出皆不自由。六百多年前的赫勒敦(Ibn Khaldūn,1332—1406)②,有一个惊人发现:

许多后来的学者对各种学科知识的教育方法和内容都作了缩写。他们热衷这样做,并记录下来,成为各门学科的节本,其中包括这一学科的多种问题,及其有关的证据,语言简练、含义广泛,是这一学科言简意赅的书本。这样做不利于文字的修辞,也很难读懂。他们在缩写时可能参考了各个学科的经典著作,以便注解和说明,而这些著作都是长篇大论,他们之所以缩写差不多都是为了便于背下来。

这样做对教育是有害的,不利于学习,对于初学者来说其内容混淆不清,达不到学习知识的目的,他还没有做好准备来接受这些内容。这是一种不好的教育途径。

因为是缩写,所以你就会发现这些书籍的语言很难懂,很费解,为了理解它要花上许多时间。再说,通过这些缩写本学到的知识、能力,哪怕是在学习过程中方法是完全正确的,没有产生什么毛病,比起学习那些长篇通俗易懂的书籍来,就要相差很多。因为那些长篇通俗的书本经常反复、详细讲解一些问题,这对全面掌握知识技能是非

---

① [英]奥格登(C. K. Ogden)和[美]理查兹(I. A. Richards)著,白人立、国庆祝译,林书武校:《意义之意义》(*The Meaning of Meaning:A Study of the Influence of Language upon Thought and of the Science of Symbolism*),北京师范大学出版社,2000年版,第48页,参见第50—51页。

② 关于赫勒敦,参见董标:《教师概念的发明——长时段、大空间的教育学基础知识勘探学试验》,《华东师范大学学报(教育科学版)》2024年第12期。

常有用的。如果像缩写本那样，没有反复地阐述，知识面就窄多了。他们本来设想通过缩写本便于学生背诵和记忆，结果反而使学生感到困难，无法学到有用的知识和才能。①

隐微术是为特定对象最先创造的超级秘传术、修辞术、书写术、交往术。"普通隐微术和深奥隐微术"（common esotericism，deep esotericism）之分，泄露了秘传、修辞、书写、交往的秘密。前者指一些著述对读者接受专门训练程度的设定，是门外汉不能、不必读的书。奇才异士，总是选才优先、无类不教的。后者指另类著述，某种原因，使作者"将真实意义隐藏在暗示、线索或用狡计构筑而成的似是而非的迷径之后"。②汉语的"曲笔"似之。教授、说话，写作，交往的扭曲史，终篇不可预知，开篇真相大白。

> 我以上帝的名义要求本书的读者不要擅增任何解释，哪怕是一字一句，而且除了那些已由《律法书》的先贤们讲解、评论过的东西以外，请不要再对别的多加解释。更不要对别人讲解仅仅从我这部书中

---

① ［突尼斯］赫勒敦著，李振中（根据最新阿拉伯文版）译：《历史绪论》（下卷），宁夏人民出版社，2014年版，第744—745页。这段引文第二句话中的"节本"，英译本作 brief handbooks（简明手册，名著提要）、如《钦定四库全书总目提要》一类。节本是对原本的删削、精选、节选、阉割。提要是用另行择取的一种表述方式，概括原本。节本像一个残篇，提要像一个异物。例如"语录本"归于残篇，"语录纲要""语录提要"都是异物。二者完全不同。根据下文"言简意赅的书本"和对"缩写"流弊的批评，可知这里的"节本"本作"提要"。只有作"提要"解，才符合赫勒敦的语境。缩写教育的教本，是提要、纲要，不是节本。《历史绪论》的阿拉伯文版本不止一个，汉语译者、英语译者、其他译者，如果没有采用同一阿语版，章、节、目就不很对应。前面参照的英译，见 Khaldūn, I., *The Muqaddimah*, *An Introduction to History*. Translated and introduced by Franz Rosenthal, abridged and edited by N. J. Dawood, with a new introduction by Bruce B. Lawrence. Princeton, New Jersey: Princeton University Press, 2015: pp. 605-606. 不记得我在哪一篇文章或什么地方，举例说明，在《钦定四库全书总目提要》中，有的撰稿人写出的，近乎胡编滥造，根本就不像接触过原本的人应能写出的。无言。

② 刘小枫、陈少明主编：《犹太教中的柏拉图门徒》，华夏出版社，2007年版，第327、93页。隐微-显微律法（希伯来微写术，Hebrew micrography）的研究成果、历史渊源，参见 Jones, L. (Editor in Chief), *Encyclopedia of Religion* (Vols. 3). New York: Thomson Gale, 2005: pp. 1369-1372.

所学到的而先贤们迄今从未探讨过的东西;也不要急于反驳我,因为你对我的理解或许与我的本意恰好相反。① 你如那样做,就成了"以怨报德"(参考《诗篇》第38篇第20节)②,反过来伤害了我,因为我原是希望你受益的。③

把隐微术(微写术)中的普通隐微术和深奥隐微术两个概念,在赫勒敦批评的缩写术中推广一次,可得普通缩写术和高深缩写术二者。两类缩写术,古今中外,无不可见。加给《论语》的各章标记(题),是一种极端随意、肆意推广的普通缩写术。毫无意义的"学而"一类,千古流转。刘勰的反思和构想(立片言而居要,乃一篇之警策),不曾撼动儒林参天大树、促使改订《论语》各章标题,反而改头换面,以"离娄""尽心"一类的莫名其妙,激发种种莫名其妙的快感。科举中的"策论""时文"

---

① "因为那字句是叫人死,精意是叫人活。(精意或作圣灵)"《新约·哥林多后书》第三章。(和合本)前文如下:"1. 我们岂是又举荐自己吗?岂像别人,用人的荐信给你们,或用你们的荐信给人吗? 2. 你们就是我们的荐信,写在我们的心里,被众人所知道所念诵的。3. 你们明显是基督的信,借着我们修成的。不是用墨写的,乃是用永生神的灵写的。不是写在石版上,乃是写在心版上。4. 我们因基督所以在神面前才有这样的信心,5. 并不是我们凭自己能承担什么事,我们所能承担的,乃是出于神。6. 他叫我们能承当这新约的执事。不是凭着字句,乃是凭着精意。"思高本:"1. 我们岂又开始举荐我们自己吗?或者,难道我们也应像某些人一般,需要给你们递上荐书,或由你们写荐书吗? 2. 你们就是我们的荐书,是写在我们心上,为众人所共知共读的, 3. 因为明显地,你们就是我们供职所写的基督的书信:不是用墨水写的,而是以生活的天主圣神;不是写在石版上,而是在血肉的心版上。4. 我们借着基督在天主前才敢这样自信,但这并不是说:5. 我们凭自己能够承担什么事,好似出于自己一般;而是说:我们所以够资格,是出于天主, 6. 并且是他使我们能够做新约的仆役:这约并不是在于文字,而是在于神,因为文字叫人死,神却叫人活。"和合本的"那字句是叫人死,精意是叫人活"是特称判断,思高本的"文字叫人死,神却叫人活"像是全称判断。语境是特称判断,暗示全称判断。希伯来人的传统之一是,不信任文字。聊为神秘性一解。

② "以怨报德",原文是"以恶报善"。Maimonides, M., *The Guide for the Perplexed*, translated by M. Friedländer [1903]. https://sacred-texts.com/jud/gfp/.

③ [埃及]摩西·迈蒙尼德(Moses Maimonides)著,傅有德、郭鹏、张志平(据英译本)译:《迷途指津》,山东大学出版社,1998年版,第16页。

"作文"、《四库全书》推广的"书目提要",难一概而论。前文提到的(圣经)释经学,把普通缩写术推向高深缩写术,"诗篇"替补了《旧约》。东西比翼鸟,命运共同体。

赫勒敦发现、揭示、预言了高等教育(早期)发展进程中的"短平快"之危害,针对的是高深缩写术。500年来(以金属活字印刷术的发明或印刷革命初显成效为起点),大学教育中的人文学科,以"大学用书"(往往作教科书)的编撰、出版为轴心,以提要纲要为主干,渐渐弃置了原本。以百年划界,把这500年分成五段,可能会发现,越接近当世,越不见成群的、卓越的人文学家活跃于人文领域。尼采之后无"尼采",梁启超之后无"梁启超"。"短平快"如果不是祸根,也得算推手。至20世纪80年代,即现代计算机进入实用阶段之初,"短平快"在一些地方达至巅峰,在另一些地方即将达至巅峰,还有一些地方早已通过其他途径(语录体)达至巅峰。固然,必有一些地方的人们,至今未曾验过何谓"短平快",但赫勒敦指出的消极后果,是普遍存在的。更消极的一面,赫勒敦没有发现:缩写术迎合了种种浅尝辄止、以偏概全、投机取巧、贪得无厌等人性弱点之后,支撑、强化、发展了人性弱点,终于把相对的弱点绝对化。片面发展的人,进入畸形发展阶段,成为畸形怪状的人,是缩写教育引导的、启发的。

迈蒙尼德的两种隐微术代表一种缩写教育,赫勒敦的两种缩写术代表另一种缩写教育。迈蒙尼德的缩写教育,既是为了考验,也是为了秘传。限于犹太教,利弊俱不显现。与迈蒙尼德的缩写教育行动不同,赫勒敦的行动,是对缩写教育本身的批判行动,起于高等(级)教育早期阶段流行的弊端,终于遏制之努力的失败。弊端既然是流行的,那就不是限于一时一地的。"赫勒敦批判",是普遍主义批判行动。

虽然所有缩写教育都是书写教育的后身,有的必经抄写教育,但早已与"原始文字"的书写教育拉开距离。最初的视觉偏好,在制度化进程中,越来越远离书写教育的初衷——一种职业训练而已。

要知道,繁多的学术著作、各种不同的专业术语、不同的教育方法,对人们学习知识是有害的,使他们达不到学习知识的目的。然后，又要求学生们完全掌握了这些知识以后，才授予他学习证书。于是，学生们就要死记硬背这些知识的全部内容，或者大部分内容，还要关心这些知识的教育方法。他花上毕生的精力专心学习，也无法学完其中某个学科的所有著作，这样就有欠缺的地方，他也达不到学习所要求的等级和水平。①

教育制度的自我增殖、自我扩张，内化为自我赋权、自我增权，自由地、强制性地裁量和选择人的感觉器官，并从感知比率之变中引导出几何比率的绝对主义。文明史观的局限，致使长期地、孤立地夸大文字发明和书写教育的意义。教育制度，既是从言语到文字的媒介，又是言语异化、文字异化的推手和缰绳。

自从有了教育制度，就出现了文字脱离情境的新现象，可谓教化双轨制。刻、写、抄，创造了文权、文职、文治，以及以之为中心的档案管理、写本秘传和知识控制传统。口语文化，在无文字使用权者中，主导生命香火，不乏觊觎、窥探文权的动机和激发文权欲望的条件。因文字、文权而起的奴役和剥夺，导致教化双轨制充满纠缠、风险和斗争。双轨制教化之间、教育制度内部的纠缠和斗争的直接后果是，人，所有人的生命保全和日常生活，陡增无穷变数。

一种教育即书写教育。书写教育支撑文明全面发展，肇始个人片面发展，推进个人畸形发展。书写教育之于文明进化与个人发展，是不对称的。学术史上最大的不对称和一切不对称的根源，就是书写教育——思想史书写者对芸芸众生如此不公平，奈何。祈盼学术史能从思想史中，汲取教训，拨乱反正。

第五节 从学术话语到理论事实

千禧年之梦、千禧年王国论、千年盛世说或千年盛世论（the Millen-

---

① ［突尼斯］赫勒敦著，李振中译：《历史绪论》（下卷），宁夏人民出版社，2014年版，第 724—725 页。

nium），长期流布。柏拉图是千禧年乌托邦的最具原创性的思想家，《理想国》"所描述的那一千年的旅程中的一切"①，是对"千年轮回说"的伟大论证和生动刻画。这些论证和刻画，创造了种种象征资本，形成一个话语社会，制造一个话语乌托邦。② 其中的厄洛斯神话（Myth of Er，《理想国》613b），"代表人的（灵魂）发展新纪元之始"，构成灵魂转折隐喻。只有完成"千年之旅"的此在使命，方得"灵魂不朽"的来世修明。业已建立的灵魂解剖学，为施展奥卡姆刀法制定了规则，"新纪元之始"或转折隐喻得以成立。③

《理想国》是一个综合的乌托邦，拥有一套规范体系，一个完整结构，一种行动模式。

因此，阅读《理想国》，就是要认清柏拉图破坏旧世界的行动目标：是与当时两个世界的决裂。④

话语结构建设话语社会。用"学术"替换"社会"的结果是，学术话语结构，实则一套适合于特定陈述结构的规则、一个规则群：适合于文本结构的规则，适合于阐述方式的规则，适合于学者身份的规则，适合于概念结构的规则，适合于策略结构的规则。"我名叫群（Legion），因为我们多（many）的缘故"（《马可福音》，5：9）。如同"具有一种德性就要具有一切德性"，如同"人只有作为整体才能拥有智慧""智慧只会拥有作为整

---

① "我已经描述过的千年之旅"（the journey of a thousand years），［古希腊］柏拉图著，郭斌和、张竹明译：《理想国》，商务印书馆，1986年版，第426页，621d。王晓朝译：《柏拉图全集》（第2卷），人民出版社，2003年版，第648页。英译文见Davies, J. L., & Vaughan, D. J., *Republic*. 外语教学与研究出版社，1998年版，第355页。

② Apter, D. E., & Saich, T., *Revolutionary Discourse in Mao's Republic*. London: Harvard University Press, 1994: p. 309.

③ Petridis, C., *Plato's Mythologizing of the Myth of Er*. Portland: Inkwater Press, 2009: p. 58. ［古希腊］柏拉图著，郭斌和、张竹明译：《理想国》，商务印书馆，1986年版，第418页起。

④ Apter, D. E., & Saich, T., *Revolutionary Discourse in Mao's Republic*. London: Harvard University Press, 1994: pp. 308-309.

体的人"①，遵守一条规则就要掌握一切规则，掌握规则体系才能运用一条规则。这些要素的联动，使学术话语行动成为一种社会实践。规则群，无非人的身心复杂性的外化或者复演，故能成就社会实践。学术从业者，习得并恪守学术操守和规则系统，掌握并超越对学术经验的集体化解释，是"话语实践对社会身份的影响"具有中心意义的一种体现。② 它，或揭秘了学术史的意义。从业者的认同和承认、觉解和自觉，是学术史的唯一目标。

  灵魂是不死的，它能忍受一切恶和善。让我们永远坚持走向上的路，追求正义和智慧。（《理想国》621d）

  理想的学术史，得有唯一目标，一套规范，一种结构，一种模式，以标举形态、稳步前行、碎步推进。是为"当是"，原发于"是"。已经描述过的起于美索不达米亚的万年之旅，为的是实事求是。已有所得，亦有所未得。万年轮回，得陇望蜀。历练到一定程度，就奢望一套纯粹学术话语、一个纯粹学术乌托邦。

  学术即教育，教育即学术。教育史既是学术史的渊源，又是学术史的门径。"道沿圣以垂文，圣因文以明道。"学术，在传承中培养专门人才，增益知识总量，创新知识类型，改进教学模式。学术非但无法与教育分离，而且它就是"教育制度化的成就"。③ 有人把"教育"，特别是正规教育作为"助力学术发展的社会制度"。④ 这种看法，倒因为果，并不可取。

---

  ① ［英］泰勒主编，韩东晖、聂敏里、冯俊译：《劳特利奇哲学史》（第一卷），中国人民大学出版社，2017年版，第456、459页。
  ② ［英］诺曼·费尔克拉夫（Norman Fairclough）著，殷晓蓉译：《话语与社会变迁》，华夏出版社，2003年版，第39、43页，参见第59页。
  ③ Wilson, N. G., *Scholars of Byzantium*. Massachusetts: Gerald Duckworth & Co. Ltd., 1996: pp. 1, 6, 11, 16-25, 273.
  ④ Montanari, F. (ed.), *History of Ancient Greek Scholarship: From the Beginnings to the End of the Byzantine Age*. Leiden: Brill, 2020: p. 24. 它是下面一部工具书的增补。Montanari, F., Matthaios, S., and Rengakos, A. (eds.), *Brill's Companion to Ancient Greek Scholarship*, vols. Ⅰ-Ⅱ. Leiden: Brill, 2015.

但有时，为了系统而连贯地陈述"学术史"，不得不设置未必合理的前提。设使因果各归其位，一切学术史必从教育史开篇。这对学术史家或学术史爱好者来说，难度陡增。

学术史、理论史、学科史，三者无不直接源于文字和书写，全都基于教育史。一个狭义的"学术"定义，说是"对写本的一本正经研究"①，这就进一步拉开了学术史与思想史的距离。学术活动的直接对象明确，写本是不变的前提条件。在汉语里，"鸟迹代绳"以来的所有写本，具有等价的学术史意义。思想史不可以说，动物产生思想以来的一切思想，具有等价的思想史意义。等价交换是价值规律，思想平等是异想天开。子曰，攻乎异端，斯害也已。

"写"和"本"是多变的，学术活动的方式，充满不确定性。"写"，无论是刻写、抄写、书写，还是雕版印刷、活字印刷、激光照排、数字印刷；"本"，无论是石头、骨头、木头，还是泥板、蜡版、木牍、竹帛、麻布、纸张、莎草纸、小羊皮、铜版纸、字典纸、计算机屏幕；"字"，无论是原始文字、完全文字，还是死亡文字、濒危文字，必兼得"纸""字"二者各其一，学术活动才有望得逞于一时一地。书写材料和书写方式的变迁、革命和分类别群及其效应评估、前景展望，料必是一门大学问。学术兴盛、停滞、倒退、灭亡，悉无定数。未知的不可抗拒的变数，不在"前提条件"之列。但阿尔昆之问的难题，是边界模糊、定位悬置的大学问，没有一个学科与它无关，没有一个学科享有专权。

另一个狭义的学术定义，前文曾经引述，把学术工作初步复杂化（尚需进一步复杂化），或更接近严格意义上的人文学科学术史（对"社会科

---

① "the serious study of literary texts", Wilson, N. G., *Scholars of Byzantium*. Massachusetts: Gerald Duckworth & Co. Ltd., 1996: p. 1.

学"不一定适用）[①]："学术"（Scholarship）是理解、阐释与恢复文献传统之术。[②] 这一定义暗示高深专门研究，直指知识连续性，推进知识生产力，追求知识增长率。如此之"术"，与个人成人相脱离，与齐家治国不同轨。若是把它还原为英译本中的 art，则须另番体会、体悟和体味。梁启超的"学""术"之辨中的"术"[③]，与被译作"术"的 art（对这个词的"一本正经的研究"，很有必要，也不乏尝试者），通约起来有困难。但在微妙的意义上，art 与梁氏所谓的"术"，都不与为己之学相容，都不与泛泛而谈、悠游自宁的"学术人生"相容。学术多样化，既合乎天理，又迎合人欲。在汉籍中，"学"本来就有"教"的义项。学即教，教即学。学学半（斅学半），是也。张之洞（《劝学篇》）尝辨析世运明晦、人才盛衰，断

---

① 韦勒（Martin Weller，2011）论"数字学术"一著的第四章，专论"学术（实践）本质"。大学的招聘和晋升基于研究成果，导致研究与教学的冲突，这是长期存在的现象。对大多数学生和 70% 以上的教师来说，教学才是最重要的。博耶尔（Ernest Boyer，1990）分析了从 5000 多名教职员工那儿收集来的资料，据之对大学学者的常规活动进行分类，提出一个"更包容的观点"——知识是通过研究、综合、实践和教学获得的。政府和大学都应该认识到，现代大学的学术活动，是由四个等价部分构成的：1. 发现（知识创新，举世公认），2. 整合（学科交叉，跨越部类），3. 运用（推进学术发展是职责，服务社会大众是义务），4. 教学（最常规、最重要、最被误解）。博耶尔的大学学术分类框架，产生了很大影响力。已经有不少大学按照这一框架，制订发展规划，奖励四种学术活动。至于有人批评说，博耶尔框架大体适用于人文学科，也在情理之中。Weller, M., *The Digital Scholar：How Technology is Transforming Scholarly Practice*. London：Bloomsbury Academica，2011：pp. 42-43.

② ［德］鲁道夫·普法伊费尔著，刘军译，张强校：《古典学术史（上卷）：自肇端诸源至希腊化时代末》，北京大学出版社，2015 年版，第 4 页。新世纪，有人提出学术"七基要"（seven "scholarly primitives"）说，从发现新知到发表交流；有人主张学术"五关键"，含收集资料和合作共事，然后进行二次分解。多多少少的这些，都是研究者认定的最基本的学术指涉。它们不受理论取向、学术领域、从业时空的限制，即不因种种具体情况、个别原因，降低标准，减少一二。亦见 Weller, M., *The Digital Scholar：How Technology is Transforming Scholarly Practice*. London：Bloomsbury Academica，2011：pp. 41-42。

③ 梁启超：《学与术》（1911），载吴松等点校：《饮冰室文集点校》，云南教育出版社，2001 年版，第 2246—2247 页。参见刘梦溪：《中国现代学术要略》，生活·读书·新知三联书店，2018 年版，见附录一《〈中国现代学术要略〉学术恳谈纪要》中李慎之的发言；再参见 https://www.chinesepen.org/blog/archives/139433。

言"其表在政,其里在学"。此"学",既有学术和教育的含义,也有文化和学风(道德和价值)的意味。至于孰表孰里、孰本孰末、孰源孰流、孰是孰非,或解析是否合理、论说是否得当,不与南皮张多讲求。学术活动方式也多样,万变也不离其宗:写本得以收集、归类、校勘、编纂、保存、复制和传播,是学术活动的中心。中心里面有核心,核心里面有爆点——学术的宗旨在于传承,在于发展,不在于供奉,不为了唬人。至于"以学术杀人""以学术杀天下"而自行褒奖、自我宣扬者,亦有归结。

> 天下有大恶者五,而窃盗不与焉。一曰心逆而险,二曰行僻而坚,三曰言伪而辩,四曰记丑而博,五曰顺非而泽。此五者,有一于人,则不免君子之诛,而少正卯皆兼有之。其居处足以撮徒成党,其谈说足以饰褒荣众,其强御足以反是独立,此乃人之奸雄者也,不可以不除。(《孔子家语·始诛第二》)①

狭义学术的扩张和推展,将在教育史与学术史是同一过程的不同维度、不同阶段、不同尺度的陈述中,描绘认知成就累积、知识增长过程、知识转型契机、文化内涵生成、超越精神铸就的丰富画卷。恢复、理解和阐释文献的学术,对"一本正经"的学术提出了一套明确的、尚待细化的规范和程序。这两个狭义的学术定义,都通达教学过程。一位在学校管理等方面不甚得意的名家,在学界抱怨英国学术落后于德国的喧嚣中,在剑桥大学的教学质量逊色于牛津大学而被迫改革的当口,在一本貌似学术史、实则教育论的散文集(谦称"实用论文")中,提出一套教育主张。文集汉语译名或可作《古典学术与自由教育》(原名甚长,体现维多利亚

---

① 参见[明]王夫之:《噩梦》,载杨坚总修订:《船山全书》(第12册),岳麓书社,2011年版;朱义禄:《从"以学术杀人"到"以理杀人"——兼谈哲学史研究中的几个方法论问题》,《东方论坛·青岛大学学报》2006年第1期;董标:《毛泽东教育学》,时代国际出版公司(香港),2011年版,第10页;庞惊涛(2014):《再谈"学术杀人"》,http://www.69ys.com/newdetail.aspx?PID=2759。

时代特色),①这人名叫唐纳森(John W. Donaldson,1811—1861),曾出任名校爱德华六世国王学校(King Edward VI School,1550 年前后建校)校长,但相当失败。他孜孜以求的学术成就(推广比较语言学于希腊语研究),今人也以为早已老旧不堪。但唐纳森的这套主张,抽象地看,过时的不多,切实的不少。如谓,"大学改革的终极目标是教学质量的提高""学者必得增加知识""信息不是教育",等等,千真万确,切中时弊。没有这些,所谓学术研究,所谓自由教育,或拾人牙慧,或叶公好龙。总之,里里外外,上上下下,环比不见丑,同比不见劣。

学术史的兴起,开学术史独立之先河。在刘勰的伟大创造千年之后,黄宗羲等领袖群伦的学术史家,多多少少地活跃在某种思想开化、知识增量的学术环境中。学者之幸,学术之幸,知识之幸,文化之幸。学术史独立,即以学术史为学术活动的中心、对象和目标。既是对象,又是目标,必为中心,是为纯粹。纯粹饱满,势必外溢。学术史外溢的是学术进步的资源,其形态是知识和问题。历代知识精英贡献的学术史信念、态度、规范和方法,既是资源,更是知识和问题。这些都是当今治学术史者的 ABC 课程。学术脉动,积蕴浩瀚。很难设想平步青云而雍容揄扬——马克思都觉得无法想象——三岁孩童在一夜之间快快乐乐、轻轻松松学会了微积分。欲治学术史,先受学术史训练。1946 年以后(以张舜徽的创意为标志),通史性质的学术史创意、个人撰写的通史性质的学术史,功德圆满,后来者罕。赞赏通史的成就,汲取通史的经验,反思通史的规范,站在巨人的肩上,省视自己的起点,是启动专门学术史的基本前提。

西方学术史,以现代学术史之名,行古典学术史之实。这里的"古典",即如"古典学"的古典。此"古典",是学术"集体化"行动经验的结晶。耳食之言,先入之见,前置逻辑,语境框架,或多或少,联袂构造古典和古典学,与古典和古典学相距甚远。它的发达程度、相对而言的霸

---

① Donaldson, J. W., *Classical Scholarship and Classical Learning—Considered with Especial Reference to Competitive Tests and University Teaching: A Practical Essay on Liberal Education*. Cambridge: Deighton, Bell and Co. London, 1856.

权，化所谓四大文明为一家独大。四大，一大，既非多元，亦非正义。受制于它，"古典"永远是古典，学术永远且只兴起于亚历山大里亚。西方古典学，贡献良多，狭隘显著。断限很短，空间很小。在固定时限和空间开发与深化论域、论题的过程中，学术行动相对固定。固定而固化，不祥之兆。通史学术史，油尽灯枯，寿终正寝。

在通史性质的学术史退出学术圈的几十年来，在专门学术史的兴盛所秉持的学术史传统规范中，有一个十分突出，但也平平常常的特点在发扬光大：跨语言。前文强调，多语是美索不达米亚学术实践的核心，萨珊帝国在教育、学术和政治上，承其衣钵，发扬光大，哺育西方。西方古典学术史与东方语言有不解之缘，惜久未正视，幸改弦更张。种种跨语言趋势，与多学科和高科技的日益整合，推进学术史蓬勃发展。一跨一多一高，对基本学术训练，提出了不同于从黄宗羲时代到张舜徽时代的要求。这是大势，大局。跨语言、多学科、高技术，是当代专门学术史的三道门、三个坡。如此这般，叩门登堂。若非如此，入室也难。

学术史的轴心在文本。游离和远离文本的学术活动，不以制作文本为目标的学术活动，不属于学术史。考古进展和交往增益，提高文本生产率，包括发现、识别、翻译、写作的产出率。电子技术，把无数不为人知的文本放在合适的地方。古今中外的学术史之路，遭遇史无前例的信息拥堵和知识重负。数字学术，既关涉学术，必关涉学术史。目前，除能提供丰富文献之外（挑战学者发现、获得文献的能力），还开发出一些其他直接助力学术史研究的手段，包括扫描断代、电子编程、文本比对、精准计量等等。但从整体上说，贡献仍是相当有限的。这主要不是碍于技术的发达程度，而是因为大数据库中的学术史文本相对稀缺，学术史从业者相对较少。尝取大外延，以"研究美索不达米亚文明的学术文献有哪些"为主题，向 ChatGPT 分别提问汉语、英语、德语、法语的文献情况。回答失望，意料之中：汉语两件，英语十件，德语、法语各五件。大不靠谱。①实际并非如此。ChatGPT 提供的信息中，只有一点是有学术价值的：德语、法语的文本之和，等于英语文本。

不能轻视古典学术史，对学者的情绪偏好和知识结构的刻画和强化；不能轻视如此刻画和强化出的古典学者的学术成就的流布，对全球学术的不同性质的刻画和强化。在各种维度上，对古典学术范式的评估和再评估，对知识革命和心理调适，乃至世界学术知觉（感知模式）的改造，都很必要，都很急迫。美索不达米亚文明的突显，引起学术史全球化和全程化的渴盼。学术多样化，顺天理，合人性。"基础教育传承学术理想"的整体文明观、共生论，正在重塑人文学科和学术话语。在不远的将来，国民教育制度梦想不到的那种"融合在一起的方式和途径"，转型为把群生-共生信念赋予国民教育制度的途径和方式，这也是大多数国民教育制度梦想不到的。两个"梦想不到"，挑战狭隘的文化战略、偏执的人文学科、霸道的学术话语。最终，把列宁揭露的民粹主义空想教育计划的典型，根除。

从象征革命，经由农业革命、城市革命，到教育革命，是前文触摸"新纪元之始"或建构转折隐喻的宏大叙事。象征革命发现思维和想象的超验秘密，作为社会安排的神圣力量，建设宇宙与人间互动的全面秩序体系，同时给予描述、解释和规定。有了它，组织和结合起来的人们，提高了社会共同体的凝聚力和生产力。生理需要的满足和提高，推动人口增长的加速。精神饱满而非精神空虚的社群规模，不断扩大。制度和规范，自由和闲暇，合作与交往，战争与贸易，无数"力的四边形"，催生、自生教育系统。教育系统，既是组织起来、组织得好的表征，也是内在缺陷的组织结构。寄生、附丽在教育史、教育系统上的学术和学术史，复制局限。纯粹学术话语的角逐、纯粹学术乌托邦的追求，无非自觉修补自我局

---

① 训练 ChatGPT 时的语料库相差巨大。英语一家独大（约占 70%），德语、法语和汉语亦得便利，但更多语种，怕很少得益。换言之，这类媒介的高速发展，势必加深语言鸿沟，进而加大知识不均。推展"知识不均"的国际分工意义和社会分层意义，步步惊魂。

限的一种途径和方式。承认"纯粹"和"乌托邦"可以分享一席之地，标志着学术自觉，标志着文化宽容和学术包容的时代精神，发扬光大。

历史局限不受责备。象征革命和教育革命，既然没能进入现代教育制度的"课程建设"中，就不可能激发兴趣、培养学生。释读种种楔形文字，从1850年前后开始的限于少数个人的纯粹爱好，到1950年后把专门语言人才培养托付给大学，历时百年，起步晚，进展缓。在整个20世纪，已经进入少数大学殿堂的美索不达米亚文明，没见顺势下延到中学的报告。前述大都会艺术博物馆的培训项目及其象征，开了一个好头。随着一代代新人的出现，随着越来越多的楔形文字文献的破译和出版，对教育革命，即第一次教育革命的认识，将具体化、系统化、整体化。到那时，全面改写教育史，水到渠成。一旦教育史学发生了翻天覆地的变化，教育理论必然反躬自问。百年后的教育史学和教育理论，怎么记述和评价今世学术史，或是一个无聊问题。作为问题，它的唯一价值在于，启发、推动治教育理论学术史者，在当世评价和未来审判之间，或做出一个选择，或发现一个基准。

"思想"未必诉求文字，书写不是思想的必要条件。思想长期与文本无关，学术史与思想史有别。思想史叙事与理论史勾连，把概念系统和陈述规则赋予文本，学术史因此针对思想史和理论史二者。但理论史比思想史偏好概念和规则，学术史便在概念和规则的引导下，偏向理论史。鉴于作为新生事物的学科制度，是规范文本的对象并照章办事，故学科史成为学术史的迟到生、后来者。后来往往居上。某种约定的、被承认的，但可争议的理论概念，在学术史中，成为行路的拐杖，爬楼的扶手。是否尊重理论概念，往往与是否轻薄思想牵扯。难解的问题，以相互尊重、相互体谅为和解之道。言外之意是，设使呈现等量思想史文本与理论史文本、学科史文本，教育理论学术史必一头沉。

圣哲彝训曰经，述经叙理曰论。论者，伦也；伦理无爽，则圣意不坠。

论之为体，所以辨正然否。穷于有数，究于无形，钻坚求通，钩深取极；乃百虑之筌蹄，万事之权衡也。故其义贵圆通，辞忌枝碎，必使心与理合，弥缝莫见其隙；辞共心密，敌人不知所乘：斯其要也。是以论如析薪，贵能破理。斤利者，越理而横断；辞辨者，反义而取通；览文虽巧，而检迹知妄。唯君子能通天下之志，安可以曲论哉？

——《文心雕龙·论说》

理论事实，以知识形态存在于多元文本中，以命题系统嵌入于集体记忆中，以潜移暗化方式表现在社会行动中。发现、分解并描述它，不是笔墨之功，而是对文本、记忆和行动的提纯再现、合理批判。合理批判，是恰切估价的前提。但估价，不会因前提恰切而必然合情。实践批判高于理论批判。理论批判，以理析论；实践批判，因势衡理，变量倍增，难度陡升。随事势流变，厘正理论情境之于理论价值的归位定性，即因势衡理原则的体现。因势衡理原则的前置预设是：离开情境条件，理论价值变异，符合刘勰的断言。舍象杂多，灵秀至上。万象更生，聪明逊位。"虽有智慧，不如乘势；虽有镃基，不如待时"（《孟子·公孙丑上》），睿哲玄览，灵鉴洞照，凝明澄澈，昏惑遁形。理论评价，为的是展望理论未来。展望者，无不期待思想之高、理论之茂。但展望止于这等期待，是远远不够的。还得俯察仰观，刨根究底，何以"丰其基""深其根"。思想基础之丰厚，理论根基之坚实，是展望者的真正期待。这等期待，蕴涵为理论繁荣而反思语境、改造环境、重设背景的文化使命，具有持续的冲击力和开拓性。这等期待，既比妙笔生花可信，更比不着边际可爱。

　　自从三宿空桑后，不见人间有是非。
　　野马尘埃昼夜驰，五虫百卉互相吹。

——《老残游记·九》

教育（基本）理论学术史，亘古未见。新中国70年教育基本理论学术史，闻所未闻。使之创生，愿望良好，合乎专题学术史的大趋势，不乏"新纪元之始"或"灵魂转折"的韵味，值得尝试。合乎规范的无中生有是创造，群雄介入的生生不息是贡献。循中外学术史先例奋笔直书，似乎不难。然而，对未经受学术史任何程度的专门训练者而言，并无启齿难易的基点。

《文心雕龙》通天下之志，戒曲论阿学，当立为法度。辨正然否，究于无形，自是规范。论如析薪，贵能破理，标准明确。义贵圆通，辞忌枝碎，技艺双修。师心独见，锋颖精密，归为目标。即便不能逆波溯洄，亦必警觉顺风托势。"学术非时好，文章幸自由"（陆游）。黄宗羲的学术史，毋师己意、毋主先入、穷源竟委、博采兼收，是非互见、得失两存。梁启超的学术史，痛感"学问不能独立，不能发达"，期待发扬"前辈治古典学所用之科学精神"，放飞学术社会学和学术政治学的想象翅膀。钱穆的学术史，鉴古知今，唤醒国魂。张舜徽的学术史，追求马克思主义学术观，洞察黄宗羲的"天心"，高标独立，历久弥香。桑兹的学术史，逐世纪、逐国、逐书编目的"小学"功夫，增益知识基础。普法伊费尔的"兴起"断言虽不被接受，但其学术史，仍不失为后学之津梁。高屋建瓴、"短小精悍的学术史"，创拟整体性学术史批判大纲。象征革命假说的敏锐和智慧，教育革命的创始和震撼，开学术史新世界。希腊主义、东方主义的完结与东方学的继往开来，培育介入新世界观察视域的基因。从阿尔昆之问、米鲁普-卢曼悖论到米鲁普难题核心的分裂，从口语文化到书写文化，从书写教育到抄写教育，从学龄概念到隐微术、秘传术、缩写术，从文明的魅力和力量到人性弱点的绝对化，从职业学校标志的教育革命，到官在前是初衷、文在后是效应两条路线，到无类不教、有教无类两条路线，从文明全面发展的根基到个人片面发展的起源，连同"赫勒敦批判"，所有这些，都是我们企图汲取并推展的法度和准则的基础、宝库。在自我规训中、在规范学习中，留下了深刻印痕。但就连说掌握了皮毛，都觉得涉嫌妄自尊大。然而，"不管怎么说，我们一定不能把对个人的尊敬看得高于真理"。[①] 这话不是真理，高于真理。"大凡学术总要真，不真误杀天

[①] ［古希腊］柏拉图著，郭斌和、张竹明译：《理想国》，商务印书馆，1986年版，第387页（595c）。

下人"（南宋·姚勉）。砥砺前行，"永久"旅行。① 试着在"一套适合于特定陈述结构的规则"上发力，无论成败，无关大局。

固然，"座客善讴君莫讶，主人端要和声多"②。学者，岂可阉然媚于时，谀颂以为荣。断取舍，克厄境，直道而行，一以贯之。取信高于示爱，求真胜过致用。百年前，毛泽东说："学者固当于天然本质中求真理，其有无价值抑其次也。"③ 以才智要君、以媚道求主者，非学者也；顺风以托势、莫能逆波而溯洄者，非学者也。④ 学者，非求荣于皇亲国戚之臣，非要誉于乡党朋友之辈，非待价而沽于豪门之物，非不择是非善恶而跌荡放言之徒。

> 凡希世苟合之士，蘧蒢戚施之人，俯仰尊贵之颜，逶迤势利之间，意无是非，赞之如流；言无可否，应之如响。以窥看为精神，以向背为变通。势之所集，从之如归市；势之所去，弃之如脱遗。其言曰：名与身孰亲也？得与失孰贤也？荣与辱孰珍也？故遂絜其衣服，矜其车徒，冒其货贿，淫其声色，脉脉然自以为得矣。（［三国·魏］李康：《运命论》）

---

① "这是一条狭窄的道路，但亦是一条自天而降的道路；这是一条狭窄的道路，但亦是一条通往天堂的道路。它是一条狭窄的道路，在地上受到轻视；它又是一条宽的道路，在天国受到推崇。"［古希腊］克莱门（Clement of Alexandria）著，王来法译：《劝勉希腊人》，生活·读书·新知三联书店，2002年版，第116页。克莱门，原名是Titus Flavius Clement（150-215），人称"亚历山大的克莱门"，以与罗马的一位听起来同名的教宗Clement区别开来。也见其他汉译名，但以这个居多。20世纪50年代以来，学界对克莱门的"神圣/神学教育学"（Clement's divine pedagogy）研究增多。他在教育学史上的地位，待标记。

② ［美］余英时：《陈寅恪晚年诗文释证》，东大图书公司（台北），2016年版，第131页。

③ 毛泽东：《〈伦理学原理〉批注》，载中共中央文献研究室、中共湖南省委编辑组：《毛泽东早期文稿》，湖南出版社，1990年版，第159页。

④ 媚道求主、顺风托势，出自（1）［南朝宋］范晔著，张道勤点校：《后汉书》，浙江古籍出版社，2000年版，第270页；（2）《文心雕龙·论说》。

第二章　从西力东渐到改革开放

"七十"感怀的篇章，斑斑洒洒于典籍。认知天性与岁月流逝，融洽无间。孤立的个人，与苍天社稷，性化合一，自我反思与文化批判，切偲互济。圣贤的"七十意识"，敞亮鲜明。易变之道，自成反思、批判和展望的恒久动力。孔子："七十而从心所欲，不逾矩。"（《论语》）"不逾矩"的个人，代之以国家，当谓其治制成熟，常态发展。孟子既把"七十者可以食肉"，当成仁政实现的指标，又视之为实现仁政的条件，谓"然而不王者，未之有也"（《孟子》）。治制成熟的国家，是物质生产力高度发达、文化凝聚力高度规范、国民精神开放包容、积极进取的国家。孔孟之道，漏脱无序、罅隙呈露，远非理论。但卓越的思想成就，与普遍政治伦理有缘，蕴涵人类共同理想。

至2019年，中华人民共和国成立七十年。系统总结、深入评估、合理展望教育（基本）理论的行迹，适逢其时。若是在一定的宏阔环境和直接背景中，简明刻画教育理论的行迹，初步估价它的成就，努力反思它的局限，审慎展望它的未来，即以理论事实为对象，刻画行迹，估价成就，势必形成一部简明理论史，成为学术史靶标。

第一节　从五路十代到七十感怀

自第二个千禧年上溯四百年，即大约从1600年算起，载入教育理论史册的"大变化"或"大转型"，共发生五次。四百年间，加速运动趋势明显，与社会加速规律一致。①（1）16世纪末、17世纪初，耶稣会士成功登陆上岸，宛如好风从西来，缥缈吹士子。一股冲击道统的暗流，涌入华夏大地。中国历史发生第二次"空前大变化"。西籍汉译、汉籍西传，自成一种互动形态，深刻影响现代世界的文化交流和学术发展。交流和传播开创新史，前现代教育理论要素导入我华。（2）19世纪初到20世纪初约百年间，新教传教士的文化传播和以留日生为主体的日籍汉译，极大地启发了、激发了教育兴趣和热情，中国开始建设了教育专业组织，尝试了新式教育建设、教育理论建设、教育学科建设，启动了以教育制度为中心的教育变革。（3）1920年前后，欧美留学生归国和思想家来华，使包括马克思主义在内的种种主义传播，因现代印刷术的导入，达至空前广度和深度，一时兴盛的教育理论，与全球理论前沿建立联系并高频互动，亦为教育制度和实践的认识参照和反思指导。以教育为中心的制度转型，于是兴焉。（4）在20世纪40年代末至50年代初的"一边倒"期间，引入苏联教育制度、传播苏联教育学。这次变化，以极大的努力，推进教育实践、教育制度、教育思想、教育研究、教育学术转向。（5）两千年内最后一次大变化，是20世纪80年代前后的"改革开放"。既然邓小平谓之"第二次革命"，则属第三次"空前大变化"。译传现代西方思潮，补课现代理论，窥望理论前沿，构想发展模式。全面的社会革命，包括教育理论革命，在不同层面上，实现了通过二次革命达到二次解放的目的。社会发展成就和人的精神状态，是公元1世纪、公元16世纪的两次空前大变化，无法比拟的。

一百年前，陈独秀总结说：

> 明代西力东渐，这是中国民族思想制度发生空前大变化的最初种子；清代鸦片战争，这是西欧资本帝国主义向长城内封建的老大帝国开始发展，也就是沉睡在长城内老大帝国封建宗法的道德思想制度开始大崩溃；甲午庚子两次战争，这几乎是中国封建宗法的道德思想制

---

① 参见董标：《双重拓展，再造空间——〈早期桐城派的教育主张与实践——以"桐城三祖"为核心的考察〉一文的首功》，《华东师范大学学报（教育科学版）》公众号推送，2022-01-24。

度最后的崩溃，也就是资本民主革命运动最初的开始。①

今谓"教育理论"的陈述系统，先是浮薄于不成规模的西儒行走之中，后渐次与洋学、西学、新学、民主主义、马克思主义、无政府主义等等，以及新式学堂和游学外洋等，牵连在一起。精英的"三观"为之震撼，国民的"情趣"为之撩拨。结果，天朝失落，道统瓦解。形色各异的人等，游走在中华大地。通事形象的演变，恰似中学与西学、旧学与新学博弈的人格化。中学-旧学虽败最终下阵了，西学-新学未立为道统。

西力东渐，播下龙种。空前大变化二次发生。西儒一类，"面向世界"的第一代国人魏源一流，衰败的先知、叛逆的表率、反思的英雄龚自珍一品，以容闳（1828—1912）为表率的留美学生一列，规模宏阔、快进快出、归来散去、东成西就的留日生一脉，五路英豪，按三十年为一代人算，自1582年或1595年算起的三百多年，大约十代。西儒一类、魏源一流、龚自珍一品、容闳一列、留日生一脉，"五路十代"，与起自不同背景的新生力量一起，省察现实，展望未来。三百多年间，十代诸公，直接-间接地导引西方教育理论入华、开发中国古代思想的理论资源。"直接"的拓荒者，非西儒一类莫属。余者，"实事求是"，话语推陈。或致力于知识更新和观念再造，或呼唤文化革命和社会运动，以创造环境，可视为中国教育理论的助产士，当然得算间接的。十代拓荒者，开辟了中国教育学天地。至甲午一役，"一类"之余响，"一流"之来者，"一品"之门生，"一列"之海归，"一脉"之躁动，复与"新政"之创意结合，使裹挟着西方

---

① "近代资本主义的工商业，在西欧征服了封建宗法的道德思想制度，进化到世界的资本帝国主义，世界各国的铜墙铁壁都被他打开，封锁不住了，老大帝国之万里长城那里还封锁得住？所以中国自甲午、庚子两次战争以来，已由内部产业之发展遇着外部国际资本帝国主义之压迫，驱入封建宗法主义与资本民主主义之转变时代，'富强''维新''自强''变法'的呼声遍满全国，便是这个时代的精神。"陈独秀：《资产阶级的革命与革命的资产阶级》（1923），载中央档案馆编：《中共中央文件选集》（第1册，1921—1925年），中共中央党校出版社，1989年版，第580页。亦见 https://www.marxists.org/chinese/chenduxiu/marxist.org-chinese-chen-19230425.htm。

教育学的流体智力、思想洪流①，再三再四，俯冲我华。最终，教育理论在中华民国多向拓展，在新中国推陈出新。

教育学界，对中国史上思想制度的第二次空前大变化期间即16—17世纪的幽涧流泉所引发的教育（理论）动向及其效应，似尚未形成系统知识。从语境复习着眼，从材料预备入手，略重着墨。

　　幽涧泉，千尺深；
　　长松磊珂生乎南山阴。
　　中有美人横素琴，轸有美玉徽有金，清商激越生空林。
　　玄霜杀物兮萧森，素月默默兮青天心。
　　哀猿为我啼，潜虬为我吟。
　　牙旷千载，忧思钦钦。
　　抚兹高张与绝弦兮，何怨乎筝阮之善淫。
　　惟有幽涧流泉知此音。

——张之洞《幽涧泉》

第二次空前大变化，适值中国晚明的印刷书籍，对受读写教育年限不长的一般民众，开始产生"更加重要的影响"时期。经由西儒，西方教育思想和前现代教育的探究方式和成就，入我华夏。各种文本，以古代汉语形式，艰难但略具规模地呈现在少数文化精英和政治精英面前。受众面，

---

① 参见（1）熊月之：《西学东渐与晚清社会》，上海人民出版社，1994年版；（2）陈桂生：《历史的"教育学现象"透视——近代教育学史探索》，人民教育出版社，1998年版，附录五；（3）瞿葆奎主编：《元教育学研究》，浙江教育出版社，1999年版；（4）侯怀银：《中国教育学发展问题研究——以20世纪上半叶为中心》，山西教育出版社，2008年版，第27—30页；（5）叶志坚：《中国近代教育学原理的知识演进——以文本为线索》，浙江大学出版社，2012年版。

因书写教育就成、印刷出版发达、图书贸易领先而不断扩大。① 在这些文本中，严格地说，归于教育理论的著作是《教育者基督》（1588，作《基督教育》似不妥）、《童幼教育》（1632，确切译名当作《青年教育》），归于心理学的是《西国记法》（1596），归于通识教育的是《交友论》（1595），归于高深学问的是《西学凡》（1623）。归于生理学的，则更多一点。至于其他学科的，暂且不论。如此新文本中的新知识、新思想、新价值引起的新反映，不拘一格。中外"相通者什九，不者什一"这番高见（所谓"迂论"），若望人人洞察通达，断不可能。徐光启等独具天眼，有源有本：

> 方舆之内，山陬海澨，丽土之毛，足以活人者多矣。或隐弗章。即章矣，近之人习用之，以为泽居之鱼鳖、山居之麋鹿也，远之人邈闻之，以为逾汶之貉、逾淮之橘也，坐是，两者弗获相通焉。余不佞独持迂论，以为能相通者什九，不者什一。人人务相通即世可无虑不足，民可无道殣。或嗤笑之，固陋之心，终不能移。每闻他方之产可以利济人者，往往欲得而艺之，同志者或不远千里而致，耕获蓄畜，时时利赖其用，以此持论颇益坚。（徐光启：《甘薯疏》）

《童幼教育》的理论资源，先进、丰富。跨语言能力超强的梅谦立，尝仔细比对，发人所未发。（1）范礼安（Alessandro Valignano，1539—1606）翻译的《基督教育》。（2）维基欧（Maffeo Vegio，1407—1458）的《教育六卷》。维基欧是优秀诗人、人文主义者、牧师、教育改革家，著《自由教育》（1444，1491年初版，后人编为《关于儿童的教育及其明德六卷》，简写作《教育六卷》）一书。它是"文艺复兴时期教育著作中最系

---

① 参见（1）[法]谢和耐著，耿昇译：《中国与基督教——中西文化的首次撞击》（增补本），上海古籍出版社，2003年版，第217—226页；（2）[美]邓恩著，余三乐、石蓉译：《从利玛窦到汤若望：晚明的耶稣会传教士》，上海古籍出版社，2003年版，第17章；（3）徐宗泽：《中国天主教传教史概论》（1938），商务印书馆，2015年版，第6—7章；（4）[意]米盖拉：《中国书籍史以阅读史论略——以徽州为例》，载韩琦、[意]米盖拉编：《中国和欧洲：印刷术与书籍史》，商务印书馆，2008年版，第64页。

统、最全面的书,是这个时代精致的产物"。霍肯(Vincent Joseph Horkan)努力揭示维基欧的思想源泉和知识谱系,从体育、德育和智育三个方面,论述了维基欧的"教育理论和原则"并给予高度评价。弗吉里奥(Pietro Paolo Vergerio,1349—1420)的著作《论绅士风度与自由学科》(1404),是维基欧的重要源泉。这一出色发现,复活了中世纪晚期教育探索成就的生命力。(3)伊拉斯谟(1466—1536)的《儿童礼仪》(1529)。(4)托雷斯(Juan Torres)的《王子伦理哲学》(1596,1602)。① 梅谦立发现,《童幼教育》的思想观点和谋篇布局,倚重《基督教育》(参见表2.1)。《童幼教育》与《王子伦理哲学》,有"将近60个相似之处(同样的故事及人物)"。②

---

① 我在"引言"里说,哲学不是"学",而是"友谊"。见[英]泰勒主编,韩东晖、聂敏里、冯俊译:《劳特利奇哲学史》(第一卷),中国人民大学出版社,2017年版,第467—468页。哲学即友谊,为理解这里的"伦理哲学"预备了一个基础。这种"友谊""友道"的内涵和外延,既不合乎古代汉语的通用规则,也不合乎现代汉语的使用规范。建立亲密关系、在密切交往中,执着于口语(语音)的言语撒播,必使语言生根发芽并无穷无尽,灵魂转向庶几发生。这里的"亲密",不是血缘的,不是性别的,不是年龄的,只是身体-灵魂的。我把利玛窦的《交友论》划归到通识教育领域的根据,正基于此。当然,尝逐一解析《交友论》100条的出处或本源,发现其关涉的古代希腊-罗马世界、圣经文本系统、中国古代人生经验的积淀和感悟,才是给它定位的基本根据。《交友论》与《王子伦理哲学》同源、同构、同命。在古希腊哲学特别是柏拉图哲学中,语音中心论与语词中心论,听觉认识论与视觉认识论,两相权衡,悬而未决。柏拉图对听说读写、书写和写本,态度暧昧,首鼠两端。有人认为,他的语音中心论不能转换为语词中心论。见[美]沃尔特·翁著,何道宽译:《口语文化与书面文化:语词的技术化》,北京大学出版社,2008年版,第61、129—130页。至于远在他的时代大约两千年前美索不达米亚的视觉认识论,他怕是梦想不到的。

② [意]高一志著,[法]梅谦立编,谭杰校:《童幼教育今注》,商务印书馆,2017年版,第86—89、90—91、95—96页;[法]梅谦立:《晚明中国的文艺复兴教育——关于耶稣会士高一志〈童幼教育〉的初步研究》,《广东社会科学》2014年第6期。

表 2.1　《童幼教育》与《基督教育》主题比较

《童幼教育》，山西 1632 年版	《基督教育》，澳门 1588 年版
卷上三　教之主（论父母）	卷一章三　父母作为第二老师 卷一章五　应谴责那些忽略或阻碍孩子的诚实教育的父母
卷上四　教之助（论教师）	卷一章二　如何教导和选择教师
卷上五　教之法 卷上六　教之翼（论惩罚）	
卷上七　教之始（论宗教）	卷三　各年龄阶段都需要宗教，特别是在儿童教育的初始
卷上八　学之次（论孝敬）	卷四　关于孝敬与礼貌
卷上九　洁身	卷五　关于洁身
卷上十　知耻 卷上十一　缄默 卷上十二　言信	卷四　关于孝敬与礼貌

若是比对《童幼教育》和《爱弥儿》的基本取向与核心命题，或可见：（1）二者的基本取向接近，都以万民为对象。但高氏的对象外延，比卢梭的大。（2）二者的核心假设一致，都认定"遗传"决定。一遗传自父母，一得之于自然。（3）《童幼教育》肯定人伦的合理性；《爱弥儿》没爹没娘，罔顾世象。公教会（天主教）之"公"，即全世界的、大众的。卢梭是一位"孤立的个人主义"者，不是"大气量人"。爱弥儿，是永远无法摆脱地方局限性的"小众"象征。或者说，爱弥儿是特定个人理想的一个隐喻。

晚明得以间接地亲和东西方古代（以《交友论》的引述为代表）和文艺复兴期间的文化思想成就，得以初步了解前现代以解剖学为代表的人的科学，以几何学为代表的新式"算学"，以地理学、天文学为代表的天地之学，以哲学和宗教为代表的神圣之学。还有机械、音乐和美术，也引起各类人士在不同方向上探察和努力。有些人光照史册，有些人鲜为人知。一如徐光启，二如瞿太素（名汝夔，常熟人），无论如何，都为后来的各种教育理论资源入华，尝试了开掘通道。

对诸西学的多向选择，证实"相通者什九"。至今，交通、沟通或交往，仍然是教育面向世界、面向未来、面向现代化的基本模式和动力定型。长此以往，寸积铢累，得望"尊个性而张精神""屹然独见于天下"：

> 外之既不后于世界之思潮，内之仍弗失固有之血脉，取今复古，别立新宗，人生意义，致之深邃，则国人之自觉至，个性张，沙聚之邦，由是转为人国。人国既建，乃始雄厉无前，屹然独见于天下，更何有于肤浅凡庸之事物哉？①

1807 年 9 月 7 日，新教来华的开山祖师马礼逊（Robert Morrison，1782—1834）登陆广州，在华 27 年。大清禁教。他的雇主（东印度公司）和英国政府，从避免给"贸易利益带来严重损害的"实际需要出发，不支持传教。已经在华取得初步地位的或明或暗的天主教势力，提防新教。②这些，逼得马礼逊转为半职业的翻译家、编辑家、出版家、宣传家，另一半职业是公司雇员（通事）。他的事功，不像一位神职人员，他的虔敬，至死也没有丝毫动摇。马礼逊去世后，宗教界人士赞赏他的人品和贡献，倡议（1835 年 1 月 26 日）成立马礼逊教育会（Morrison Education Society）纪念他，但直到 1836 年 9 月 28 日才正式宣布。

学会以在中国设学校、促教育为宗旨，根据中国自身特点，向中国学生教授英语的阅读和写作，使之能以英语为媒介，了解西方文化。这类学校以《圣经》和其他基督教书籍为必修课。③

---

① 鲁迅：《文化偏至论》（1907），载《鲁迅全集》（第一卷），人民文学出版社，2005 年版，第 57 页。

② ［英］汤普森著，吴相译：《马礼逊——在华传教士的先驱》，大象出版社，2002 年版，第 68、88 页，参见第 143 页。陈景磐较早、较具体地介绍过马礼逊教育会，见陈景磐：《中国近代教育史》，人民教育出版社，1979 年版，第 56 页。

③ 朱有瓛、戚名琇、钱曼倩、霍益萍编：《中国近代教育史资料汇编·教育行政机构及教育团体》，上海教育出版社，2007 年版，第 596 页。

"马礼逊教育会"是中国最早的教育专业社群(学会/组织/团体)。①此前,新教使团"以介绍西方科学、艺术,开通华人智慧为目的",或"传播西学,推广教育",已在广州先后成立基督协会(1830)、益智会(1834),注重出版。开天辟地,人手稀缺,举步维艰,活动短暂。

澳门创办了"马礼逊学校"。学校对求学者,无年龄、无性别、无地域限制(三无),"六岁、八岁或十岁儿童,为优先考虑对象"。他们将接受一种新教育,一种在概念和思想上不见于中国传统的学校教育:

> 教育,当其得到正确实施时,必须包括三大部分,即体育、智育和德育。如缺少某一方面,或重视不够,都是对教育的曲解和疏忽。②

"对教育的曲解和疏忽",是过去的常态或固态。现在有无正解和真知,难能一概而论。彼时,体育、智育和德育的分解与整合,欧洲尚谈不上领先,东土的实践已经走在前列。斯宾塞发表论三者的文章、出版的著作,是19世纪60—70年代的事。经由这种"新教育",容闳、黄宽等走向世界,中国教育史改写。③

马礼逊去世后,新来的教团和教士,在前已经改写的教育史上,从初

---

① 后来多次易名改号,直至20世纪30年代稳定并分化明确。详见王树槐:《基督教教育会及其出版事业》,《近代史研究所集刊》(台北)1971年第2期。节录于陈学恂主编:《中国近代教育史教学参考资料》(下册),人民教育出版社,1987年版,第98—101页。参见李楚材编:《帝国主义侵华教育史资料——教会教育》,教育科学出版社,1987年版,第346—350页。

② 朱有瓛、戚名琇、钱曼倩、霍益萍编:《中国近代教育史资料汇编·教育行政机构及教育团体》,上海教育出版社,2007年版,第599、601页。马礼逊教育会的很多报告,都发表在广州出版、发行的著名汉学杂志《中国丛报》(*Chinese Repository*,1832.5.31—1851.12,40年代后期迁往上海)上。参见[美]雷孜智(Mixhael C. Lazich)著,伊文娟译:《千禧年的感召——美国第一位来华新教传教士裨治文传》,广西师范大学出版社,2008年版,第109页。

③ 容闳:《西学东渐记》,中州古籍出版社,1998年版,第73—74页;[英]汤普森著,吴相译:《马礼逊——在华传教士的先驱》,大象出版社,2002年版,第162页。黄宽(1829—1878),1857年获爱丁堡大学医学博士学位。他是第一位接受英国高等教育的华人,第一位从欧洲大学毕业的中国医生。中国的解剖学教学,是黄宽博士创始的。时间和地点,都具象征性:1862年,广州。

等教育到高等教育，从学校教育到社会教育，从儿童教育到成人教育，从传统媒体到现代技术，从通商口岸到偏远内地，写出恢宏篇章。① 20世纪前五分之一之际，"教会学校构成了一个完整的体系"，成为"政府在发展教育体系方面的有力助手"，"正在为中国妇女做出独特的及时的贡献"，"正在迅速增强中国教育家的队伍"。如此等等，当初只是"作为问题而不是能作为结论或叙述而提出来"。② 倒也实在。

属马礼逊的大规模跨国接班人集合体者，有来自欧美十多个国家、两百多教会团体的过万传教士，在1949年前入华。教育成就、学术贡献卓越者，难以尽数。族类繁多，国度各别，身份不一，情况万殊，亦应审慎断言。为人较熟知的有：米怜（William Milne，1785—1822）、裨治文（Elijah Coleman Bridgman，1801—1861）、郭实腊（Guo Shila，Karl Friedrich August Gützlaff，1803—1851）、伯驾（Peter Parker，1804—1888）、卫三畏（Samuel Wells Williams，1812—1884）、李雅各（James Legge，1815—1897）、丁韪良（William A. P. Martin，1827—1916）、施约瑟（Samuel Isaac Joseph Schereschewsky，1831—1906）、林乐知（字荣章，Young John Allen，1836—1907）、狄考文（Calvin Wilson Mateer，1836—1908）、花之安（化之安，Ernst Faber，1839—1899）、傅兰雅（John Fryer，1839—1928）、李提摩太（字菩岳，Timothy Richard，1845—1919）、卜舫济（卜芳济，Francis Lister Hawks Pott，1864—1947）、福开森（John Calvin Ferguson，1866—1945）等。在办学、教学、编译、出版、行医、传教等活动中，在不等的程度上，他们交游于士人，受聘于官方，顾问于高层，游走于内外，自觉介绍、传播、推广西方思想文化、宗教信仰、教育制度、社会风化、科学技术等，亦以中国典籍、风土人情、世态万象，反哺欧美。

---

① 王树槐：《基督教教育会及其出版事业》，《近代史研究所集刊》（台北）1971年第2期，第368、373页。

② 中华续行委办会调查特委会编，蔡咏春等译：《1901—1920中国基督教调查资料》（原《中华归主》修订版），中国社会科学出版社，2007年版，见上册135页，下册第1072—1075页；参见下册第11章"教育事业"。

鸦片战争前后，官绅阶层中人，不乏或孜孜以求寰宇全貌者，或多多少少地外放者，或时断时续地感知域外者。自魏源（字默深，1794—1857）的《海国图志》（鸦片战争后即成初编），到徐继畬（字健男，1795—1873）的《瀛寰志略》，再至王韬（字兰瀛，1828—1897，今谓"中国最早倡导'君民共主'的思想家"）的《漫游随录》，①标志着"面向世界"的第一代中国人，诞生了。

近来谈海外掌故者，当以徐松龛中丞之《瀛寰志略》、魏默深司马之《海国图志》为嚆矢，后有作者弗可及已，以视明季所出之《坤舆图说》《职方外纪》，其详略为何如哉？

呜呼！中丞之作是书，殆有深思远虑也乎？……中丞内感于时变，外切于边防，隐愤抑郁，而有是书，故言之不觉其深切著明也。呜呼！古人著述，大抵皆为忧患而作，顾使中丞不得行之于事，而徒见之于言为足惜已。方今光气大开，西学日盛，……一以泰西为法，而域外之山川道里，皆能一一详其远近夷险，未始非中丞为先路之导也夫。②

贵为"先路之导"，归为"嘤嘤之鸣"。江户时代日本人士，对此颇有感慨。"呜呼！忠智之士，忧国著书，不为其君所用，而反被琛于他邦。吾独不为默深悲矣，而并为清帝悲之。"③王韬在日本的时候，切身感受到友人对魏源"血性"的慕仰。

（1879 年 5 月 21 日）重野谓予曰："或序先生之文，谓为今时之魏默深。默深所著《海国图志》等书，仆亦尝一再读之。其忧国之心深矣。然于海外情形，未能洞若蓍龟；于先生所言，不免大有径庭。窃谓默深未足以比先生也。"余曰："当默深先生之时，与洋人交际未

---

① 萧永宏：《王韬与郑观应交往论略》，《江苏社会科学》2016 年第 5 期，第 248 页。
② [清] 王韬：《弢园文录外编》，上海书店出版社，2002 年版，第 226—227 页。
③ 见王晓秋：《改良与革命：晚清民初史事新探》，北京大学出版社，2012 年版，第 229、235 页。

深,未能洞见其肺腑;然'师长'一说,实倡先声。惜昔日言之而不为,今日为之而犹徒袭皮毛也。"鹿门曰:"魏默深血性人耳,得先生继起,而后此说为不孤矣。"①

"血性人"魏源一流与西儒一类不同。大道渊源的这流,得自于交游契机、观察学习和悟性静观。在不同程度上,诸公者流,都能够从中国处境和世界大局出发,以观天人之际始,至通中西之变终。"师夷长技以制夷"一说,仅凭"师夷"一词,就颠覆了核心价值观。史无前例的构想,就像"一国两制"一样。语言祸乱或话语革命,活灵活现。他们,在"热风吹雨洒江天"之际,真正做到了"冷眼向洋看世界"。

自阮元(字伯元,1764—1849)至张之洞(字孝达,1837—1909)一品,与自魏源至王韬一流不同。阮元自重其"镇夷"功业,龚自珍(字瑟人,1792—1841)独为崇尚。"回思数十载,浙粤到黔滇。筹海及镇夷,万绪如云烟。"②彼时阮元所用的"夷"字,大体对应(但不限于)后来的"洋"字、再后的"西"字、最后的"新"字,作方位概念和低等人类概念。到张南皮辈即两代人之后,"新"者摇摇,群萌荡荡。

图救时者言新学,虑害道者守旧学,莫衷于一。旧者因噎而废食,新者歧多而羊亡。旧者不知通,新者不知本。不知通则无应敌制变之术,不知本则有非薄名教之心。夫如是,则旧者愈病新,新者愈厌旧,交相为愈,而恢诡倾危乱名改作之流,遂杂出其说以荡众心。学者摇摇,中无所主;邪说暴行,横流天下。敌既至,无与战;敌未至,无与安。吾恐中国之祸不在四海之外,而在九州之内矣。(张之洞:《劝学篇·序》)

龚自珍独自洞悉了传统的劫数将至、大限临头。他是介于阮尚书与张

---

① [清]王韬:《漫游随录·扶桑游记》,湖南人民出版社,1982年版,第202页。

② 转引自关汉华:《试论阮元对广东文化发展的贡献》,《广东社会科学》1996年第6期。

香帅间的过渡一代，显然采取了榜样学习法。"谈性命者疏也，恃记问者陋也。""儒生薄夫艺事，泰西之客捣其虚。"① 龚自珍是一个象征，一个隐喻。他是衰败的先知，他是叛逆的表率，他是反思的英雄，他是士人的无奈。他"是这个时期最富社会批判精神的思想家"，他的"大无畏精神，永远值得人民敬仰"。② 辈分稍低，但似仍可归入魏源一流的郑观应，以"中国最早明确提出设立议院的思想家之一"著称，是尝试推广英国治制、德国学制和日本学制最自觉、最踏实的人士之一，前承王韬，揭竿"君民共主"：

粤稽上古达民权，尧舜无为重择贤。
专制不从平等政，普天那望大同年。
欧洲议政院无私，究竟君民共主宜。
试看富强英吉利，女皇端拱扩鸿基。③

郑观应尚译编辑"各国学校、仕学院、水陆军学堂……等事分门别类，计四十本"，"冀交翰林院删定，付诸手民"。④ 无从稽查这"四十本"原状何如，以"比较教育资料内编"铭述之。内者，出自国之手人且未见公表之谓也。

更可言者，在类、流、品之外，尚有一列——起自容闳一拨起的几代欧美留学生。在19世纪内，这列寡不敌众，气势局促，只有个别人物声威远播。例如，黄宽不如容闳热心多方面事业，积极奔走。留日学生，规模宏阔，快进快出，归来散去，东成西就，催生全新的思想文化疆域，自成

---

① 龚自珍：《阮尚书年谱第一序》，载樊克政编：《中国近代思想家文库·龚自珍卷》，中国人民大学出版社，2015年版，第129—132页。参见萧萐父、许苏民：《明清启蒙学术流变》，辽宁教育出版社，1995年版，第720—726页。
② 陈旭麓：《近代中国社会的新陈代谢》，上海人民出版社，1992年版，第51页；萧萐父、许苏民：《明清启蒙学术流变》，辽宁教育出版社，1995年版，第778页。
③ 夏东元编：《郑观应集》（下册），上海人民出版社，1988年版，第1291页。参见萧永宏：《王韬与郑观应交往论略》，《江苏社会科学》2016年第5期，第247页。
④ 夏东元编：《郑观应集》（下册），上海人民出版社，1988年版，第177—179页。

一脉。留日生一脉的未竟之业，为欧美一列接续。在20世纪的前五分之一世纪，正是欧美一列，代言新思想，追梦新中国。胡适，一个思想时刻的代表，一位理论建设的旗手。可他，既不被认为是代表，又拙于理论建设。当然，还原重大事变现场时，也轮不到胡适登场。

甲午战败，庚子国难。"哀时哭友无穷泪，夜雨江南应未眠。"（〔清〕释敬安）1902年5月创刊《教育杂志》。自此，专门期刊，一时兴盛；教育系科，应景而生；学术组织，竞相成立。专门著述，在各级各类教科书的大规模出版中，在地方教育当局主动-被动地热心（地方）学校事务的进程中，发现了自己的读者，也引至同行关注和批评。专业同行的成群，教育理论的争鸣，成为开天辟地以来的大事变。1906年3月25日，上谕天下"遵行"言简意赅的教育宗旨（严修起草）[①]，"忠君、尊孔、尚公、尚武、尚实"。现代中国与古代中国的显著区别之一是，成文教育目的典律化。我皇心怀全球价值，精通全球教育，俨然天才教育家："东西各国之教育，亦以无人不学为归，实中外不易之理。"若问"学什么""怎么学""为何学"等等，万岁爷未必有兴致理会。他关心的是"明伦德、行道艺""一道同风"，哪管"忠君与共和政体不合，尊孔与信教自由相违"。[②] 与"使人为完全之人物"的教育宗旨相比，不相容的，并不是抽象的伦、德、道、艺四者，也不是"一道同风"，而是教育宗旨的轴心或个别个人的地位。

保有并坚持对中华民国的温情与敬意，比对中国历朝历代任怕是哪一个纪元都难。如果说有一句话，既囊括了"辛亥革命"的思想基础，又表现了先进的中国人自我认知的成功转型的话，那就是孙中山的"联合世界上平等待我之民族"。这句话，体现了对人类政治文明的最大成就（威斯特伐利亚体系）的觉解。现代世界，是威斯特伐利亚体系规范的现代国家与古代国家杂居的地球村。威斯特伐利亚体系，是集体主义的智慧结晶。"联合""世界""平等""民族"，四位一体，立于现代国际关系和国际政治

[①] 参见田正平：《一位省级最高教育行政官员的工作日志——〈严修日记（1894—1898）〉阅读札记》，《现代教育论丛》2021年第1期，第2—20页。

[②] 高平叔主编：《蔡元培全集》（第二卷），中华书局，1984年版，第136页。

格局之上。联合，是自我认知基础上的主动融入；平等，是文化和信仰的多元承诺；民族，是自立自决、利他利己的普遍尊重。一百多年来的国史，是探索"联合世界上平等待我之民族"的历史；是实现国家独立、民族自决、融入世界的历史；是实现政治民主化、国家现代化的历史。中华民国开创了历史新篇，中华人民共和国承先启后。

自晚清衰竭，经辛亥革命，到 1928 年谓"教育理论在中华民国多向拓展"时期，1919—1928 年间，是教育思想革命的黄金十年。其后十年，即至抗战全面爆发前，人文社会科学各学科全面发展，教育理论取得空前成就，是硕果累累的十年。十年革命，十年建设。1928—1938 年，可以说是中国教育学术的"黄金十年"。在哲学和科学的两个方向上，教育学原理均获得了长足的发展。[①] 至今，海峡两岸教育理论的基本格局，仍是建立在两个黄金十年的基础上。以此，即可绘制 1949 年前中国教育理论知识图谱。大抵限于图谱，不是谱系。

查从 1929 年到 2010 年这八十年间出版的十几部专门著作（编目见下），形成两个表格（按频次排序。纯粹人工计算，不承诺没有错误）。从表 2.2、表 2.3 二者中，可见人才辈出、思潮涌动、思想纷呈、理论争先的学术景观。想象得出，在开天辟地的千年学术盛景中，有欢快的节奏，也有苦涩的灵魂；有论战的激越，也有党祸的构陷；有本土士人的自觉，也有域外英才的推展；有专业话语的快捷，也有启蒙转型的悬停。说熠熠生辉，说群星灿烂，说错落有致，说真真假假，都有真确性。只有复杂的、多样的、交织的、排异的、冒充的、真实的、稚嫩的、老辣的等等一切，齐聚一堂时，才满足"千年盛景"诉求的苛刻条件。同声同调、同高同低、同男同女、同吃同喝，与学术盛景无涉。

按出版时间排序的八十年间的十八部教育史著作如下：

（1）1929，舒新城：《近代中国教育思想史》，民国十八年，中华书局。

[①] 叶志坚：《中国近代教育学原理的知识演进——以文本为线索》，浙江大学出版社，2012 年版，第 178 页。

(2) 1936，陈青之：《中国教育史》，2009 年，福建教育出版社。

(3) 1937，任时先：《中国教育思想史》，民国二十六年，商务印书馆。

(4) 1945，王凤喈：《中国教育史》，1957 年，正中书局；2009 年，福建教育出版社。

(5) 1979，陈景磐编：《中国近代教育史》，人民教育出版社。

(6) 1984，陈学恂主编：《中国近代教育文选》，2001 年，人民教育出版社。

(7) 1984，沈灌群：《从鸦片战争到五四运动时期的教育》，教育科学出版社。

(8) 1985，陶愚川：《中国教育史比较研究（近代部分）》，山东教育出版社。

(9) 1988，毛礼锐、沈灌群主编：《中国教育通史》（第四、五卷），山东教育出版社。

(10) 1990，郑世兴：《中国现代教育史》，三民书局。

(11) 1992，孙培青主编：《中国教育史》，华东师范大学出版社。

(12) 1993，吴洪成：《中国近代教育思潮研究》，西南师范大学出版社。

(13) 1994，王炳照、阎国华主编：《中国教育思想通史》（第五—七卷），湖南教育出版社。

(14) 1995，孙培青、李国钧主编：《中国教育思想史》（第三卷），华东师范大学出版社。

(15) 1996，Suzanne Pepper（胡素珊，2000），*Radicalism and Education Reform in 20th-century China：the Search for an Ideal Development Model*．Cambridge：Cambridge University Press．

(16) 1997，董宝良、周洪宇主编：《中国近代教育思潮与流派》，人民教育出版社。

(17) 1997，李华兴主编：《民国教育史》，上海教育出版社。

(18) 2010，张传燧主编：《中国教育史》，高等教育出版社。

表 2.2 论著中专论的中国近代教育家

教育家＼著者	一 陈青之	二 王凤喈	三 陈景磐	四 陶愚川	五 毛、沈	六 孙培青	七 李华兴	八 张传燧	九 胡素珊	十 陈学恂	频次
各著人次	2	1	6	21	22	9	12	7	8	18	
1. 曾国藩				✓							1
2. 郭秉文									✓		1
3. 胡适					✓						1
4. 蒋介石							✓				1
5. 蒋梦麟									✓		1
6. 李鸿章				✓							1
7. 李端棻										✓	1
8. 林则徐				✓							1
9. 鲁迅					✓						1
10. 马建忠				✓							1
11. 秋瑾				✓							1
12. 盛宣怀										✓	1
13. 孙诒让										✓	1
14. 唐长才				✓							1
15. 汤化龙										✓	1
16. 王国维					✓						1
17. 王韬				✓							1
18. 薛福成				✓							1
19. 严修										✓	1
20. 张百熙										✓	1
21. 张謇										✓	1
22. 左宗棠				✓							1

续表

教育家 \ 著者	一 陈青之	二 王凤喈	三 陈景磐	四 陶愚川	五 毛、沈	六 孙培青	七 李华兴	八 张传燧	九 胡素珊	十 陈学恂	频次
23. 冯桂芬				√						√	2
24. 龚自珍				√	√						2
25. 洪仁玕				√	√						2
26. 毛泽东							√		√		2
27. 容闳				√						√	2
28. 孙中山			√				√				2
29. 谭嗣同			√	√							2
30. 恽代英					√	√					2
31. 陈鹤琴					√	√	√				3
32. 李大钊				√	√				√		3
33. 魏源				√	√					√	3
34. 杨贤江					√	√	√				3
35. 郑观应				√	√					√	3
36. 陈独秀				√		√				√	4
37. 黄炎培				√	√	√	√			√	4
38. 严复			√		√		√			√	4
39. 晏阳初					√	√	√	√			4
40. 梁漱溟					√	√	√	√			5
41. 陶行知					√	√	√	√			5
42. 张之洞	√			√	√		√			√	5
43. 康有为			√	√	√		√			√	6
44. 梁启超	√		√	√	√		√			√	7
45. 蔡元培			√	√	√	√	√	√	√	√	9

110

表 2.3 论著中专论的中国近代教育思潮（思想）

著者 思想（思潮）运动	一 舒新城	二 陈青之	三 任时先	四 王凤喈	五 毛、沈	六 郑世兴	七 孙培青	八 吴洪成	九 王、阎	十 孙、李	十一 董、周	十二 李华兴	频次
1. 大同教育	√												1
2. 非宗教教育	√												1
3. 复古/反复古											√		1
4. 国难教育		√											1
5. 活教育										√			1
6. 军事教育						√							1
7. 民治教育	√												1
8. 民主主义①										√			1
9. 全盘西化			√										1
10. 实业教育								√					1
11. 文教合一						√							1
12. 文武合一						√							1
13. 义务教育		√											1
14. 国民教育								√				√	2
15. 教育独立	√								√				2
16. 马克思主义								√	√				2
17. 民族教育		√			√								2
18. 党化教育	√				√			√					3

① 含民主教育和民主主义教育思想。

续表

思想(思潮)运动 \ 著者	一 舒新城	二 陈青之	三 任时先	四 王凤喈	五 毛、沈	六 郑世兴	七 孙培青	八 吴洪成	九 王、阎	十 孙、李	十一 董、周	十二 李华兴	频次
19. 公民教育	√		√			√							3
20. 民众教育			√			√			√				3
21. 生产教育			√			√			√				3
22. 工读思潮					√		√		√			√	4
23. 美感教育	√		√						√			√	4
24. 生活教育					√		√		√	√			4
25. 实利教育	√		√				√					√	4
26. 西学教育①	√		√			√	√						4
27. 乡村教育						√		√	√	√			4
28. 新民主主义				√		√		√			√		4
29. 军国民教育	√		√			√		√				√	5
30. 中体西用			√		√	√					√		5
31. 国家主义	√	√				√		√	√				7
32. 科学教育	√		√			√	√	√	√			√	7
33. 平民教育		√			√	√	√	√			√		7
34. 三民主义			√	√		√			√	√	√		7
35. 职业教育	√	√	√			√	√	√	√		√		8
36. 实用教育②	√	√	√		√	√	√	√	√	√	√		11

---

① 含西语、西文、西艺、西技、西政等教育。
② 含实用教育思潮和实用主义教育思想。

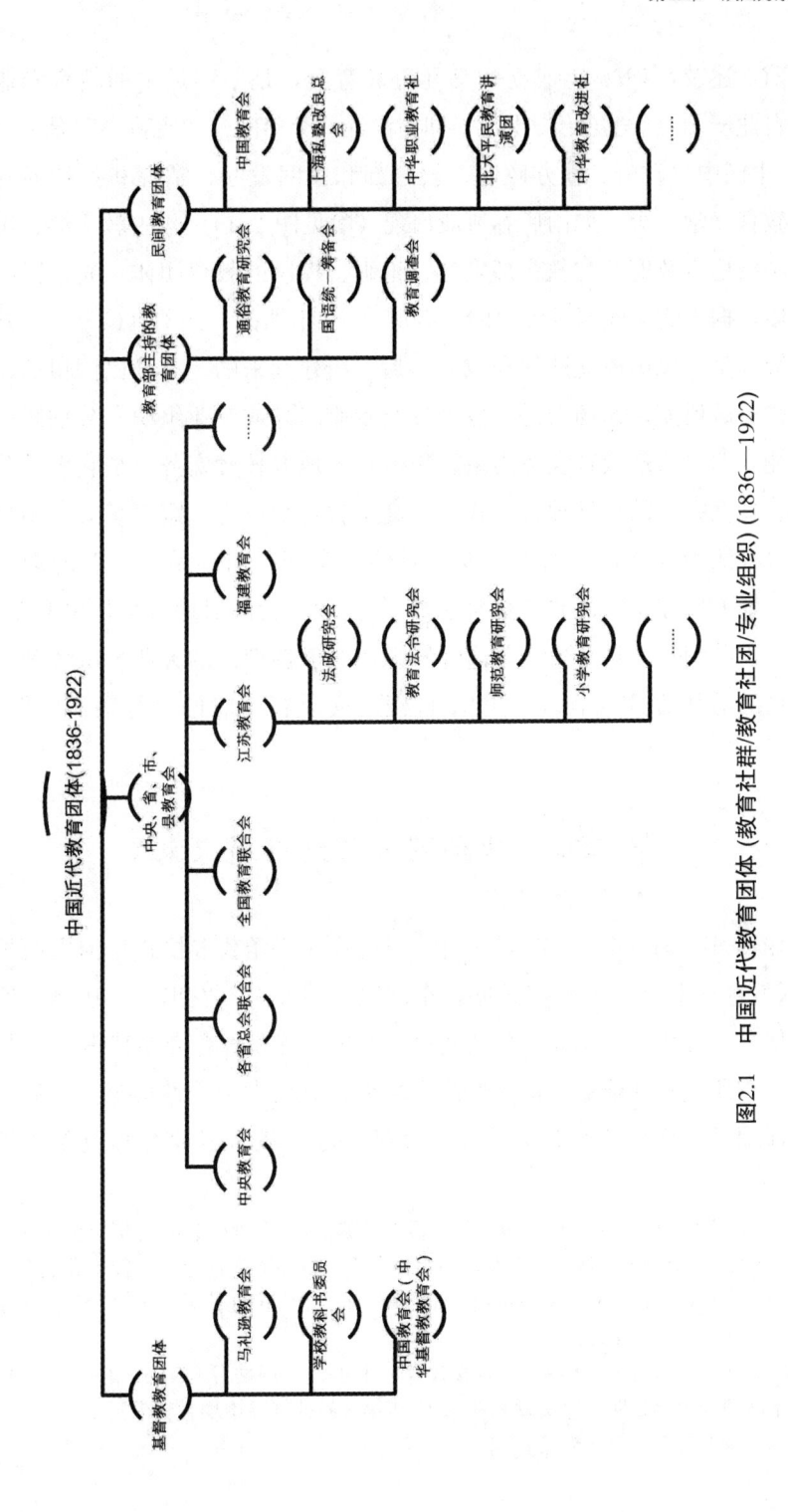

图2.1 中国近代教育团体(教育社群/教育社团/专业组织)(1836—1922)

前文述及，1836 年成立的马礼逊教育会，是中国最早的教育专业社团。自此至 20 世纪初始二十年，即在大约八十年间（"废科举"是一个界标），中国中央政府、地方政府、教育部和民间发起、掌握和操持的各级各类教育（学）会，如雨后春笋般出现（参见图 2.1）。除去教会的、国家的、各级地方政府的和教育部发起、组织、控制的教育团体，光是民间教育团体，据不完全统计，从 1902 年到 1922 年期间，约有 115 个。[①] 其中的多数，是在民国成立期间和成立之后，组建起来的。可见民国伊始，专业精神突破樊笼，昂扬奋进。各级各类专业团体或专业组织，分别履行专门职能，但以协理教育实务为主。积极介入地方教育实务，是它们的共有特点。社会办学的这种独特形式，提高了教育生产力。窥探学理，不是地方教育社团的职责，尽管在窥探"具体的学理"而不是"一般的理论"，生产"地方性知识"而非"普遍性知识"。地方社团对地方承担更多职责，大学知识共同体，具有生产普遍性知识和一般性理论的天职。就各种的社团成员的劳作方式而言，20－21 世纪之交风行一时的"行动研究"，不新鲜。

第二节　从幽涧流泉到催逼未来

1949 年 4 月 1 日，《译文月刊》创刊号开始译载卡拉式尼柯夫的长文《苏联教育三十年》。[②] 乍暖还寒，东北风呼啸而至，发出"一边倒"的指向性信号。1949 年 8 月，《东北教育》推出"苏联教育介绍特辑"。[③] 热血沸腾，东北风凛冽威猛。指向性信号加强、放大为指令性信号。此后，大规模译编马恩列斯教育论著，高速度推广苏联教育经验和师范院校教科

---

① 根据朱有瓛、戚名琇、钱曼倩、霍益萍编：《中国近代教育史资料汇编·教育行政机构及教育团体》，第 171 页及以后多页制表。杭州大学通过了一篇专论近代教育团体的硕士学位论文。见杨东平主撰：《艰难的日出：中国现代教育的 20 世纪》，文汇出版社，2003 年版，第 42 页。

② ［苏联］卡拉式尼柯夫：《苏联教育三十年》，《译文月刊》（东北书店，沈阳）1949 年创刊号和第 2 期。原文发表在 1947 年第 8 号的《苏维埃教育学》上。

③ 《东北教育》第 1 卷第 5 期，1949 年。

书，迅疾传播苏联教育科学研究成果，立即发起苏联学者来华与选派留苏学生的高频互动，以此服务新兴政权并挤兑其他现代教育思潮和教育制度的持续影响力。东北风席卷华夏，指日可待。势所以然。1949年9月通过的《中国人民政治协商会议共同纲领》，表述了新民主主义教育方针：

> 中华人民共和国的文化教育为新民主主义的，即民族的、科学的、大众的文化教育。人民政府的文化教育工作①，应以提高人民文化水平，培养国家建设人才，肃清封建的、买办的、法西斯主义的思想，发展为人民服务的思想为主要任务。（第五章第四十一条）

出自毛泽东终生珍爱的《新民主主义论》的这一教育方针②，本质上是民主主义教育方针，谓中国风格的民主主义教育方针，与一边倒、东北风没有任何关系。它，连同整个"共同纲领"，完成了"新民主主义"（新民主理论体系）合法化的伟大创举，宣布一种新民主主义教育制度、教育思想、教育行动的方向和目标，建构一种新型知识政治学，形成一种新型学术话语方式。故"新"，必与人民作主的共和国"新政权"（新政）联系，必与中华民国的一党独大"旧政权"比对、对立。新中国的成年公民，对党国之祸记忆犹新，为人民作主欢欣鼓舞。联系、比对和对立之"新"，包括可见的-不可见的、已有的-设计中的各种独特变量，构成这种教育制度、知识政治学和学术话语方式的命脉和靠山。

从1949年底到1956年底的七年间，朱智贤（在香港）发起的"新民

---

① 《中共中央关于中央人民政府成立后党的文化教育工作问题的指示》（1949年12月5日）：在中央政府未成立以前，党的中央宣传部不得不实际上暂时代替中央政府的文教机关，管理国家的文化教育工作。现在，中央政府已经成立，管理全国文化教育事务的中央人民政府政务院文化教育委员会及其所属之各部、院、署办已先后成立。全国的文化教育的行政工作，此后均应经由中央政府文教部门来管理。至于文化教育方面之重大问题，各地区仍须经过党的系统，向中央报告和请示。见中共中央文献研究室编：《建国以来重要文献选编》（第1册），中央文献出版社，1992年版，第66页。这个指示，明确了"国民教育"责任主体异变，与"党内教育"无涉。

② 对《新民主主义论》之于文化理想和教育模式的意义和价值，《毛泽东教育学》第2章，有较全面、较系统的勘查、描述、揭示、解释和评论。董标：《毛泽东教育学》，时代国际出版公司（香港），2011年版。

主主义教育底研究"、常春元编著的《新民主主义教育教程》教科书,① 冯契引领的对《关于费尔巴哈的提纲》(第3条)的讨论、曹孚构想的"新中国教育学"等,是初时教育理论建设的几朵浪花。② 1956 年 4 月,毛泽东发布"双百"方针。"百花齐放""百家争鸣"在把话语方式诗意化的同时,也把新政开发的知识政治学形象化,贴近群众、深入人心。"双百"导向,认可了文学艺术不只为单个集团服务的进步方向。精神生产的其他部门,如教育界和学术界,必然从"双百"中受益。新政时所尊,民安神应喜。或者,善政遍修举,宣风成美俗。也许,莺啼燕语春常在,清如泉水百源开。1956 年 9 月召开的中共"八大"传出的信息,也是令人鼓舞的。但不久发现,凯洛夫把教育理解为一种人类现象,而不是阶级斗争现象。③ 1957 年是一个重要的时间节点。2 月,毛泽东在最高国务会议第十一次(扩大)会议上的重要讲话,主要内容是针对这时遭遇的"新问题"。新问题诉求新型知识政治学。3 月,判决凯洛夫教育学。

  兄弟国家,例如苏联的某些教育理论家,如同唯心论语言学的那些理论家一样,他们的教育学,就是错误的。我指的主要是凯洛夫的教育学。中国人却迷信他,捧为神仙,流毒非浅。斯大林的理论,也有一部分是错误的。他少谈教育,多谈政治学、哲学、经济学,其中就有好些是错误的。他不自觉,他的方法论带着形而上学的某些成

---

  ① 常春元:《新民主主义教育教程》,上海杂志公司刊行,1950 年版。张凌光(1904—1974)断言,这本书"写得未免过于大胆而草率"。(张凌光:《评"新民主主义教育教程"》,《人民教育》1951 年第 3 卷第 1 期,第 35 页)"草率"易明,"大胆"难解。张凌光,1938 年奔赴延安,1943 年任职于中共中央宣传部,1959 年调入中央教育科学研究所。

  ② 董标:《毛泽东教育学》,时代国际出版公司(香港),2011 年版,第 29—34 页,"学术建设的几多浪花与'新中国教育学'的一纸规划"。

  ③ Chen, T. H. (ed.), *The Maoist Educational Revolution*. New York: Praeger Publishers, 1974: pp. 34-35.

分，这就不能不影响教育理论、教育制度和教育方法。①

这"错误的教育学"，与斯大林和他的"理论错误"有关，与斯大林"少谈教育"有关。其实，据认为，斯大林以及斯大林时代的教育学、语言学的"理论错误"，错就错在，不从阶级斗争出发，而从社会现象立论。要求时人一切从阶级斗争出发，难度过大。他老人家显得不耐烦，不属意外。但老人家意外地重视并强调的一个合理命题，经得起时间和实践的双重检验：方法论"影响教育理论、教育制度和教育方法"。

经过反复修改，毛泽东在最高国务会议第十一次（扩大）会议上的重要讲话，以《关于正确处理人民内部矛盾的问题》为题公开发表（6月19日），宣示"我们的教育方针"，暗示"新民主主义教育"终结，暗示东北风一边倒功成名就，放马南山。"经过反复修改"表示，事实上存在两个教育方针。一个是口语的，另一个是书面语的。当然，颁行的是文本的、书面语的。

> 最近一个时期，思想改造减弱了，教育部门不管政治工作。教育部门不管谁管？高教部应该管政治工作。我看共产党应该管，青年团应该管，行政部门政府应该管。从前叫德育、体育、智育，我们现在变成两育了，智育专搞智育，此外还搞点体操，就叫体育，德育不要了，所谓德育，就是学点马克思主义，学点政治，学点这些东西。②（1）

> 我们的教育方针，应该使受教育者在德育、智育、体育几方面都得到发展，成为有社会主义觉悟的有文化的劳动者。（2）

宣示再暗示的"我们的教育方针"，其书面形式（2），比口语形式

---

① 这是1958年8月16日毛泽东在审阅陆定一《教育必须与生产劳动相结合》初稿时，写的批评凯洛夫和斯大林的一段话。中央文献研究室编：《建国以来毛泽东文稿》（第7册），中央文献出版社，1992年版，第342页。毛生前，这段文字没有公开发表。

② 未名编者：《东方红（1956—1967）》，出版者和出版年份不详，第35页；比较《毛泽东选集》（第五卷），人民出版社，1977年版，第385—386页。

117

○ 教育基本理论研究

(1) 严密多了，但背景和意图也都省却了，权威性和重要性同步提高了。① 比口语，写本（印本）更能巩固、加强写本意图。写本和写本解释权是一个整体。这种情况不是普遍的，但总是存在的。教育方针，意义重大，形成多个外文译本，成为跨语言学术文献，是必然的。不同文种的译文，既拓展了研究的资源，又增加了论析的困难。除了官方译文外，还有出自研究者手笔的英译种种，存而不议。

Our educational policy should enable students to develop morally, intellectually, and physically and become laborers with socialist consciousness and culture.② （a）

Our educational policy must enable everyone who receives an education to develop morally, intellectually and physically and become a worker with both socialist consciousness and culture.③ （b）

Our educational policy must enable everyone who gets an education to develop morally, intellectually, and physically and become a cultured, socialist-minded laborer.④ （c）

从重要讲话到《关于正确处理人民内部矛盾的问题》正式发表，即一个"宣示"两个"暗示"，上演了知识政治学及其学术话语更新过程的精彩片段。宣示的精彩，暗示的片段，一同固定存档，成为研究此间思想、

---

① 参见董标：《毛泽东教育学》，时代国际出版公司（香港），2011年版，第473—485页。

② Munro, D. J.（孟旦）, Maxims and Realities in China's Educational Policy: The Half-Work, Half-Study Model. *Asian Survey*, 1967, 7 (4): pp. 255-258.

③ Anonymous, *Selected Works of Mao Tse-tung*, vols. V. Peiking: Foreign Languages Press, 1977: p. 405. Anonymous, *Selected Readings from the Works of Mao Tse-tung*. Peiking: Foreign Languages Press, 1967: p. 371. Ref. Seybolt, P. J., *Revolutionary Education in China: Documents and Commentary*. New York: International Arts and Sciences Press, Inc., 1973: p. 63.

④ Cheng, Y.（程映虹）, *Creating the "New Man": From Enlightenment Ideals to Socialist Realities*. Honolulu: University of Hawaii Press, 2009: p. 84.

文化、学术大变化的绝好材料。

　　毛泽东同志在发展辩证法方面表现了他高度的理论勇气和天才。他在《关于正确处理人民内部矛盾的问题》中，在马克思列宁主义史上第一次系统地、深刻地揭露了社会主义社会的矛盾，提出了区别两类不同性质的矛盾而采取不同的处理方法。这是毛泽东同志对马克思列宁主义理论的一个伟大发展。①

1957年是另一个重要的时间节点。苏联人造卫星上天，美国公众坐在电视机前，哀叹本国卫星发射失败，激发了次年美国的《国防教育法》。"二战"后世界教育格局，最终谓之颠覆。鲜为人知的军备与教育的挂钩战略或教育阴谋，在大约三十年后，成功推进美国成为全球唯一霸权。毛泽东第二次访问苏联，这是他最后一次走出国门。他在莫斯科大学激情演说，留苏生群情亢奋。

1957年，全国总人口约6.4亿，在校大学生（含研究生、本专科生）总人数是444 359（3178+441 181）名，占全国总人口的0.0 694%，低于7‰。自1958年"大跃进"起，在校大学生（不含研究生，不计"大学生"的最低门槛）比1957年增加约50%，1959年比1957年增加约84%，接近翻一番。1960年961 623名，达峰。此后的大趋势是下降，1969年低到极点。在校生108 617名，相当于1957年的1/4，比1949年还少7887名。20年间，在校大学生人数的总趋势，构成一个"马鞍形"。②

1960年4月7日，毛泽东审阅并赞扬陆定一在二届人大二次会议上的发言稿《教学必须改革》，"很好"。对这一赞扬的体悟，不宜脱离前述两个"重要节点"。陆定一用"多快好省"，向"少慢差费"宣战：

---

　　① 周扬：《哲学社会科学工作者的战斗任务》，人民出版社，1963年版，第2—8页。

　　② 《中国教育年鉴》编辑部编：《中国教育年鉴》，中国大百科全书出版社，1984年版，第963、966—967页。当年，"马鞍形"是高频词、大事件。参见中共中央文献研究室编，逄先知、冯蕙主编：《毛泽东年谱（1949—1976）》（第三卷），中央文献出版社，2013年版，第376页。

资产阶级教育学的"量力性原则",有对的一面,就是主张不可以使学生负担过重,和主张因材施教。我们的教育学,应该讲到这个方面。

　　资产阶级教育学的"量力性原则",是为教学的少慢差费辩护的,是用来使劳动人民难以受到高等教育的。①

陆定一的第一句话,对量力性原则有所肯定,十分不易。第二句话,引出真正的理论问题。"量力性原则"是资产阶级教育学的原则吗?是为少慢差费的教学服务和辩护的吗?这两个问题,不难合理回答。但是,既然不能合理提出问题、探索问题,那就必然不能合理回答问题。一切理论行迹,实际上荡然无存,看上去却热火朝天。

1960年,一些刊物发表的长短不一的短评、社论,都以"学习毛主席教育思想"为中心。《上海教育》在它的短评中披露一个情况:该市教育学会在1959年底举行年会时收到的58篇论文中,"近三分之二的内容是探讨、论述了与教育革命直接有关的各方面问题"。短评说,这"反映了本市的教育科学研究空气空前活跃",其实,反映的更可能是上海的教育革命空气空前浓重,因此才"必须用毛泽东思想来武装自己"。② 此间,发表高见的专业人士多以谦辞介绍学习体会,这个新特点,体现了群众路线与毛泽东教育学之研究的关系:群众路线,具有集思广益的形式,深含思想统一的智巧。此后,有一些专业组织(教研室、组),如安徽师范大学的"毛泽东教育思想教研组",北京师范大学的"马列毛主席教育理论教研室",厦门大学的"教育学教研组"等,多采取"集体攻关"模式发表长篇大论。

1960年11月,中央文教小组召开全国文教工作会议,集中研究如何在教育工作中贯彻"调整、巩固、充实、提高"的八字方针问题。12月11

---

　　① 陆定一:《教学必须改革》,载何东昌主编:《中华人民共和国重要教育文献(1949—1997)》,海南出版社,1998年版,第971页。
　　② 《江苏教育》1960年第1期,第8—10页;《湖南教育》1960年第1期,第6页;《广东教育》1960年第10期,第9页;《上海教育》1960年第1期,第5页。

日，时代中宣部副部长周扬在全国文教工作会议上发言，指出："这一方针不仅为国民经济所必需，而且也是文教事业本身所必需。所以要从'八字'方针来了解国民经济形势、文教形势。"① 1961年4月11日至25日，高等学校文科和艺术院校教材编选计划会议，在北京召开。12日，周扬在会上发表长篇讲话，总结1958年"教育革命"的经验，就文科教学中的几个关系问题和教材编选方针，作了阐述：在教学问题上，包括红与专、政治与业务的关系、书本知识和活的知识的关系、论与史的关系、古与今的关系、中与外的关系；在教材编选方针上，一是观点与材料的统一，二是要求教材比较全面，三是集体写作和个人写作的问题。据王道俊回忆，当时周扬提出来一条原则，叫作"古今中外"。② 可见，编写教材的知识资源选择的思想条件，初始并不很狭窄。建设文科教材，发展学术事业，关键在于正确对待知识分子，周扬保证："学术上你们负责，政治上我负责。""中心任务是'出成果出人才'，用摧毁的方法搞不成文化建设。"③

文科教材会议确定，由刘佛年主编一本教育学教科书。教育学教科书的编写始于1961年春。周扬非常关注编写工作，曾从多方面提出意见和建议。最后形成的《教育学（讨论稿）》，在1962年第一次印刷试用，到1964年，已四次内部印刷试用。粉碎"四人帮"后，为适应教学急需，《教育学（讨论稿）》正式面世，1978年重印了一次；后应人民教育出版社的要求，稍作修改，于1979年正式出版，署名"上海师范大学《教育学》编写组"。为了尽快与读者见面，先是分上下册出版，然后再合编出版。1981年函请人民教育出版社停印时，已四次印刷。它的影响力，显然不可忽视。④ 种种原因，"决定了这本教育学也只能是不成熟的树上结出的

---

① 周扬：《在全国文教工作会议上的发言》（1960年12月11日），广东省档案馆（广州）。

② 王道俊：《我所感到的新中国教育学以及对杜威思想的一点研究体会》（发言），徐巍博士整理，涂红、黄海媚协助，华南师范大学，2009年3月12日。

③ 郝怀明：《周扬为高校文科教材建设立军令状》，《炎黄春秋》2007年第12期。

④ 这段文字，参见童想文：《"凯洛夫教育学批判"的批判》，华南师范大学硕士学位论文，2010年。

未成熟的果实"。①

刘佛年主编的这本《教育学》、陈桂生对它的断语，意义各别。前者可谓新中国教育理论建设（方向和方式）的突出代表、举国学术的经典案例、学术话语的全盘创新。后者，近乎直言，怀疑所有教科书的学术性。"近乎直言"而未直言，固然属于一种学术话语行动。"代表"的影响大，直接反映了理论史、学科史、教育史流变。至于这"三史"间接反映的，免谈。"追探"的心里话，有所肯定，有所否定，但重在思考怎样在"三史"之中合乎规则地讨论学术性，怎样在"三史"之外合乎逻辑地断言学术性。"万年之旅"给出前者的参照，"改革开放"赋予后者勇气。

只有在"改革开放"的前提下回望，才能发现，截至20世纪90年代，新中国教育理论学术史的不易中心、唯一指针，只有一个——"毛泽东（的）教育思想"学术史。它立于制度，深入脊髓；既是思想，又是理论，还是学术，更是模板。它是指导思想，是规范理论，是唯一学术，是神圣之道。唯其为圣道，它超越一切"在中国的""全世界的"学术，成为人类救赎之路的普遍主义象征。对这些，《毛泽东教育学》已经给出海内外大约八十年研究历程的系统刻画。与此有关的其他论著，也不少见，如侯怀银等人的。不赘。

前文在"万年之旅"开始不久，得梁启超启发，提出一个命题：

> 学术社会学、学术政治学等等，对"一部真正意义上的学术史"而言，明显高过"理解、阐释与恢复文献传统之术"。

命题是从讨论中总结出来的。它获得相对独立的形态之后，变成规范。就学术社会学、学术政治学的寓意或法度看，《毛泽东教育学》等对新中国教育理论学术史的刻画，尚有较大距离。这与研究者个人的方方面面有关，与学者身份的社会学意义和政治学处境有关，与传播媒介的市场驱动和选择偏好有关。在学术社会学、学术政治学的基础上，加快思想法、理论法、学科法、书写法、学术法的立法工作，以便学术法学跟进。

---

① 陈桂生：《刘佛年〈教育学〉述评》，《江西教育科研》1998年第3期。

这对学术史的健全和壮大，具有重要意义。

注重范式的"学术史批判"，是引导学术史转型、开辟学术史新形态的有效手段。从我们触摸"新纪元之始"、建构转折隐喻的宏大叙事起，即从学术史的自我规训开始，就了解这一点，但不会做，也做不到"范式批判"。我们只能从种种意义和处境出发，结合自身条件，遵守一些规则，选取一些论题，记述之，评说之。我们明白，这样做，与教育基本理论的学术现状，与学界一些同仁的种种期待，与信念、法度和规则的要求，距离较大。我们认为，"距离较大"还是有好处的：催逼未来高人，在编修教育基本理论学术史的时候，作出进一步努力，缩小与现状、与期待、与规则的间距。

我们心中有法度，相信后来者居上。

第三章 "教育基本理论"的制度化

在新中国七十年的历程中,1978 年无疑是个具有鲜明标示性的年份,因为党的十一届三中全会的召开,开启了拨乱反正之道,意味着改革开放的开端。随着国家工作重心从"以阶级斗争为纲"转向"以经济建设为中心",教育领域也迎来了思想解放,走上了改革与发展的新轨道。在这一崭新的历史时期,有关教育问题的理论探讨或争鸣也迎来了新的空间,步入了新的发展阶段。在 20 世纪的最后二十年中,"教育基本理论"研究走向了制度化的建设方向,形成了多元化的研究格局,推进了教育基本理论的范畴和问题的研究,确定了基本的"问题域"。

在现代学术中,任何一门学科或专业,都意味着一种学术的分工,内含着一种学术的建制。这种学术的建制在很大程度上塑造了学科或专业的知识传统,为其"专业身份"的形成提供了支撑。[①]"教育基本理论"要构成一个学科、专业,甚或一个学术领域,自然也离不开这样的制度化过程,而且也必须通过制度化过程来确立自身作为学科、专业或学术领域的边界与合法性。在这个过程中,有关教育(学)探究的问题框架和方法逐渐集中化、体系化,形成了共同的理智关切和诸多共识。在制度的完善和保障下,相关的概念认识和知识生产路径也趋于多样化,以使基本理论研究发挥更为恰当、丰富的社会文化功能。具体而言,这种制度化主要体现

---

① 程亮:《教育学制度化的兴起与逻辑》,《华东师范大学学报(教育科学版)》2016 年第 3 期。

在设立专业系科、开设课程、成立学会、创办刊物等方面。

第一节 作为专业建制的"教育基本理论"

1978年,随着我国学位制度的确立,为适应我国高等师范院校发展的需要,教育部颁布了《高等师范院校教育系学校教育专业学时制教学方案(修订草案)》,对教育系学校教育专业的培养目标、学制、课程设置、时间分配等问题作了较为详细的规定。根据规定,高等师范院校需设"教育理论"课程,包括马克思列宁主义、毛泽东教育思想研究、鲁迅教育思想研究、现代教育技术、教育哲学、教学论和思想政治教育。[①] 1979年,教育部和中国社会科学院联合召开第一次全国教育科学规划会议,"教育理论"开始成为教育科学研究的主要门类和重点研究项目之一。此时,虽然还没有出现关于"教育基本理论"这一概念的正式表述,但"教育基本理论"的雏形已然显现,与招收研究生的专业目录的厘定密切相关,并蕴藏于"教育学"母体的专业建设中。

1981年11月,国务院批准的《首批硕士学位授予单位及其学科、专业名单》和《首批博士学位授予单位及其学科、专业名单》中,开始出现"教育基本理论"的专业名称。首批获得该专业博士学位授予权的单位是北京师范大学和华东师范大学,获得博士生指导教师资格的分别是王焕勋和刘佛年。首批获得该专业硕士学位授予权的单位,除了北京师范大学和华东师范大学外,还有东北师范大学、华中师范学院和山东师范学院。1984年1月,仅有曲阜师范学院成为教育基本理论专业的第二批硕士学位授予单位。1986年7月,在国务院学位委员会批准的第三批学位授予单位中,东北师范大学和南京师范大学获得了"教育基本理论"专业的博士学位授予权,华南师范大学、西南师范大学、南京师范大学、河南大学、上海师范大学及延边大学获得了硕士学位授予权。1990年10月,国务院学

[①] 郑金洲、瞿葆奎:《中国教育学百年》,教育科学出版社,2002年版,第344—345页。

位委员会和国家教委联合下发的《授予博士、硕士学位和培养研究生的学科、专业目录》,明确用"教育学原理(含:教育社会学)"这个新的专业名称取代了"教育基本理论",研究方向包括马克思主义教育原理、教育哲学和教育社会学。[①] 同年11月,第四批学位授予单位及其学科、专业名单中,仅福建师范大学新增为硕士学位授予单位。

表3.1 第一至四批"教育基本理论"专业博士、硕士学位授予单位

	博士学位授予单位	硕士学位授予单位
第一批(1981)	北京师范大学、华东师范大学	北京师范大学、东北师范大学、华东师范大学、华中师范学院、山东师范学院
第二批(1984)		曲阜师范学院
第三批(1986)	东北师范大学、南京师范大学	河南大学、华南师范大学、南京师范大学、上海师范大学、西南师范大学、延边大学
第四批(1990)		福建师范大学

说明:第四批的专业名称已调整为"教育学原理",但同前三批一样,仍与"德育原理""教育科学研究法"专业等并列。

表3.2 国务院学位委员会批准的"教育基本理论"专业博士生导师名单

	博士生导师名单
第一批(1981)	王焕勋(北京师范大学)
	刘佛年(华东师范大学)
第二批(1984)	黄济(北京师范大学)
第三批(1986)	瞿葆奎(华东师范大学)
	王逢贤(东北师范大学)
	鲁洁(南京师范大学)

---

① 国务院学位委员会办公室:《中国授予博士、硕士学位和培养研究生的学科、专业总览》,高等教育出版社,1996年版,第77页。

续表

	博士生导师名单
第四批（1990）	孙喜亭（北京师范大学）
	张人杰（华东师范大学）
	陆有铨（南京师范大学）

到 1997 年 6 月，国务院学位委员会和国家教委颁布了新修订的《授予博士、硕士学位和培养研究生的学科、专业目录》，原来作为独立学科或专业的"德育原理""教育科学研究法"等纳入"教育学原理"之下。从制度化的层面来说，这一定程度上意味着"教育学原理"这个二级学科已经不限于原有的"教育基本理论"范围。不过，在国务院学位委员会办公室和教育部研究生工作办公室编写的学科专业简介中，又特别指出："教育学原理，原称'教育基本理论'，研究教育学中的基本理论问题，探求教育的一般原理。它为教育理论的发展和教育改革提供综合性的研究成果。教育学原理是教育学中的基础学科，为其他二级学科提供理论观点和思想方法，为研究各级各类教育提供理论基础。教育学原理也从其他二级学科吸取养料。"[1] 其研究范围包括：马克思主义教育原理、马克思主义教育思想研究、毛泽东教育思想研究、邓小平教育思想研究、中国特色社会主义教育理论研究，教育哲学、教育社会学、德育原理、教育研究方法，以及其他新兴学科如教育法学、教育政治学、教育评价学等。然而，单从这里划定的研究范围来看，"教育学原理"实际上远远超出了"教育基本理论"的范围。其后，从一些高校"教育学原理"学科的研究生招生目录或培养方案中，"教育基本理论"已然变成了与教育哲学、教育社会学、德育原理等并列的研究方向。在教育学日趋分化的背景下，"教育基本理论"也渐渐显示出其在教育学科中的基础价值，甚至成为作为整体的"教育学"的代名词。[2] 尽管在现实层面，二者仍然常被混用，但至少都包含

---

[1] 国务院学位委员会办公室、教育部研究生工作办公室编：《授予博士硕士学位和培养研究生的学科专业简介》，高等教育出版社，1999 年版，第 65 页。

[2] 陈桂生：《"教育学"辨——"元教育学"的探索》，福建教育出版社，1998 年版，第 272—275 页。

一种关于教育领域"普遍""核心""基本"或"根本"问题的知识或探究，为统摄不同层次或类别的教育学、实现各子学科或交叉学科的整合提供了重要的基础。

毫无疑问，无论是最初的"教育基本理论"还是后来的"教育学原理"，其作为学科或专业的设置都是指向高层次专业人才的培养的。1981年，随着国务院批准首批硕、博士学位授权单位及其学科、专业，"教育基本理论"专业就开始招收硕士研究生，到1984年有了第一批取得硕士学位的毕业生。翌年，北京师范大学王焕勋和黄济才开始招收"教育基本理论"专业第一批两位博士生：毛祖桓和乔晓冬。1988年10月，毛、乔完成了博士论文工作，并通过了学位论文答辩。瞿葆奎、陈元晖、郭笙、梁忠义、顾明远等学者都参与了他们的论文答辩。其中，毛祖桓的论文《从方法论看教育学的发展》，主要透过教育学的发展脉络，观照教育科学的方法论问题，同时也从方法论的视角对历史上具有代表性的教育理论进行梳理，从中寻找把握教育科学方法论发展趋势的线索。这份论文被答辩委员会评价为"在一项新的研究领域中所作的大胆尝试"[①]，随后被推荐给重庆出版社，并于1990年出版。乔晓冬的论文《课程论引论——西方课程的历史发展及课程建设制约因素的分析》，主要回顾了课程从古代的创生、近代的理论萌发到现代的学科化的发展历程，并在此基础上探讨了制约课程发展的主要因素，包括科学、文化、政治、经济等社会动因和课程设计者、管理者、施行者、承受者等课程建设的直接参与者。

到1986年，王焕勋与黄济又招收了第三位博士生劳凯声。其博士论文题为《教育立法的实践、理论与问题》。在论文开题之前，劳凯声就已参加教育法的调研和起草工作，于是重心逐步转向对教育法的研究。但在开题时，这一选题却遭到了有些老师的反对；毕竟，教育法到底会向什么方向发展，它与教育学究竟是什么关系，这些问题在当时尚不清晰。会后，王焕勋坚定地告诉他，就做教育法研究的题目，并鼓励他从事这一新领域

---

① 毛祖桓：《从方法论看教育学的发展》，重庆出版社，1990年版。

的研究，学术创新就需要这种开辟道路的勇气。[①]

在这一时期，刘佛年也开始招收"教育基本理论"专业的硕、博研究生。其中，他招收的第一个博士研究生是丁证霖。1989年，丁证霖以"教育与社会、个人的发展"为方向，完成了题为《论个性发展的教育目的：兼论寻找制定教育目的之规律的方法》的博士论文。他发现当时教育目的的制定存在意见分歧，尚未从资料收集阶段进入资料整理阶段，于是他大胆开创新思路，将不完全归纳法运用于教育目的研究领域，这可算是一种新的尝试。由此，他细致考察了历史上有关教育目的的定义、层次结构及其对教育过程的指导意义，对个性发展、社会效率、自我实现等三类教育目的加以比较和调和，并以马克思主义学说为指导，结合当时改革、开放的社会需要，试图确立社会主义的全面的个性发展教育原则。[②]

其后，刘佛年又指导了"教育基本理论"专业的两位博士生——1990届的高文、1992届的谢安邦，分别完成了以《试论达维多夫关于发展性教学理论的研究》和《论师范教育的特性与我国高师教育的改革和发展》为题的博士论文。前者聚焦"教学与发展"问题，对源自苏联的现代教学论进行综合性的分析和方法论层面的反思；后者关注学科建设、专业设置的问题，对师范教育体系的现实困境和应然特性进行理论解释与建构。他们都从不同视角出发，对当时具有代表性的教育理论或教育问题所涉及的基本的发展线索、概念、原理、规律、结构以及相应特征作了深入探讨。

在指导研究生方面，刘佛年以"明源头、辨流变"著称，为了理清庞杂的、流派纷呈的教育理论体系，他与学生共同探讨、夯实基础性的理论研究。在他担任华东师范大学校长期间，也曾带领教育学的基本理论研究团队扎根中小学校和真实的课堂，旨在穿透理论与实践之间的屏障，探索

[①] 何雨点：《王焕勋先生的教育研究活动与新中国教育学科的建设——访谈王焕勋先生的弟子劳凯声教授》，《中国人民大学教育学刊》2021年第4期。
[②] 丁证霖：《论个性发展的教育目的：兼论寻找制定教育目的之规律的方法》，华东师范大学博士学位论文，1989年。

创立中国的教育理论体系①,并为此不断身体力行。

实际上,除了刘佛年、王焕勋和黄济之外,第三批"教育基本理论"专业的博士生导师也从1988年开始招收博士生。由于1992年"教育基本理论"专业调整为"教育学原理",1993届部分博士毕业论文在学科专业上也变成了"教育学原理"。表3.3所列即是1993年以前明确以"教育基本理论"为专业毕业的博士生及其指导教师和论文选题。

表3.3 "教育基本理论"专业毕业的博士生名单(1993年以前)

毕业年份	培养单位	博士生	指导教师	学位论文题目
1988	北京师范大学	毛祖桓	王焕勋、黄济	从方法论看教育学的发展
1988	北京师范大学	乔晓冬	王焕勋、黄济	课程论引论——西方课程的历史发展及课程建设制约因素的分析
1989	华东师范大学	丁证霖	刘佛年	论个性发展的教育目的:兼论寻找制定教育目的之规律的方法
1990	华东师范大学	高文	刘佛年	试论达维多夫关于发展性教学理论的研究
1991	北京师范大学	劳凯声	王焕勋、黄济	教育立法的实践、理论与问题
1991	东北师范大学	柳海民	王逢贤	教育过程论
1991	东北师范大学	黄鹤龄	王逢贤	道德教育过程模式及其心理学问题
1991	东北师范大学	贾非	王逢贤、杨学为	考试的功能与变革
1991	南京师范大学	庞学光	鲁洁	超越理性——完满的人格与完满的教育探索

---

① 顾泠沅:《师恩绵绵忆当年——忆刘佛年先生》,载石中英等编:《新中国教育学家肖像》,教育科学出版社,2019年版,第144—146页。

续表

毕业年份	培养单位	博士生	指导教师	学位论文题目
1992	华东师范大学	马红骊	刘佛年、方芸秋	启动效应的中德比较系列研究
1992	华东师范大学	谢安邦	刘佛年	论师范教育的特性与我国高师教育的改革与发展
1992	华东师范大学	孙绍荣	瞿葆奎	知识学习的信息加工模型及其教学意义
1992	南京师范大学	谭顶良	鲁洁、David Hunt	学习风格与教学
1992	南京师范大学	李宁玉	鲁洁	班级社会体系的教育建构
1992	南京师范大学	朱小蔓	鲁洁	情感教育论纲

新中国成立以来，以教育基本理论为专业的第一批博士研究生尝试了不同的研究主题和路径，覆盖范围较广，诸如教育的目的论与过程论、课程与教学理论、教育法学、教育学的方法论等。其中，一部分在论题内容或研究对象上就显示出根本性、整体性的理论意蕴，可直接归为教育学科或教育基本理论层次的研究；另一部分则在研究取向和方式上蕴含"基本"或"理论"维度，体现为从"原理"视角切入社会或教育的现实问题的分析路径。这些研究者关注的议题在当时多属有待"开垦"的新的研究领域，在基本理论的框架下，他们注重揭示教育所需的基本要素、结构及其规范。总体而言，在这样一种学术研究氛围和人才培养制度下，身处于当时尚未成熟或成型的领域，他们或多或少触及了20世纪以来中国教育学的重大论争，也对当时的教育科研和教育改革所面临的重要理论议题发出过近乎共同的关切。由于"基本理论"本身也没有被划定明确的边界，所以这些探索或多或少都代表了那时学科基本理论发展的可能方向，并为后续的研究奠定了基础，开创了风气。

作为一种学术建制，同时也是专业体系中最为基础的领域和方向，"教育基本理论"的称谓经历了由"显"到"隐"（作为"教育学原理"的专业方向）的变迁。这段转型之后，它仍是构成整个教育学的学科建设的根基和源泉，只是其重要性似乎并未受到原本应有的、充分的关注。然而不可否认的是，无论是提升理论对时代变革、社会要求或实践需要的适应性的努力，还是促进专业身份和理论体系建设的自觉性的意识，都意味着在"教育基本理论"这一原初概念中，始终包含或反映出教育理论领域与实践领域之间的内在矛盾，也面临着与不断萌芽并清晰化的分支学科相交织的处境，而它的探究水平和发展趋势同样在形塑、规范着整个学科的基本方向。

第二节 作为课程形态的"教育基本理论"

严格来说，"教育基本理论"作为独立课程的开设，先于它作为一门学科或专业的设置。20世纪70年代末，随着教育学专业恢复招收研究生，就开始出现以"教育基本理论"为名称的专业课程。特别是在北京师范大学教育系，最初由黄济、顾明远、厉以贤等十余位学者共同承担，采取的形式是专题学术报告；后来改由王策三、成有信等人共同主持，并分别负责相关内容的教授与辅导工作。到1986年，北京师范大学还组织过一次关于教育学科研究生专业基础课程的名称和设置问题的讨论会；与会专家主张，原有的"教育基本理论"应改为"教育学原理"，以为研究生专业基础课程之一。1986年至1987年间，该课程改由孙喜亭主持，1988年开始又由成有信全面主持这门课程的教学工作，其间也邀请校内外的知名学者作专题的学术报告。①

在长期的教学过程中，成有信逐步沉淀提炼出了教材的框架，并在征求有关专家意见的基础上，邀请多年来一直讲授有关专题的学者撰写相应的章节（详见表3.4）。② 从这本书中，大体可以窥见当时教学的基本样态。这些学者对教育学的某些问题作出较为精准的理论概括，或是在某些问题的探究上有所突破，在他们的带领下，研究生们获得了高品质的思维训练。据檀传宝回忆，1991年，他进入北师大读研，第一学期就有这门荟萃

---

① 成有信主编：《教育学原理》，河南教育出版社，1993年版。
② 成有信主编：《教育学原理》，河南教育出版社，1993年版。

了学界大家演讲的教育学原理课。然而，同学们对担纲这门课的成有信的几次讲授褒贬不一。由于成有信注重思辨和严密的逻辑，还会"死抠概念"，一些同学的思维跟不上，甚至抱怨"不知所云"。与此不同，他却感受到思辨的乐趣，并且在教学的激荡和思维的激发下，于1992年发表了《劳动教育的中介地位初议》和《德育过程三要素的特点》两篇论文，这些正是他在听课学习的过程中形成的作业。[①] 到90年代，除了这些日常的课程与教学，孙喜亭和成有信还共同主持了几十次教育学博士沙龙，通常一次聚焦一个主题，也会邀请学者来演讲，但更多的是对教育学术问题的深入讨论。[②]

表3.4 成有信主编《教育学原理》章节及撰写者

章节	撰写者
第一章 教育学 第二章 教育的产生与发展 第三章 教育概念与教育本质 第四章 教育和社会 第七章 教育制度 第十五章 劳动教育、综合技术教育和职业教育	成有信（北京师大教育系）
第五章 教育与发展	冯忠良、林绮芸（北京师大心理系）
第六章 教育目的	靳希斌（北京师大教育系）
第八章 教学论的历史和现状 第九章 我国教学论建设的基本理论问题	王策三（北京师大教育系）
第十章 教学结构和课外活动	温寒江（北京教育学院）

---

① 檀传宝：《鲜明的形象——博士先生成有信》，《中国教师》2021年第11期。

② 檀传宝：《可爱的人 日子 等于天堂——怀念敬爱的孙喜亭先生》，《当代教师教育》2019年第1期。

续表

章节	撰写者
第十一章 人的价值 教育价值 德育价值 第十二章 人的身心发展过程 教育过程 德育过程	孙喜亭（北京师大教育管理学院）
第十三章 体育	吴志超（北京体育学院教育教研室）
第十四章 美和美育	黄济（北京师大教育系）

实际上，除了北京师范大学，华东师范大学也在"教育基本理论"相关课程方面进行了多样化的探索与实践。首先是在本科阶段开设了"教育概论"课。特别是从1983年开始，叶澜连续承担了五届教育系本科一年级的教育概论课，并先后为小学教师大专班和第二学士学位班的学生开设同一门课程。在这门课程的建设过程中，她既开展了某些教育基本理论的研究，也关注国内教育实践的发展，逐步形成并完善教材的结构和内容，最终在1991年以《教育概论》为名在人民教育出版社出版，列入"高等学校文科教材"。从这本教材中可以看到，叶澜明确将研究对象规定为"教育整体"，把教育作为一个复杂的、开放的系统来研究。其目标就在于"揭示教育系统的基本结构，认识教育与社会发展之间以及教育与个体发展之间的规律性联系，探讨教育、社会与人三者的关系，通过结构、规律与关系的分析，把握复杂的教育现象的基本特征"。[①] 因此，其研究的重心是放在教育基本理论的范畴之内的，是有关教育的整体性和概括性的探讨，而非对既有教育学的理论或学校日常教育活动的概述。在实际的教学过程中，叶澜要求学生不只是听，还要与其一起思考；不只是分析观点本身的正确性，而且要分析得出观点的思维过程与方法。

在教育学专业的研究生培养方面，华东师范大学也开设了"教育原理"课，从1983年开始，主要是由金一鸣承担相关的教学工作。这门课没有采用系统讲授的方式，而主要通过介绍资料、引发问题，由学生自己钻

[①] 叶澜：《教育概论》，人民教育出版社，1991年版。

研材料、共同讨论，最后针对研究生提出的问题发表意见，整个过程显现出研究性的特征。1995 年，金一鸣将自己十年教学经验汇集成《教育原理》一书，在安徽教育出版社出版。总体来说，他认为，教育学属于应用学科的范畴，主要以其他科学为理论基础，指向实际的教育问题的解决。在这本书里，他尤其关注教育改革与发展的方向和基石，特别是同政治、经济、文化之间的协同发展，并将建立具有中国特色的教育理论、解决社会主义初级阶段所面临的教育问题以及深化相应的科学研究视为长期的任务。[①] 在实际的教学中，金一鸣注重对教育学原有结论的重新审视，鼓励研究生在学习过程中突破原来的框架限制，探索一些新的方向和问题。

　　此外，华东师范大学的陈桂生在这方面也进行了有益的探索。1988 年，华东师大教育系同湖南省教育委员会商定合办教育学研究生班。瞿葆奎主持研究生班，并与陈桂生共同负责讲授"教育原理"课程。1993 年，陈桂生在华东师范大学出版社出版了《教育原理》一书，该书即是在为这门课程所写的讲义基础上补充而成的。他认为，"教育原理"是探求教育事理的学科，可算作是"理论教育学"。由此，他试图运用马克思主义的理论和方法分析一系列深层次的教育基本理论问题，建构一种严密的教育理论体系。其中，第一编是从教育要素到教育过程，从简单教育过程到复杂教育过程，从教育过程到教育实体，从教育实体到教育系统；第二编是从教育的内部联系到教育的外部联系，从教育的外部联系对教育内部联系的影响到教育系统自身的特性；第三编是由教育的内外部联系所决定的教育本质、教育目的、教育的构成、学校职能以及家庭的教育职能等；第四编是从一般教育原理到中国社会主义初级阶段教育基本理论问题。从这一逻辑体系可以看出，陈桂生尝试将教育作为整体来考察，揭示出教育结构的形成和教育自身演变的逻辑。同时，他保留了理论探讨的开放性特征，只讨论导向正确结论的诸种规定，而不是直接给出结论，以此避免简单化的说教。[②] 在写作的过程中，为了使整体行文保持讨论的色彩，他每写成

[①] 金一鸣：《教育原理》，安徽教育出版社，1995 年版，第 1—6 页。
[②] 陈桂生：《教育原理》，华东师范大学出版社，1993 年版。

一章，即发给研究生们讨论，边写边教，"即知即传"。①

尽管作为课程的"教育原理"和作为专业的"教育学原理"实属不同的层次，但二者之间的界限在"教育基本理论"的课程建设中并不明显。很多时候，它们被以不同形式包容于有关"教育基本理论"的专业（方向）、教学、研究领域和主题范畴中。当然，就这一承担学科基础理论的课程而言，从"教育基本理论"到"教育学原理"的名称转变，实际上与教育学学科体系的建设工作有关。十一届三中全会以后，教育学界对学科发展的基础进行反思，由于理论基础的薄弱及其与实践基础的脱节，教育学这一综合科学亟须凸显理论教育学的作用，同时，也显现出其他相关学科理论与教育学自身理论（教育基本理论）之间的张力。"教育学原理"被视为可以统观教育现象或观念的教育理论领域的"哲学"，即对教育（学）进行总体思考。② 相应地，有关教育基础理论或基本原理的概念、问题等研究内容几乎都被纳入以"教育学原理"统一命名的课程中。

对基本理论或原理的研究，构成了教育学体系在宏观层次上的首要任务，占据着其他教育学科无法取代的基础地位，具有普遍的指导意义。尽管在专业设置和课程建设上，"教育基本理论"这一概念的边界不甚清晰，但并不影响它成为教育学原理中的重要而基础的部分，以此充实并且维护学科理论研究中的基本范畴和教育学理论的独特性格。在这种情况下，更需要留意的是，"治教育基础理论之学较难，在中国构建教育基础理论更难……教育基础理论研究要求研究者有比一般社会科学研究者更宽广的理论视野"③。在教育学多元化的格局中，何以在综合各分支学科研究成果的同时保持教育基础学科的性质，在发掘不易为实际工作者所理解的学术价值的同时正视实际的现象或概念、命题实有的含义（而不是用"应然状态"替换"实然状态"），这些问题都构成了教育理论工作者所共同面临的、有待继续寻求出路的处境。

---

① 陈桂生：《教育学苦旅》，华东师范大学出版社，2012年版，第18页。
② 胡德海：《教育学原理》，甘肃教育出版社，1998年版，第40—45页。
③ 陈桂生：《"教育学"辨——"元教育学"的探索》，福建教育出版社，1998年版，第376—379页。

第三节 作为专业社群的"教育基本理论"

建立与发展专业学术组织，是一门学科或一个研究领域实现制度化的重要形式。相比较高等教育机构中的专业设置或课程安排，这种制度化形式更多地体现为学术从业者一种群体的专业自觉与身份认同。改革开放不久，"教育基本理论"就开始形成了这样的专业学术组织，并通过常规性的组织领导与学术会议等，在很大程度上推动了"教育基本理论"从业者的规模扩展与研究转向。

1981年4月，经中国教育学会批准，中国教育学会教育学分会在第二届理事会年会上，根据教育科学研究事业的发展需要，组建了第一批教育专业委员会，教育基本理论专业委员会即是其中成立最早、同时也是最主要的专业委员会之一。教育基本理论专业委员会成立后，逐步形成了每两年举办一次学术年会的惯例，对教育领域的根本性或基础性问题展开全面而深入的研讨，到2021年，已成功举办十八届学术年会（如表3.5所示）。历年议题既包括教育与人、社会或文化之间的基本关系，也涉及教育学的"学科性问题"。与会代表也从最初的三四十人发展到后来的数百人。

表3.5 **教育基本理论学术年会主题**（1985年至今）

届	时间	地点	主题
一	1985	北京	当前教育基本理论研究中的几个问题
二	1989	华中师范大学	教育与人
三	1990	呼和浩特	教育·社会·人
四	1993	四川师范大学	教育学研究的方法论、教育与市场经济
五	1995	张家界	教育与文化的关系
六	1997	华中师范大学	邓小平教育思想以及"中国社会主义现代化与教育改革的深化"
七	1999	华东师范大学	教育理论的世纪回顾与展望
八	2001	广西师范大学	教育与交往

续表

届	时间	地点	主题
九	2003	东北师范大学	教育理论的新视域
十	2005	内蒙古师范大学	教育学的学科立场
十一	2007	陕西师范大学	教育与幸福
十二	2009	华南师范大学	教育与人性
十三	2011	北京师范大学	教育与生活
十四	2013	西南大学	教育与国民性
十五	2015	山西大学	教育学的传统与变革
十六	2017	南京师范大学	儿童成长与教育变革
十七	2019	湖南师范大学	文化传统与中国教育学的意蕴
十八	2021	杭州师范大学	建设高质量教育体系：理论视野与知识贡献

最早担任教育基本理论专业委员会主任委员的是中央教育科学研究所的张同善研究员。1985 年 7 月，教育基本理论专业委员会在北京召开首届会议，主题为"当前教育基本理论研究中的几个问题"，主要探讨了改革传统教育思想和方法、教育和经济的关系、普通教育与职业教育的关系以及教育研究方法论等议题。有关这些层面的问题提出和广泛讨论，为教育学理论的未来发展、革新乃至突破奠定了基础，其中一些问题在后续几届会议中分别得到了更为全面而深入的分析，也引发了持续的论争和进一步的反思。不过，在新中国成立以来相当长的一段时间里，教育几乎只注重社会，更多讨论"教育与社会"，而很难看见"人"，以致教育学几乎成了"看不见儿童的教育学"。[1] 1989 年 5 月，第二届会议在华中师范大学召开，会议主题为"教育与人"。教育目的指向的是"人"，如何认识和培养"人"，成为教育基本理论研究的题中之义。在教育研究中明确关注"人"，在相当程度上得益于这次会议，其中主要涉及了"教育与人"的意义、教育的出发点、教育的价值取向、学生的主体性以及社会化与个性化等议

---

[1] 瞿葆奎、郑金洲：《教育基本理论研究与教育观念更新——十一届三中全会以来教育基本理论研究引发的教育观念变革寻迹》，《华东师范大学学报（教育科学版）》1998 年第 3 期。

题。对这些议题的全面探讨，既顺应了教育改革的世界潮流，也符合我国教育改革的迫切需要，[①] 有助于扭转和消减过去因长期忽视教育与人的根本关系而造成的偏差。同年，以"教育与人"为第一个选题，《教育研究》集中发表了一系列文章，由此正式拉开相关研究的序幕。[②]

1990年，教育基本理论专业委员会进行了换届，主任委员由华中师范大学王道俊担任。同年8月，第三届学术年会在呼和浩特召开，主题为"教育·社会·人"。从思想源头来看，这一主题同马克思主义关于人与社会的辩证关系的理论发展一脉相承，也与当时学界对教育的本质、功能、规律的持续探讨密切相关；更为具体地说，这些探讨是在深化有关"人"的问题的探讨，旨在重新审视社会发展与人的发展的关系，确立辩证看待二者的教育学立场。在这次会议上，与会代表们主要讨论了教育的社会功能及其与教育促进人的身心发展功能的关系，以及如何将二者统一起来的问题。1993年10月，第四届学术年会在四川师范大学召开，主题有二："教育学研究的方法论"及"教育与市场经济"。围绕第一个主题，与会代表深入讨论了教育学研究方法论的滞后及其原因、概念与结构、体系层次与构成，马克思主义哲学作为教育学研究的方法论基础，以及方法论对于教育理论工作者的意义等问题。在第二个主题上，与会代表就"教育是否为一种产业"这一问题展开了激烈的讨论，主要形成了三种观点：第一种是持肯定态度的教育产业论；第二种是持否定态度的教育非产业论；第三种兼取二者之长，持有态度比较中和的观点。[③]

1995年，经过换届选举，华东师范大学叶澜成为教育基本理论专业委员会的第三任主任委员。11月，第五届会议在张家界召开，主题为"教育与文化的关系"。会议涉及的具体议题包括：第一，教育与文化之间关系的讨论前提；第二，教育与文化之间关系的性质，主要形成了工具与实体

[①] 安平：《"教育与人"研讨会综述》，《教育研究与实验》1989年第3期。

[②] 冯建军：《回到"人"——世纪之交教育基本理论研究的共同主题》，《基础教育》2013年第1期。

[③] 郭文安、刘家访：《"教育学研究的方法论"和"教育与市场经济"问题的讨论综述》，《教育研究与实验》1993年第4期。

的关系、部分与整体的关系、阐释与文本的关系以及相互作用的关系等四种意见；第三，如何认识现代文化发展趋势与教育的作用，这可视为二者关系问题在现实层面上的具体化与深化；第四，有关教育与文化之间关系的方法论问题，出现了理想主义倾向和科学主义倾向之间的争议。[①] 1997年4月，第六届学术会议在华中师范大学召开，来自全国35个单位的八十余位学者和研究生参加了会议。为纪念和阐释邓小平的教育思想，推进中国特色的社会主义建设和教育理论的发展，年会主题定为"邓小平教育思想以及'中国社会主义现代化与教育改革的深化'"。其中涉及的具体议题包括：一是邓小平教育思想的背景理解和内涵分析；二是教育现代化的涵义、内容、标准和当前面临的矛盾，以及如何按照现代化要求进行教育伦理建设、教育制度创新、学校德育变革等；三是教育改革的深化，包括当前我国的教育改革的突破口、素质教育的理论与实践路径、基础教育困境的应对、教育组织机构的改革等问题；四是教育理论的发展，涉及我国教育理论的困境、教育理论工作者的责任与使命、教育理论如何与教育实践相结合等问题。[②]

到了1999年，华南师范大学扈中平当选为第四任主任委员。当年11月，第七届年会在华东师范大学召开，主题为"教育理论的世纪回顾与展望"。其中主要探讨的议题包括：一是对教育理论的反思，包括教育理论的生存基础、学科分类以及研究走向；二是对教育学分支学科的回顾与展望，主要涉及教育哲学、教育社会学、教学论、教育评价学和教育史学等；三是教育研究的范式与方法论，以及后现代主义对教育思考视角的影响；四是教育理论与教育实践的关系；五是教育理论的国际化与本土化。此外，还涉及学术与学人、知识经济与教育、主体性教育理论以及网络与

[①] 郭文安、邓银城、朱新梅：《教育与文化——全国教育基本理论专业委员会第五届年会综述》，《教育研究与实验》1996年第1期。
[②] 郑金洲：《全国教育基本理论专业委员会第六届年会综述》，《教育研究》1998年第8期。

教育理论研究等方面的问题。①

进入新世纪以来，教育基本理论专业委员会持续发展，逐渐成为一个服务对象稳定、功能综合、特色鲜明、影响卓著的专业共同体。专业委员会拥有从事教育基本理论研究的相对稳定的专业队伍，包括高校中教育学原理专业的专职教师和硕、博士研究生，以及教育科研机构、地方教育学院（或教师进修学院）中从事理论研究的相关人员。专业委员会以"教育基本理论"为立场、视野与眼光，致力于推动中国基础教育改革与发展，形成了教育理论与实践双向转化、双向建构的发展路径。在过去四十多年的发展历程中，经由历任学术委员和广大教育基本理论研究者的共同努力，专业委员会在促进教育基本理论发展、引领基础教育改革实践、推进理论与实践双向建构、培育学术精英和后备人才等方面都取得了广泛而积极的成效，成为当代中国教育学界具有重要理论影响力、实践影响力和政策影响力的专业团体之一。

第四节 作为知识类型的"教育基本理论"

在制度建设方面，除了前述三个方面，20世纪80年代以来，教育基本理论的重要研究成果和论争情况还集中反映在期刊论文的发表和栏目的设置上。其中，相关刊物又以《教育研究》和《华东师范大学学报（教育科学版）》为代表。1979年创刊的《教育研究》，是随着我国社会主义现代化建设事业和改革开放而发展起来的。最初，虽然没有以"教育基本理论"为名设立的专门栏目，但是在改成月刊之后，从1986年起每年第12期的最末，附有该年度发文的"总目录"，其中都涉及"教育基本理论"这个类别，所含括的主题涉及教育的本质或性质、教育的目的和价值、教育与人的发展关系、教育与社会发展的关系、教育学及其分支或交叉学科的基本问题等。从2011年起，《教育研究》开始设立"教育基本理论"这

---

① 方建锋、何金辉、周彬：《教育理论的世纪回顾与展望——全国教育基本理论专业委员会第七届年会综述》，《教育研究与实验》2000年第2期。

一栏目。

1983 年创刊的《华东师范大学学报（教育科学版）》最初也没有分类设置栏目，直至 2000 年开始设有"教育理论"的栏目。该栏目于 2016 年更名为"教育基本理论"，并于 2017 年改为"基本理论与基本问题"。在 1994 年第 2 期最后，汇集了 1983 年至 1993 年间的总目录，以分类的方式呈现出来，其中第二个板块就是"教育基本理论"。在瞿葆奎担任期刊主编的十年间，为倡导学术研究的求真求实和探索过程，曾开辟"问题讨论"和"争鸣"的常设栏目，组织并开展了关于重要教育理论问题的学术讨论，涉及"教育起源""第二堂课""商品经济·竞争机制·教育改革""教育·社会·人""教育学改革""智力因素"与"非智力因素"以及"元教育学"等一系列专题内容，由此受到广大教育理论与实践工作者的关注。同时，他提出，学术争鸣、学术评说是教育理论刊物的一项重要任务。一篇论文要有分量，往往需要对过去已发表的同类性质的题目进行调查，研究其中的观点或论述，对不同意或不完全同意的进行论争或评析，对同意的进行一定补充或完善。而对待自己的研究成果，更需要常常将其作为批判的对象，即对自己的论著也要保持争鸣的态度。[①] 针对教育理论中的矛盾和逐步解决矛盾的讨论，是教育理论的"生命"得以延续的基石。这种风气的形成对于改变教育理论领域长期以来缺少深入的学术交流、多元的理论批评等状况而言，是一种积极的促进。

不仅如此，《华东师范大学学报（教育科学版）》从 1985 年第 3 期开始，还开启了用于刊登国外学者撰写的"特约稿"的专栏，邀请国际上知名的教育学家写专稿。这不仅是以交流、理解为目的，也是为了激发讨论和争鸣的可能。这一形式的出现，为新时期学术界引进国际教育科学研究、教育改革实践的前沿成果，助力国内学者把握国外教育理论发展的动向和趋势，进而为教育理论的国际对话提供了条件。整体而言，这些被选取刊发的文章，都体现出较强的理论价值和理论深度，并且对理论与实践的结合发挥了导向作用。

---

① 瞿葆奎：《学术争鸣是理论刊物的一项任务》，《上海教育科研》1996 年第 4 期。

尽管学术期刊将"教育基本理论"专列为一类,透过纳入其中的论文,可以窥见"教育基本理论"的知识范围及其变化,但是这种分类在很大程度上仍然依赖于学术期刊的主编及其团队的理解。实际上,到 20 世纪 90 年代,学界对于教育基本理论的涵盖范围,仍然缺少统一的认识。[①] 1994 年底,全国教育科学规划办公室组织开展"教育学学科现状与发展趋势"的调查,其中也涉及"教育基本理论"部分的工作。这项工作由瞿葆奎主持。为此,他组织了 15 人的队伍,进行了近两年的调查,最终形成了《教育基本理论之研究(1978—1995)》一书。这本书囊括了毛泽东教育思想、教育起源、教育本质、教育规律、教育功能、教育价值、教育与人的发展、马克思主义人的全面发展理论、教育目的、教育与生产劳动相结合、社会主义初级阶段教育理论、市场经济与教育、传统教育与现代教育、元教育学研究等主题。尽管如此,瞿葆奎也特别说明,这并不表明这些主题就是教育基本理论的全部内容,或者这些主题所涉及的所有问题都属于教育基本理论的范围。

综合来说,作为一种学术建制,同时也是专业体系中最为基础性的领域和方向,"教育基本理论"在制度化方面呈现出复杂而多样的特征。单从发端时间来看,作为课程形式的"教育基本理论"早于作为专业社群的"教育基本理论",而后者又早于作为专业门类的"教育基本理论";在发展历程上,"教育基本理论"作为学科(或专业)称谓经历了由"显"到"隐"(作为"教育学原理"的专业方向)的变迁,作为专业基础课程也逐渐让位于"教育学原理"或"教育原理",而其作为专业社群、知识分类的形式仍持续了下来。当然,这些不同的方面并不是彼此分离,而是相互关联、彼此影响,共同塑造着"教育基本理论"的知识建构和相关研究者的专业认同。

[①] 瞿葆奎主编,郑金洲副主编:《教育基本理论之研究(1978—1995)》,福建教育出版社,1998 年版。

第四章 教育基本理论的多元格局

教育基本理论的发展除了依赖于制度建设这一外部支持,就其本身来看,教育基本理论的学术研究进展及其品质仍然内在地取决于知识体系的建构。作为教育理论的主导部分,它对教育理论与实践的走向起着全局性的影响作用,其发展程度也从根本上决定着教育学的生命力。[①] 改革开放以来,来自不同院校的诸多研究者都参与到教育基本理论研究及其专业建设的队伍中来,秉持共同的关切,他们开辟出多样的研究路径,或立足于不同的研究重心,或引领各具特色的研究风格和发展脉络,逐渐拓宽基本理论研究的范围,深化研究的旨趣。在这一多元格局中,主要包括马克思主义教育思想研究、基本问题的澄清、学科架构的完善、教育学教材的编写以及基础资料的积累等五种路径。

第一节 马克思主义教育思想研究

运用马克思主义分析教育问题,探讨唯物论对教育的指导作用,这一尝试的源头可以追溯至20世纪50年代初,当时学界掀起了批判实用主义及其教育思想的高潮,为应对教育实际工作中诸种问题及其关系而提出相

---

① 胡德海:《我国教育基本理论研究的回顾与展望》,载《教育研究》杂志编辑部编:《党的十一届三中全会以来中国教育科学的回顾与展望》,教育科学出版社,1988年版,第39页。

应的理论诉求。① 尽管早在20世纪初期，马克思主义思想在中国就开始传播，但在当时的艰难环境下，缺少对马克思主义及其教育思想的系统性的研究、介绍和宣传。王焕勋就总结，马克思在教育领域虽然没有专著，但其著作和文章对教育确有许多深刻的论述和独到的发现，尤其是关于教育本质和职能、人的全面发展及其教育问题、教育和生产劳动相结合问题（包括综合技术），有关这些方面的论述在马克思的整个理论遗产中占有重要地位。② 在这样的背景下，通过运用马克思主义思想来进行的教育基本理论研究主要沿五个路径展开。

第一，成立研究会。

1979年，全国召开第一次教育科学规划会议，提出了教育科学研究的主要任务，其中第一项就是系统地研究、完整准确地阐述马克思列宁主义、毛泽东思想的教育理论。在新的历史时期，这既是对革命斗争中采取过当的批判方法的一种反省，也是为此前林彪、"四人帮"对马克思、列宁、毛泽东教育思想的篡改和歪曲澄清是非，提供更加坚实的理论依据。会后，中国教育学会成立了"全国马克思主义教育思想研究会"，由此开启了对马克思主义教育思想的有计划的系统研究。

研究会的成立大会和第一届年会，于1979年5月7日至17日在安徽省芜湖市召开。会上通过了研究会章程，明确了自身的主要任务："研究和宣传马克思、恩格斯、列宁、斯大林、毛泽东同志的教育思想，研讨'马克思主义教育论著选读'和'马克思主义教育思想研究'等课程的教学问题，以促进我国教育科学的繁荣，为实现我国社会主义现代化服务。"这次会议还推选了华东师范大学刘佛年、北京师范大学厉以贤、中央教育科学研究所邹光威、人民教育出版社陈侠、东北师范大学石佩臣、华东师范大学陈桂生、华南师范学院徐名滴为理事，其中刘佛年为首任理事长。与会者围绕开展马克思主义教育思想研究的问题进行了讨论，认为马克思

---

① 刘佛年：《刘佛年学述》，浙江人民出版社，1999年版，第52页。
② 黄济、劳凯声主编：《王焕勋教育文集》，江苏教育出版社，2011年版，第68页。

主义教育思想研究是一门科学，"它既是教育科学研究的对象，又是发展我国教育事业的理论基础、根本原则和指导思想"。[①]

通过举行学术年会等机制，研究会引领和推动了马克思主义教育思想的研究，历届年会探究的内容依次涉及：对待马克思主义教育思想研究的态度与方式，高校教育学专业开办马克思主义教育理论课的必要与可能；高校开展马克思主义教育理论课的教材与教法，人的全面发展，综合技术教育，列宁的教育思想；马克思主义与我国教育改革，如社会主义初级阶段教育理论的思考、基于马克思主义对我国教育战略地位的再认识等；社会主义初级阶段下教育的属性与特点，教育与市场经济的关系。可以看到，早期的会议侧重于关注教育理论发展所处的社会主义建设的时代背景，教育理论与我国基本国情的关系以及教育方针的构成和完善等议题。

此外，为了加强马克思主义教育思想研究，推进学术创作，交流研究成果，研究会还推出了不定期的内部刊物《马克思主义教育思想研究文集》。1980年11月，研究会编辑出版了第一辑。该辑收录了14篇论文，其中大部分是在哈尔滨举行的第二届学术年会上提交的学术论文，也有部分来自会员的投稿。1982年7月，研究会又与华中师范学院教育系合编出版了第二辑，收录了26篇论文。这些论文来自1982年5月29日至6月3日研究会与华中师范学院联合举办的毛泽东教育思想学术研讨会。尽管该刊物未能持续出版，但这两辑比较集中地呈现了改革开放初期我国马克思主义教育思想研究的积极尝试与努力。

第二，选编经典文献。

1979年，《马克思恩格斯论教育》由人民教育出版社出版，这本书的形成旨在全面、正确地反映马克思、恩格斯在不同历史时期关于教育的主要论述，以便凸显其教育思想的核心内容及其发展线索，并使读者从这些论述中领会其立场、观点和方法，"从而结合现实，分析新情况，研究新问题，总结新经验"。同年出版的《列宁论教育》所反映的，即是从俄国

[①] 全国马克思主义教育思想研究会编：《马克思主义教育思想研究文集》（第一辑），1980年版。

十月革命以后的实际需要与具体条件出发,如何将马克思主义的普遍真理同具体的教育实践结合起来,从而真正运用、坚持并发展马克思主义的教育理论。由于马克思、恩格斯是在特定历史条件下,在阐述革命理论时涉及了教育问题,因而随时代的前进,他们的教育思想需要在实践中加以检验和发展,我国的教育科学建设和教育实践工作也可由此获得启示。到1985年,人民教育出版社又委托原书选编者对这本书进行了较大的修改与补充,并由陈桂生负责修订本的选编工作。根据教学与研究的需要,选编者整合了他人的研究成果进行多次修改和补充,这不仅使辨析与论证更加精准,而且使马克思主义教育思想和教育理论界多年来的相关争论得以进一步澄清。

也是在1985年,由苏联教育科学院编,华东师范大学瞿葆奎、黄荣昌主持辑译的《马克思恩格斯论教育》出版。这本书尤其关注到教育与科学、生产之间的相互影响,社会的生产发展,科学技术的进步,社会对劳动力的培养、对工作者的职业水平和文化知识水平的要求之间的关联,以及有关科学认识方法的论述。除了呈现马克思、恩格斯直接论述教育问题的文本,这本辑录还突出了有关这些问题的阐发所处的语境,以及解决这些问题或提出相关言论的目的。这些经由选编整理后的著作,已经关注到如何在具体历史或实践环境中阐释马克思主义的教育思想、运用马克思主义的方法论来理解或解决教育问题的探索,而经典论述的摘编也是使教育理论获得原初性的启示和持续性的发展的必由之路。

第三,开展课题研究。

1985年,王焕勋主持了"六五"国家哲学社会科学的重点项目"马克思教育思想研究",课题组成员有黄济、王策三、孙喜亭、成有信、靳希斌、劳凯声等。这一课题的确立是为了解决教育思想中长期混乱不清、是非颠倒的一系列问题,从理论上寻求因应之道。然而,这是一项严肃而艰巨的任务,需要秉持极其严谨、科学、悉心的态度去阅读、整理、讨论和分析所有文献资料。正如他在1986年发表的《如何理解马克思关于教育的论述》一文中所写的:"马克思主义要发展,马克思主义的教育理论也需要发展。但发展的前提是理解正确，加强这方面的研究和研讨是很必要的。"[1] 他认为，要正确理解马克思主义的理论，就要精读马克思著作原文，掌握其精神实质。在读译著时，还存在译文本身的问题。譬如，他探讨了教育理论界对马克思《临时中央委员会就若干问题给代表的指示》一文的理解上存在的原则性分歧。当时中译本在翻译上有些不准确或被曲解的地方，正是问题的症结所在。他参照英文原文，结合时代语境，以更接近马克思思想原意的方式，重新辨析、阐释了一些重要概念和观点，并提出需要进一步商榷的问题。

在"六五""七五"期间，刘佛年主持"马克思主义教育理论研究"的课题，尝试运用马克思主义的立场、观点、方法，分析教育的基本问题，主要分为四个方面的专题研究：一是教育思潮的发展趋势，包含中国传统教育结构的发展及其与文化的关系、中国近代教育思想的演变历程、20世纪西方教育理论中的传统与革新、"形式教育"与"实质教育"论、苏联的"教育新思维"和"合作教育学"等内容；二是教育与社会发展，涉及中国教育观念的变迁、教育为社会主义经济建设有效服务的主要对象和方式、教育在文化发展中的作用、各种社会问题与教育的关系、高等教育和科学发展等内容；三是教育与人的发展，包括对马克思主义关于人的全面发展理论、影响人发展的诸因素及其与发展主体的动态关系、制约儿童心理发展的因素、个别差异和因材施教等议题的认识；四是关于学校内部或教育工作的实际问题，包含对现行学制改革理论、基础教育与课程改革、学习理论、教学的心理学基础、认知策略及其培养、世界教改潮流中的德育改革、中国教育评价的理论研究与实践、教育实验理论等问题的思考。[2] 在这一构思的基础上，历时几年，由课题组成员关于教育基本理论的若干专论汇集成的《回顾与探索——论若干教育理论问题》（1991）一书出版。在这本文集中，学者们也都有意识地运用马克思主义原理研究教育理论发展的问题。正如刘佛年先生自己所说："如何按照唯物论的思想

---

[1] 黄济、劳凯声主编：《王焕勋教育文集》，江苏教育出版社，2011年版，第72页。

[2] 刘佛年：《刘佛年学述》，浙江人民出版社，1999年版，第176—212页。

去解决教育问题……其实是我一生研究教育问题所需要解决的问题。"①

第四，撰写研究专著。

1980年，北京师范大学教育系马克思主义教育理论教研室编辑出版了《马克思主义教育论述讲座》一书，用以介绍马克思、恩格斯、列宁、斯大林、毛泽东著作中的教育理论和思想，同时也作为高等师范学校教育系"马克思主义教育论著课"的辅导教材。厉以贤、孙喜亭、黄菊美、王业兴等学者参与了讨论和编写，其中部分篇目从1978年起就曾在《山西教育》杂志上连续刊登。教材的内容虽然可以作为学习时的参考，但是难以实现理论的系统性和主题的连贯性。1988年，由王焕勋主持编写的《马克思教育思想研究》一书出版。这本书的问世产生了积极反响，得到刘佛年、潘懋元等教育学者的高度评价和教育学界的普遍肯定，同时也成为改革开放以后几年间教育研究的重要理论成果之一。② 从初稿形成，到组织开展讨论会，集体编写的过程中不断出现对一些问题的争论，都需要各执笔人进行认真考虑、修改和取舍，直至最后统编。关于这一研究，王焕勋提出，应当认真对待"西方马克思主义"思潮对教育理论研究的影响，一方面吸取其合理的、积极的因素，另一方面对其关于马克思主义教育理论的曲解和肢解，也不能不给以严肃的批评和反驳。③ 书中，他主要围绕教育本质和职能、人的全面发展及其教育问题、教育和生产劳动相结合问题等三个方面展开论述。在中国的时代要求下，他力主结合中国教育和革命的历史经验，对马克思教育思想的实施加以总结，并提出应当秉持"在坚持的前提下发展，在发展的基础上坚持"的态度，创造性地运用马克思主义的教育思想和辩证唯物主义、历史唯物主义的方法，积极应对新形势下的新挑战和新任务。譬如，新的技术革命对教育的影响，西方马克思主义理论对教育理论的影响，马克思主义的指导与其他方法论（系统论、控制论、信息论以及"新三论"等）在教育科学研究中的关系，教育为生产服

---

① 凌云主编：《常在明月追思中——著名教育家刘佛年先生纪念文集》，江西教育出版社，2004年版，第23页。

② 黄济、劳凯声主编：《王焕勋教育文集》，江苏教育出版社，2011年版，第236页。

③ 王焕勋主编：《马克思教育思想研究》，重庆出版社，1988年版。

务和为社会生活服务的两个社会职能的新特点以及二者的关系，等等。

1990年，东北师范大学石佩臣的《马克思主义教育思想引论》一书出版。自20世纪70年代初以来，为了满足学习、研究和教学的需要，更是为马克思主义教育思想的研究保存20世纪80年代这一链条，他承担起马克思主义教育论著教材的编选工作，并开始了较为系统全面的学习与研究；萌生写作的想法，也是有感于西方一些哲学社会思潮对我国社会科学领域的不断渗透和影响，认为有必要引导青年学子研读马克思主义经典著作，培养其运用马克思主义的立场、观点和方法，以形成辨别理论是非的能力。在写作中，他力求呈现出对马克思主义的基本观点和原理的完整理解和阐述，并对马克思主义教育思想作动态的历史考察和思想梳理，从而帮助读者从产生到发展的脉络中了解马克思主义教育学说的精神实质。这本书除了介绍马克思主义创始人对学说的贡献，还着意阐述了列宁、毛泽东在社会主义条件下对马克思主义教育思想的坚持和创造性发展。[①]

华东师范大学教育基本理论领域的研究者们在马克思主义教育思想方面也开展了卓越的工作，既有文献的系统整理，也有概念的细致辨析，更有思想的深入探究。最初，由刘佛年主编的《教育学》，就是一本力求在马克思主义理论指导下系统地掌握资料、解决当代主要的教育理论与实际问题的著作，尽管尚不成熟，但仍是我国马克思主义教育学发展史上的一个阶段性代表。在这方面，陈桂生也倾力尤多，1993年，《马克思主义教育论著研究》一书出版，这是他20年来学习和深入研究马克思主义经典著作及其教育思想的结晶。在结构上，全书分为三编，前两编以时间为顺序，介绍了马克思、恩格斯和列宁有关教育的主要著作，并将其置于特定的历史条件下考察。同时，也将其中提及的教育思想放在马克思主义教育思想的发展历程中进行探究。第三编则将马克思主义教育思想作为整体进行分析，以历史与逻辑相结合的方法，表明了马克思主义教育思想的含义、特点，并评析了以毛泽东为主要代表对马克思主义教育思想加以应用

[①] 石佩臣：《马克思主义教育思想引论》，中国展望出版社，1990年版。

的经验。① 除此之外,《现代中国的教育魂——毛泽东与现代中国教育》(1993)、《徐特立教育思想研究》(1993)等,都是他在这个领域不懈耕耘的重要成果。他不仅撰写马克思主义教育思想的研究专著,而且注重运用马克思主义的理论和方法去分析教育现象和教育问题,如他对《教育原理》(1993)一书的判断,"凡是作出价值判断的场合,概以马克思主义理论为准绳。即运用马克思主义的理论和方法分析一系列深层次的教育基本理论问题。在这个意义上,或可忝列'马克思主义教育原理'之林"。②

此外,学者们也重点关注了马克思主义关于人的全面发展的思想。例如,王逢贤提出,马克思主义始终围绕着人的问题并致力于全面而历史地揭示人的本质,关心人的命运,将人真正视为人,因而其核心问题是真正的人道主义。③ 类似地,厉以贤认为,马克思关于人的学说为马克思主义教育学说的创立奠定了理论基础。④ 陈桂生在专著《人的全面发展理论与现时代》(1988)中审慎地提醒,马克思主义关于人的全面发展的学说虽然不止于教育理论,但与教育的关系至为密切,而如何"把关于人的全面发展的科学理论变成实现人的全面发展的实践",是当前面临的重要课题。⑤ 同时他也提醒,按照马克思主义的一般原则,任何国家在特定历史条件下确定其培养目标,都必须从本国实际出发,而不应将人的全面发展问题与社会主义的培养目标问题混为一谈,更不能用前者代替后者的确立。此外,中央教育科学研究所张同善在《马克思主义关于人的学说与教育》(1999)一书的序言中明确提及,作为教育理论工作者,既要阐明我国社会主义现代化建设需要培养何种人的目标,也要深入开展对"人"的研究,包括人的本质、人的全面发展、人的价值、人的本性、人的活动等基本的理论问题;新中国成立四十年以来,尽管学界对马克思主义关于人

---

① 陈桂生:《马克思主义教育论著研究》,华东师范大学出版社,1993年版。
② 陈桂生:《教育原理》,华东师范大学出版社,1993年版。
③ 王逢贤:《马克思的异化理论与人的全面发展》,《教育研究》1981年第7期。
④ 厉以贤:《马克思关于人的学说与教育》,《北京师范大学学报(社会科学版)》1983年第2期。
⑤ 陈桂生:《人的全面发展理论与现时代》,上海教育出版社,1988年版。

的全面发展学说已经作过较多研究，但从哲学层面对"人"及其教育的研究还相对贫乏。基于这样的考量，他从教育学的诸多理论和实际问题出发，以历史唯物主义的观点和方法去重新理解和建构关于人的教育理论。

第五，依托期刊进行专题讨论。

20世纪80年代以来，以马克思主义教育为主题的文章发表数量逐年增加。例如"教育与生产劳动相结合"的研究主题，在1981年至1983年间的发表数量相对较多。特别是在《教育研究》中，连续多期刊发了这一专题的文章，学者们主要探索了马克思主义教劳结合理论的原意，诸如理论提出的立足点、劳动的性质、教育的构成以及二者关系演变的历史进程等问题。[①] 又如"马克思主义关于人的全面发展"这一研究主题，从1979年开始发表数量增多，学者们的讨论集中于澄清这一学说的原意，为此采取了不同的研究路径。1989年以"教育与人"为主题的教育基本理论年会举办后，相关主题的研究趋势更加清晰，特别是以教育、社会与人的关系为基本框架，"人是教育的出发点"成为一些研究的重心。[②] 在《华东师范大学学报（教育科学版）》中，有关马克思、列宁、毛泽东教育思想的研究集中于1982年至1985年间，但真正深入探讨教育的社会功能、教育的主体性、人的全面发展以及个性发展等论题，则是从1990年开始。当时陆续刊发了多篇关于"教育·社会·人"的问题的文章，譬如，将教育的主体性视为教育的本质特性，借此阐明教育、社会与人的关系；[③] 以马克思主义的基本理论和方法为指导，从教育活动的实际出发，论证教育价值在

---

① 孙喜亭：《教育与生产劳动相结合的原理被曲解了》，《教育研究》1981年第2期；吴元训：《教育始终是与生产劳动相结合的》，《教育研究》1981年第2期；傅统先：《谈谈生产劳动与普通教育相结合的几个问题》，《教育研究》1981年第7期；厉以贤：《关于教育工作方针的几个理论问题》，《教育研究》1982年第2期；董纯才：《坚持教育同生产劳动相结合的原则》，《教育研究》1983年第2期。

② 扈中平：《人是教育的出发点》，《教育研究》1989年第8期；安平："教育与人"学术讨论会综述》，《教育研究与实验》1989年第3期；魏贻通、邬大光、邱邑亮：《以马克思主义为指导研究教育、社会和人的关系》，《教育研究》1990年第11期。

③ 王道俊、郭文安：《试论教育的主体性——兼谈教育、社会与人》，《华东师范大学学报（教育科学版）》1990年第4期。

于满足社会和人的发展的需要;① 以辩证唯物主义和历史唯物主义为指导，将问题聚焦于教育的社会功能与教育促进人的身体和精神发展的功能之间的关系;② 此外，在特定社会背景下，还需要明确人的全面发展理论对于教育目的的确定究竟有何指导意义。③

总体上，以马克思主义为指导，教育学者们对教育的性质、地位、价值、目的、内容、方法和评价标准等各要素及其相互关系都形成了崭新认识，由此不断丰富着中国特色社会主义教育的理论体系。在这个领域，除了阐释马克思主义关于人的学说，以及前述王焕勋针对翻译问题的分析，值得一提的还有瞿葆奎所做的正本清源的工作。他一边研读中文译本，一边请人查阅德文本或自己检索英文本。在这一过程中，他发现中文本与德文本、英文本在一些关键概念的翻译上颇有参差。例如，《资本论》中论及工厂法的教育条款和未来教育的幼芽时，有译："智育和体育同体力劳动相结合的可能性"，"生产劳动同智育和体育相结合"。在认真核对德文本和英译本后，见到这里的"智育"分别为"unterricht"和"instruction"（均指"教学"），"体育"分别为"gymnastik"和"gymnastic"（均指"体操"），所以，难以说这里的"智育"和"体育"是切合原意的。此外，他又对《就若干问题给临时总委员会代表的指示》中的"4. 男女青少年和儿童的劳动"的"mental education"进行了辨译。④ 同时，为免传讹滋蔓，瞿葆奎亲自"操刀"，重译了这篇短文，并请马骥雄和邵瑞珍校订，以及语法学家林祥楣审阅。不仅如此，瞿葆奎对个人全面发展教育的内涵也进行了澄清。

---

① 王汉澜、马平：《浅谈教育的价值》，《华东师范大学学报（教育科学版）》1991年第1期。

② 张同善：《试论教育的社会功能与教育促进人的身体和精神发展的功能的关系》，《华东师范大学学报（教育科学版）》1991年第4期。

③ 陈桂生：《略论人的全面发展理论与教育目的》，《华东师范大学学报（教育科学版）》1992年第2期。

④ 瞿葆奎：《教育学的探究》，人民教育出版社，2004年版，第33—71页。

第二节 以基本问题为路径

"几乎任何一次教育观念的更新，都有着理论特别是教育基本理论的支持，正是教育基本理论中对有关问题的探讨，引发了人们思想上的解放和观念上的突破。"[1] 教育（学）的基本理论的旨趣就在于探索具有根本性的教育问题，并对这些问题作出准确解释和审慎回应，它的推进往往成为整个教育学科及其学术研究进步的标志。在这一层面，学者们进行了以下方面的探索。

第一，关注学科中重要的理论课题，在反映学科基础知识和当时研究成果的基础上，凸显有价值的研究问题。1981年至1983年期间，关于教育学问题的重要论文陆续在《教育研究》《华东师范大学学报（教育科学版）》《北京师范大学学报》《中国社会科学》《人民教育》等刊物上发表，内容涉及教育的本质或属性、教育规律的客观性、教育起源的阶段划分与发展变化、教育与社会生产或劳动力的关系、教育与人的全面发展的关系、新时期的教育方针以及教育改革的问题等。其中，许多问题的提出与反思苏联教育学的基本理论、马克思列宁主义方法论的背景以及教育学科建设的现实境遇和时代要求密切相关。1988年，为纪念党的十一届三中全会召开十周年，中央举办了全国理论讨论会，教育科学理论正属其中一个重要方面。为此，《教育研究》杂志编辑部约请了刘佛年、瞿葆奎、黄济、陈桂生、叶澜、陆有铨、孙喜亭、顾明远、胡德海等教育理论界的著名学者，就教育科学的总体研究、教育基本理论、教育分支学科、教育专题论争、教育科研指导思想以及方针政策等方面撰写文章，并汇总出版了《党的十一届三中全会以来中国教育科学的回顾与展望》文集。其中，教育基本理论研究的成果主要集中于教育的起源、教育的社会性质与职能、社会主义初级阶段教育、教育与个人身心发展的关系、人的全面发展等问题。

---

[1] 瞿葆奎、郑金洲：《教育基本理论研究与教育观念更新——十一届三中全会以来教育基本理论研究引发的教育观念变革寻迹》，《华东师范大学学报（教育科学版）》1998年第3期。

除了将具有代表性的研究成果结集出版,相关探索过程更为详尽地体现在学者们各自的著作中。1989年,孙喜亭主编的《教育学问题研究概述》一书出版。在他看来,教育学的"基本问题"包含三个方面:一是教育学研究的对象、任务、发展历程和动向等学科自身问题;二是有关教育的起源、发展历史和本质的基本认识,以及教育与社会生产、教育与经济基础、教育与人的全面发展、教育与生产劳动相结合等关系问题;三是教学论、德育理论中涉及的主要问题。

为便于研究教育理论问题的同行和学员们参阅,也为理论观点的争鸣和批评提供文字依据,孙喜亭还将十余年来在马克思主义教育思想、教育基本理论以及教育实践中的理论问题等领域的探究成果集结成《教育问题的理论思考》一书,于1997年出版。其中,他对教育本质、教育功能、教育规律、教育发展、教育的出发点、教育价值观、教育现代化等问题做了梳理,并结合社会主义过渡时期的特征和确立新的教育观念的必要性,对社会主义初级阶段的教育性质、任务、改革与建设问题进行了专门探讨,形成关于社会主义初级阶段教育理论,由此提出教育科学研究面临的新课题。同时,他还注意到教育理论在教学实践中的积极作用,考察了教学模式的差异、教学中的人的价值和主体地位、学生的智力发展、德育过程的基本依据和方法论前提等问题,这些发问与思考已经显现出理论研究与实践之间的交互影响和密切联系。

对于孙喜亭提出的"教育学问题"一词(尚未同其后来著作中所使用的"教育问题"一词相区分),石中英在关于"教育学的文化性格"的研究中将其作为一个专门的概念提出来,赋予其新的内涵,并且给出更为明确的界定。他认为,与"教育问题"不同,"教育学问题"一般由教育学者自己提出,主要指向教育认识领域,并不直接回答教育活动中的问题,而是帮助教育学工作者认识、理解和规范自身的教育学活动,可概括为教育领域的"元问题",即关于如何提出、确定、陈述、分析和回应"教育问题"的"问题"。[①] 就二者的关系来看,"教育问题"是"教育学问题"

---

① 石中英:《教育学的文化性格》,山西教育出版社,1999年版,第15—16页。

存在的前提，后者则是人类对前者的认识达到一定历史阶段后的产物。参阅老一辈教育学者的相关论著可以发现，纳入"教育基本理论"或"教育学原理"领域的问题大致类似，涉及诸如教育的含义与起源，教育的存在与发展，教育的形态与本质，教育的取向与目的，教育的属性与职能，教育的主体（"人"）与环境，教育的传统与现代化，教育的理论与实践基础，教育研究的范式以及教育学（"学科"）的性质、类型、体系、历史发展、建设以及反思等问题。在这个意义上，教育理论的基本问题或原点问题，主要指向的是关于"教育"和"教育学"的根本性、总体性或一般性的问题，其中始终蕴含着三个向度——内在于教育的基本原理、外在于教育的理论或实践形态以及教育学科的理论体系——之间的关联与张力。

第二，为改进教育学科建设现状，适应社会主义现代化建设的需要，加强教育学的理论研究，提出有待继续探讨的问题。1990年，中国教育学会教育学研究会受福建教育出版社的委托，开始主持编写"教育学丛书"。该套丛书着眼于建立具有中国特色的社会主义教育学理论，同时满足各级各类教育学工作者在理论和实践层面的需要。在结构上，它分为两个层次，第一层次是总论部分，即"教育学原理"，第二层次为分论部分，包括各级各类教育学，因而呈现出一般与特殊、共性与个性相结合的特点。显然，第一层次是基础理论，对不断分化的研究对象、不断扩大的实践领域具有指导作用。王道俊、扈中平担任了《教育学原理》一册的主编，他们从国情出发，力图以联系现实、切合实际的方式探讨教育理论和教育思想，并且尤其关注四十余年来教育发展过程中遇到的重大问题。为了修订编写提纲，当时专门召开了由瞿葆奎主持、全体编写人员参加的讨论会。此外，黄济、王逢贤还对编写提纲和初稿提供了书面意见。

不过，在编写时，令他们犯难的是，他们的任务在于阐述各分册的共通原理，那么何为"教育学"和"教育学原理"？教育学有哪些原理？用什么方法、在什么范围和层次上探讨教育学原理呢？个中困难并非这本书所能解决，但仍要为此"谋出路"。他们一方面兼顾了教育与其他社会实践之间的共同与特殊之处，即不仅要解决人与外界的矛盾，而且要有目的地造就社会实践和社会生活的主体，另一方面综合了研究教育问题的微观层次和宏观层次，即以个体和群体为教育对象的活动和事业。依据这样的认识，该书主要讨论了四个问题：一是贯通于教育各层次的普遍原理；二是有关教育活动过程的原理；三是有关教育事业发展的原理；四是教育学自身的发展与研究方法。此外，他们注重教育学理论探讨的开放性，让多学科的视角介入进来，但同时，也持守边界，避免教育研究为其他学科的知识与方法所代替。[①]

第三，为明确当前教育理论中基本问题的研究进展，全面调查和呈现学科（尤其是教育基本理论研究）的发展趋势，筛选和编撰相关材料。1994年，在全国教育科学规划办公室组织的"教育学学科现状与发展趋势"的调查中，瞿葆奎主持了"教育基本理论"这一部分的工作。从1995年2月开始，他组织了15人的队伍，对14个课题进行了近两年的学科调查，形成了《教育基本理论之研究（1978—1995）》一书。这项工作旨在了解中国教育基本理论在17年间的发展状况和相关主题研究的发展趋势，内容涉及研究提出哪些主要问题，研究进行到何种程度，在哪些问题上有所推进或有突破性成就，研究还存在哪些缺失，哪些问题尚未探明而需要进一步研究，等等。尽管选定的这些课题并不能代表教育基本理论的全部内容，课题中涉及的所有问题也并非都能囊括于教育基本理论的范围，但要在占有材料的基础上，对这一阶段的研究成果进行系统的调查和分析，对各课题研究的脉络进行判断和梳理，对其中引用的论点、论据加以核对和补充，并对基本理论问题的发生、发展过程形成一个较为清晰的认识，以便为后续研究提供准确、可靠的参考，其中的工作量实属巨大。

起初，团队选取了分别由中国人民大学、上海图书馆、中央教科所以及华东师范大学教育科学资料中心编的索引，相互参照，以此作为主要的检索依据。接着，是根据整理后的索引阅读相关论著，并进行较为详细、客观的摘录。其后，将收集到的材料分类汇总，在归类的基础上，试图在纵向上梳理出关于每个问题讨论的发展脉络和线索，在横向上考察纷纭的

---

① 王道俊、扈中平主编：《教育学原理》，福建教育出版社，1998年版，第415—417页。

观点和认识，从中揭示研究中可能存在的一些缺失，并展望问题研究的走向。同时，根据所掌握的理论材料，还在各课题之间展开交流，尤其对内容交叉等情况加以讨论和协调。瞿葆奎及其团队成员发现，在编撰报告的过程中，不断出现新的、有价值的研究成果，于是收集材料的期限逐步后移，并对相关材料加以增补，对相应内容作出调整。至1996年12月，已经五易其稿。其间，根据全国教育科学规划办对教育学学科调查的有关要求，在完成这本书的同时，还提炼出"简编"稿，为撰写《我国教育学学科现状与发展趋势调查报告》提供了教育基本理论方面的材料。[①] 此后，以2000年为开端，也作为前期调查工作的延续，《中国教育研究新进展》的纂辑工作计划启动了，使学科调查经常化、系列化，并以每年度进展报告的形式反映出来，逐渐积累相关的研究素材，为教育理论工作者和实践工作者提供与时俱进的资料借鉴。

第四，为承接教育学的时代精神，恰当总结以往理论研究的经典成果，在此基础上探索形成更为合理的或具有创新性的问题分析框架。20世纪90年代末期，社会转型的进程已进入深度变革阶段，处于世纪之交的境况下，教育理论所关涉的基本问题在内涵、形式、旨趣等方面也发生着变化。如何整理、看待先前已有的课题或问题，并在原有研究的基础上有所推进、澄清对教育的规律性的认识，也是学者们共同探索的目标。1996年，在全面总结历史经验和现代教育理论发展的基础上，黄济和王策三共同编写了《现代教育论》。书中，他们从整体上将前期对教育的本质、起源、功能等一系列重大问题的研究和概念综合起来分析，予以概括化、系统化。其中，主要涉及理论基础、基本问题研究方法和研究趋势等方面的问题。如在理论基础中，论述了现代教育和教育学建立的社会学基础、哲学基础和心理学基础；在基本问题中，分析了现代教育的基本特征及其生产性特点。[②] 后来，它被教育部有关单位推荐为研究生教学用书，多次获奖并多次修订出版。

---

① 瞿葆奎主编，郑金洲副主编：《教育基本理论之研究（1978—1995）》，福建教育出版社，1998年版。

② 黄济：《黄济口述史》，北京师范大学出版社，2010年版，第66页。

王策三在自己的学术研究中同样极为关注教育基本理论问题，他将基础性的问题视为重大问题，那些关系着教育教学理论和实践发展全局、具有时代和实践紧迫性的课题，诸如个人全面发展问题、现代教育概念问题、教育主体哲学问题、教学认识论本质问题、教学实验标准问题，① 都是他着力探讨的方面。将这三方面的研究综合起来，有助于凸显教育、社会和人的发展之间具体的规律性联系。同年，石佩臣尝试将教育学基础理论作为教育学的一门独立新学科进行建设，使其脱离"概略论述"或"总论"的旧模式，将教育视为一个总体对象，阐发教育的一般规律，并为教育学的其他分支学科提供共同的理论前提。为此，他围绕"社会、教育、人的相互关系"这一教育学基本问题，系统地重构了教育本质、教育结构、教育目的、教育过程、教育要素以及教育研究方法等问题。②

在这一时期，对教育基本问题的认识已然构成教育基本理论建构的核心。随着思想意识的解放，我国教育学者已集中关注了教育的起源、教育的本质、教育的规律和教育的社会功能等一系列基本理论问题，并就此展开广泛的讨论。其中，特别是在关于教育的社会性质与职能问题、社会主义初级阶段教育性质与特征问题、教育与个人身心发展关系问题以及人的全面发展问题的研究上，取得了前所未有的进展。时代背景的更迭和转换，加之重要的理论问题之间产生的连锁反应，使整个研讨的过程和对相关问题的认识不断深入。20世纪70年代末，在中国教育现代化的进程中，教育与生产发展的关系问题再次显现，并逐步转换为教育与社会经济、政治乃至整个社会生活相结合的问题。同时，学者们从历史和文化中寻找根源、汲取养分，使得教育研究与民族传统文化的关系更为紧密，为教育发展与变革开启新的问题领域。

值得一提的是，20世纪80年代以来，教育科学研究呈现多元发展的趋势，尤其是对教育本质、教育功能等问题的探索已经超出了问题本身蕴含的理论意义，现代教育范畴之下的不同理论之间可以相互学习、相互借

---

① 王策三：《教育论集》，人民教育出版社，2002年版。
② 石佩臣主编：《教育学基础理论》，东北师范大学出版社，1996年版。

鉴。其中,教育、社会、人之间的地位关系、作用方式等问题成为教育科学理论界的热点。[①] 黄济认为,当时教育理论界热烈争论的教育本质问题并未完全解决,并提出新的讨论建议:教育是社会生活的永恒范畴,又是随社会发展而变化的历史范畴,这就需要阐明教育与社会、人的三边关系,使教育成为社会与人相互结合、促进的桥梁。[②] 教育两大功能的关系是社会与人的关系在教育领域中的特殊表现,其关系性质也随着历史发展和社会制度变化而改变。对此,叶澜提出从教育系统内部的宏观、中观、微观层次来分析其存在形态的路径,不同层次的关系表征着社会对教育的要求的逐级内化和特殊化。同时,教育促进社会发展的功能对于教育促进个体发展的功能,既有定向的作用,又须寓于其中。[③]

当然,除了在重要议题上取得的重大成就,处于社会转型和教育体制转轨阶段的教育基本理论也不乏"内在弱点"。[④] 比如教育基本理论专题研究的论著很少,基础性的资料建设和严谨的学术专著尚待扶持,教条主义和狭隘的经验主义仍未消退,而教育基本理论之"基本"的内涵是什么,教育基本理论的研究对象是什么,以及它有没有受到足够的重视,这些问题都是待解的疑团。此外,还存在某些被忽视或误解的倾向,比如将基本理论研究贬为"抠概念",孙喜亭就澄清,不能把"抠概念"当作教条和理论脱离实际的现象来鞭笞,更不能把为实践服务窄化为对策研究。基本理论课题是教育科学研究面临的重要任务,而理论研究在特定含义下有必要远离特定的实际,科学地加以抽象,以求更大范围地概括实际,形成科学概念和相应理论,诸如"教育"的科学概念问题、教育学的逻辑起点、

---

① 邬大光、魏贻通:《教育功能探析》,《华东师范大学学报(教育科学版)》1991年第2期。

② 黄济:《雪泥鸿爪:黄济教育文选》,北京师范大学出版社,2001年版,第27—31页。

③ 叶澜:《教育概论》,人民教育出版社,1991年版,第325—333页。

④ 陈桂生、瞿葆奎、叶澜:《中国教育基本理论的新进展》,载《教育研究》杂志编辑部编:《党的十一届三中全会以来中国教育科学的回顾与展望》,教育科学出版社,1988年版,第91页。

教育规律问题、现代教育的实质问题，这些都是应予以解决的基本课题。[①]

总体来说，教育基本理论的学者们对我国教育改革实践中的问题也展现出理论上的高度敏感性，能够站在理论的前沿提出问题、分析问题，在对教育实践产生积极影响的同时，也对教育理论的建设起到促进作用。如顾明远在王北生主编的《当代教育基本理论论纲》的序言中所说，教育基本理论研究是亘古常青的课题，其发展不仅受时代变化、社会变革和科学发展的推动，也由于教育科学工作者对教育规律的认识还有待清晰，教育科学的基本概念、理论体系本身仍有可完善的空间。[②] 也是在这个意义上，学者们着力把握现代教育内在的质的规定性，以避免简单地从外部条件、外部标志来定义或描述现代教育。这既需要观察其中的矛盾运动，又不能脱离历史发展过程。

第三节 以学科架构为路径

从1991年起，为了推动教育理论研究，促进师范院校教育课程的改革，加强教育学教材的建设，提高教育学教学的质量，国家教委责成师范教育司在深入调查研究和广泛征求意见的基础上，组织教育理论界、教育行政管理等方面的学者，共同成立了课题研究组，经五次研讨、八度改稿，最终拟定了《教育学学科建设指导性意见》。这份意见以马克思列宁主义、毛泽东思想和邓小平建设有中国特色的社会主义理论为指导，力图适应当代教育改革与发展的时代潮流，概述中国教育理论研究与教育学教材建设的历史进程，总结国内教育改革的成果经验，吸收、借鉴国内外教育理论与实践新成果，并且对学科教学中的若干重大理论问题（包括公认的原则性问题和有争议的问题）加以回顾、分析、总结，在这个基础上，

[①] 孙喜亭：《社会主义初级阶段教育理论的形成与教育科学应研究的课题》，载《教育研究》杂志编辑部编：《党的十一届三中全会以来中国教育科学的回顾与展望》，教育科学出版社，1988年版，第112—113页。

[②] 王北生主编：《当代教育基本理论论纲》，人民教育出版社，2012年版。

提出明确的、带有导向性的观点和深化研究的建议。①

尽管其中的见解仍有探讨的余地，但不可否认，这个意见为教育理论的研究、教育学科的建设提供了一个基本框架，主要涉及四类专题：一是教育学教材建设的指导思想与方法论；二是教育的基本性质、功能、目的与根本原则；三是中小学教育实践的一般理论问题，如德育、课程改革、教学改革、师生关系；四是有关学校教育发展趋势的问题，如教育的社会化与社会的教育化。实际上，关于教育学的学科问题始终是教育理论建设的核心任务。对此，关注学科自身发展的学者们进行了如下方面的探索。

第一，教育学的逻辑起点。探讨教育学的理论体系，首先要解决的问题就是确立体系的"始点"。孙喜亭认为，这一问题主要是基于对教育学结构、体系混乱的不满而提出的，但问题的解决尚未达到"主客观、内因外因条件已趋成熟"的水准，不宜急于求成。一方面是因为人们对"逻辑起点"的理解并不一致，它指的应当是理论体系的起点，是对某一对象的"最后的抽象"或"多层次抽象的结果"，而非研究某一问题哲理或价值的起点。另一方面，科学任务要以概念的再现去把分裂的各部分综合为活的整体，达到"多样性的统一"和相应的理性认识。当时，教育学的若干基本概念和规律尚待澄清和揭示，唯其如此，才能构筑起确定逻辑起点的前提条件。② 其实，这个论题萌芽于1979年，直至80年代中期才真正显现出来，学界就此展开了持续十余年的讨论，逻辑起点的讨论前提、本质属性、特征以及探索方式随之逐渐清晰起来。瞿葆奎认为，尽管在这场"认真的争鸣"过程中，形成了各种观点，此后却"很少看到以自己或认同别人的逻辑起点为始项，建构范畴的体系、规律的体系的逻辑网络，来撰写

---

① 国家教育委员会师范教育司组编：《教育学学科建设指导性意见》，人民教育出版社，1995年版。
② 孙喜亭：《社会主义初级阶段教育理论的形成与教育科学应研究的课题》，载《教育研究》杂志编辑部编：《党的十一届三中全会以来中国教育科学的回顾与展望》，教育科学出版社，1988年版，第116—118页。

作为一门学科形态的教育学"。① 这意味着，从恰当的起点出发去建构学科体系仍是未完成、待完善并且有赖持续耕耘之事。

第二，教育科学的分类框架。教育学科的分化至今已有一个多世纪，众多分支学科在发展上参差不齐，这意味着在新的历史条件下，相关领域需要获得不同程度的新的成长。自 20 世纪 70 年代以来，经过学科建设者们的艰辛努力，中国教育学体系一方面已经初具学科规模，初步形成类型多样、相互渗透的动态发展格局，另一方面则尚未形成自身特有的建设模式。② 面对不断分化的学科群，有必要引入一套可以为理论研究工作者在理智上判断、辨识和把握方向的分类标准。这就需要从分类学的角度，从根基上重新"清理"教育科学的范围和边界。分类是科学研究中的一项重要工作，对教育科学进行分类意味着对教育学科本身进行一种反思，有助于学科自身发展逻辑的清晰化，使学科在规模上得以丰富、有序，在深度上走向成熟、综合。其中，还蕴含着分化与整合的辩证思维。基于这些考量，在全面考察现存各门分支学科的情况后，瞿葆奎和唐莹提出了一个可供商榷的教育科学分类的方式或标准：一是将所运用的学科作为一种理论分析框架，二是将所运用的学科作为一种具体的方法，三是综合运用多门学科的解释来解决教育的实际行动问题。"由三种形式而形成的教育科学分支学科，都是以教育活动这一实践形态为对象的，最终以理论形态表现出来。"③

在为教育学科确立科学分类的分析框架的基础上，由若干教育分支学科作为主题类别构成的"教育科学分支学科丛书"（以下简称"丛书"）也陆续出版。实际上，1990 年，瞿葆奎在天津教育学研究会常务理事会上就提出了撰写这套"丛书"的设想。后来，受人民教育出版社前社长兼总

---

① 程亮：《融会古今　兼采中外——瞿葆奎先生教育思想纪略》，《国家教育行政学院学报》2005 年第 8 期。
② 侯怀银：《我国新时期教育学科体系建设和发展的回顾与展望》，《教育研究》1998 年第 12 期。
③ 唐莹、瞿葆奎：《教育科学分类：问题与框架》，《华东师范大学学报（教育科学版）》1993 年第 2 期。

编叶立群的恳托，1995年终于正式启动了"丛书"的设计和组织工作。此前，国内虽然已有一些教育科学丛书，但经过充分的调查和分析后发现，这些丛书似乎"少序"甚至"无序"，尚未条理化，更未形成系列和体系。而"丛书"以历史唯物主义和"三个面向"为指导，力求做到历史与逻辑相结合、材料与观点相结合、叙述与评析相结合；在撰稿过程中，邀请中青年学者分别著述，聘请年长学者为"特约审稿人"，以达相互切磋、提高质量的目的。这项工作的开展和一系列主题的撰写为中国社会主义教育科学的发展勾勒出了概貌，参与其中的作者需要在广泛占有资料的基础上，既从纵向上论述学科的发生、发展与趋势，也从横向上比较和分析不同流派的观点。20世纪90年代以来，新兴学科领域的出现，还催生出许多新的理论观点和视野，由刘佛年主编的"当代教育新理论丛书"就集中反映了当时国内外教育研究的新成果，并由此回应了我国教育改革和发展中一些亟待解决的理论问题。一批各具特色的教育理论专著陆续出版，形成了一种百花齐放的局面。

第三，元教育学的研究。各门分支学科在理论上的不断成熟进一步催生了学科自我反思的需要。最初，这表现为对20世纪70年代末期以来的教育学"科学化"进程乃至"科学主义"思潮的质疑与批判。[①] 而后，为了重新观照教育科学化的可能性和方向，明确教育学的学科性质和地位，以教育理论本身为研究对象的新兴学科形态（以元教育学为代表）逐渐形成。特别是在"拨乱反正"之后，我国教育学科一方面加快步伐恢复和重建，另一方面也在积极开拓新领域。国内"元教育学"的兴起，大体也是这一趋向的反映。而发起和引领这一领域的，正是华东师范大学教育基本理论领域的教师和研究生群体。早在20世纪80年代中期，反思教育学的"意识"就开始在这个群体身上萌动，到90年代初期逐渐酿成了"元教育学"研究的风潮。瞿葆奎、陈桂生、叶澜等学者都在不同程度以不同的方式推动了这一进程。一时间，华东师大教育学系俨然成了元教育学研

[①] 侯怀银等：《20世纪中国教育学发展问题研究》，北京师范大学出版社，2011年版，第109页。

究的"高地",使学界对教育学的反思步入新的阶段。

作为教育学反观自身的产物,元教育学被视为教育学"困惑时代的哲学"①,为教育学的理论发展提供清思的契机和空间。秉持这样的认知,瞿葆奎不仅直接参与元教育学问题的研讨,而且积极搭建学术平台,推动更多教育学人开拓这个新兴领域。元教育学的创建正是他"引领学界同仁在教育学认识论自觉过程中获得的一大成果"②,这也可以看作他在20世纪80年代初期对方法论的自觉(即关于教育学研究方法的系统探讨和实践改进)的一种自然延伸。从1994年开始,他在《华东师范大学学报(教育科学版)》开辟"元教育学讨论"专栏,支持老中青学者深入讨论这一问题,把我国元教育学研究推向了高潮。在此期间,他还特邀德国元教育学的倡导者布雷岑卡撰写了一篇论文《教育学知识的哲学——分析、批判、建议》,作为布雷岑卡元教育学观点的精华,这对当时我国元教育学研究的深入发展具有重要的参考价值。

随着涉足这一领域的研究者人数的增加,到1999年,瞿葆奎又主编了《元教育学研究》,对20世纪90年代以来较有影响的元教育学研究成果进行了筛选、汇集,尤其对何为元教育学和其中包含的具体内容进行了澄清和辨析。在这部论文集中,选文大致包含四类:一是对何为元教育学的探讨,诸如元教育学的性质、研究对象、研究内容、研究意义等;二是对元教育学所包含的具体内容的思考,诸如教育的意义与概念、教育理论的性质与结构、教育学的逻辑起点与范畴、教育学史等;三是对已有元教育学研究成果的综述,尤其是对1978年至1997年间我国教育学界的相关研究情况进行梳理与评析;四是前述布雷岑卡所写的论文。③ 也是在他的组织下,唐莹的《元教育学》列入"教育科学分支学科丛书",这是国内第一本从认识论角度审视教育学的专著,颇引学界的注视和评论。

同在这个领域,陈桂生的贡献独树一帜。1998年,陈桂生将自己"教

---

① 瞿葆奎主编:《元教育学研究》,浙江教育出版社,1999年版。
② 雷云、吴定初:《教育学的深层自觉及其实践——论〈二十世纪中国教育名著丛编〉的学术意义》,《教育研究》2016年第5期。
③ 瞿葆奎主编:《元教育学研究》,浙江教育出版社,1999年版。

育学研究"课程的讲义改编为《教育学的建构》一书，通过探索治"教育学"之道来澄清教育学的理论基础。他发现，20 世纪 80 年代以来，教育学在建构的过程中存在诸多尚未解决的基本问题，教育学的学科架构正是从有关这些基本问题的探讨中逐渐形成和完善的。譬如，教育学的研究对象、研究方法、理论基础、学科地位，教育理论的性质与分类方式，教育学的概念、命题、论证、框架，教育学的名实之辨、演变轨迹、分化与综合，等等，这些问题所表征的现象都带有一种普遍性，而这本书即属于以"教育学"为研究对象的研究领域，旨在勾勒出教育的知识哲学或教育学的基本原理。为建构较为周密的教育理论体系，澄清教育学的陈述标准与规则，他遂将"元教育学"的视野和精义引入教育基本理论研究。他鲜明地指出，元教育学是指按照"分析-认识论的标准"，对教育学陈述体系进行逻辑的和语言的分析；同时也提醒，如果不具体考察其中的标准和规则所由产生的历史的教育学现象，进而运用这些标准和规则检验各种教育学问题，那么元教育学就只能沦为一堆教条。[①]

　　事实上，陈桂生对这个领域的兴趣，始于 1988 年与瞿葆奎、叶澜合写的一篇总结十年教育理论研究进展情况的文章。文章既成，意犹未尽，他又写了一篇题为《教育学的迷惘与迷惘的教育学》的论文，由此开启了其教育学的探究之旅。1990 年春节期间，瞿葆奎与陈桂生等人讨论教育学重点科学事宜，陈桂生主张开展元教育学研究；后来，这个课题被确立为博士点项目，并由他承担。在此基础上，他还陆续出版了《"教育学视界"辨析》(1997) 和《"教育学"辨——"元教育学"的探索》(1998)，这两本书分别对教育学的陈述方式和治教育学的思维方式进行了细致的厘辨与剖析。在后一本书的跋中，他说明了自己"做"元教育理论的研究路线，"是从对客观存在的教育学现象的透视入手的，进而转入关于治实践教育学之道的考察，最后才涉及教育的元理论问题"。[②] 可以说，这与他一贯坚持的唯物主义教育观、以现象为向导和以逻辑的历史叙述方式展开的治学

---

　　① 陈桂生：《教育学的建构》，湖南教育出版社，1998 年版，第 320 页。
　　② 陈桂生：《"教育学"辨——"元教育学"的探索》，福建教育出版社，1998 年版，第 394 页。

风格密切相关。

叶澜也是这个领域的引领者之一。她发现，在当时的教育科学领域内，尚未形成围绕教育学而建立的元科学群，教育科学缺乏对自身发展历史的深刻认识和对其结构、发展机制的认真剖析，对教育科学发展的现状和研究成果也缺乏中肯、及时的评析。① 早在1987年，她就敏感地意识到对教育学科进行反省的必要，发表了《关于加强教育科学"自我意识"的思考》一文。到1990年，她主编了"教育学科元研究"丛书，分别从教育研究方法论、教育科学发展史、教育理论哲学基础、教育学科与相关学科发展的关系等方面对教育学科进行了探讨和反思。这套丛书是全国哲学社会科学"八五"规划重点课题——"教育学科体系的建设与发展"研究的产物，也是我国第一套以教育学科自身为研究对象的学术性丛书。

第四，教育学史的脉络。1978年，陈元晖在教育学教材初稿讨论会上提出：教育学的研究要以唯物辩证法为方法论基础。② 这不仅是对教材编写的建议，而且直指教育学研究的基本视角的确立，为的是提醒研究者们不要陷入政策汇编或工作手册中去，而应不断审视自己的教育思想，诠释教育之"学"而非"术"。他注重"文本与历史的互释"，关注教育学的方法论基础所经历的转换过程，即从唯理论到经验论，再到唯物论，由此为近代教育思潮的发展阶段确立了经典的解释框架，为理解近代教育学的转型过程做了奠基性的工作。到了晚年，他仍致力于建立中国教育学史的叙述框架，最终形成了凝聚他最后阶段思想精华的《中国教育学史遗稿》。可以说，这是他尝试建立中国本土教育学的探索成果。③

与元教育学的探索历程密切相关，进入20世纪90年代后，瞿葆奎关于教育学的逻辑起点、学科体系等方面的深入思考，也转向对教育学史（教育学作为一门学科的存在基础和发展历史）的考察，以及对教育学的

---

① 叶澜：《关于加强教育科学"自我意识"的思考》，《华东师范大学学报（教育科学版）》1987年第3期。

② 王道俊：《在困惑中求索》，《教育研究与实验》2005年第2期。

③ 于伟：《一位革命学者的教育学探索——追忆陈元晖先生》，载石中英等编：《新中国教育学家肖像》，教育科学出版社，2019年版，第131—135页。

科学化、中国化和现代化建设等问题的关注。在这一研究进程中，"二十世纪中国教育名著丛编"（以下简称"丛编"）随之诞生。怀着对教育学的深层自觉和对中国教育学的奠基方向的关切，他在"丛编"出版前夕重发表了《中国教育学科的百年求索》一文，并将其作为"丛编"的"代序"。这是通过重新评述历史，来为"丛编"的学术意义进行论证。"割断现实与历史的联系，漠视新与旧之间的传承关系，不可能有中国教育学科的发展。"[①] 在组织整理和编撰这一系列著作的过程中，他与同仁一道，透过对异域理论、其他学科和意识形态等影响的反思，以及对20世纪中国教育学从"译介""移植""草创"到"编著""创生""发展"等历程的现实考察，重新审视了这段学术史，重视、维护本土原创的意识和学科独立的精神，并且提出了立足教育实践，整合相关学科资源，建构内在于自身的概念、命题和理论，以及作为教育学者独立于世俗权力、克服浮躁学风、仔细考察外来理论之于中国教育学科体系的妥适性等期许。其中，"丛编"的每一分册都有特约编辑写的一篇"前言"，以此凸显著作产生的时代背景、著者的学术或思想发展脉络和他们的重要观点。这些精心的编排工作为中国教育学史的呈现和学科根基的确立作了重要保障。

除了展现现实的教育学探索的中国经验，也有从形式或历史分析入手考察而形成的专著。1998年，陈桂生的《历史的"教育学现象"透视——近代教育学史探索》一书出版。书中，他以历史的"教育学现象"（包括陈述现象和研究现象）为视角，尝试治"教育学"之史。作为"元教育理论"课题研究的一项成果，这本书也呈现出"元教育学"与"教育学史"的内在关联：前者提供了考察教育学陈述的诸种范畴与认识论标准，成为具体分析历史的教育学陈述现象的一个参照；后者可以对尚处孕育中的元教育学加以检验，以避免历史的教育学研究现象被某种定型的框架（"元语言"）所裁剪。[②] 正如有论者所提醒的，元教育理论研究作为教育理论

[①] 瞿葆奎、郑金洲、程亮：《中国教育学科的百年求索》，《教育学报》2006年第3期。

[②] 陈桂生：《历史的"教育学现象"透视——近代教育学史探索》，人民教育出版社，1998年版。

研究的方法论,可以使那些潜藏在理论主体背后的理论观凸显出来,但并不能推出教育理论"应然"的形式及其价值内容。① 在这个意义上,反思历史进程中的"中国教育学现象",从真正来源于实践并且关切实践经验的教育问题而不是从单纯的理论嫁接或移植入手,乃是教育(学)的理论研究及其学科建构所不能回避的过程。

第四节 以教科书编写为路径

在我国,作为学科的教育学的发展,与教育学教材的编写密切相关。20世纪70年代末至80年代中期,整个社会和教育的重建要求教育学者编写一本教育学科的教材,以应各级师范院校的教师开课和学生学习所需。可以说,教育学研究的重新开启,是从编写教育学的教科书着手的,这也是教育学者责无旁贷的任务。但编写一本教科书的工作,并非一朝一夕就能完成。当时,应急的措施是由国家出版社重印刘佛年主编的《教育学》讨论稿。作为中国第一本以学术著作定位的教材,这本书涵盖了教育学的一般原理、普通学校中的教育教学工作、普通学校的教师及学校行政等内容。尽管早在60年代初,这本教科书就开始由我国教育学者和大学教师联合研究并编写,旨在有别于凯洛夫主编的《教育学》,力图超过从外国翻译来的教科书。但是,经历了"教育大革命"时期的"政策汇编"和"文化大革命"期间的"语录化",改革开放初期我国教育学的园地已是满目疮痍,甚至连适应新时期师范教育的教育学教材都难觅见。

1978年,为了应对教学的急需,刘佛年于20世纪60年代初主编的《教育学(讨论稿)》第5次内部印刷。这年冬,刘佛年应邀赴日内瓦参加联合国教科文组织的会议,顺访人民教育出版社戴伯韬社长。戴伯韬希望出版这本讨论稿,以应对"青黄不接"的局面。刘佛年认为稿子陈旧,不宜公开出版。最后,戴伯韬说服刘佛年:"有比没有总要好些。"然而,此间几乎有二十年的差距,需要进行补救式的修改。于是,刘佛年返回上

---

① 周作宇:《元教育理论及其危险》,《教育研究》1997年第8期。

海，一方面请张家祥、瞿葆奎集中修改文稿，删除书中强调阶级斗争等与现实不相符的内容，另一方面请金一鸣、储培君和钟启泉增写了关于教育与经济发展、电化教育与教育改革的关系以及教育与社会主义建设相适应的内容。他还在"前言"中审慎地指出该书"许多内容已经陈旧，理论上也存在着不少缺点和错误"，并自我剖析："这个讨论稿在表述上，从概念、从方针政策出发多，从实际出发，提出问题、分析问题少。在编写时，我们虽然注意到把历史的叙述和逻辑的证明结合起来，可是由于水平的限制，没有做到材料与观点的统一。"同时他表示："殷切期待着不久就有较好的教育学教材来代替这本旧书。"[1] 即便如此，这仍不失为摆脱苏联模式、建设具有中国特色的新体系的重要一步。

正如刘佛年自述这段经历时所说，自己是被"点将"后"受命"组织编写工作的，虽然始料未及，却奠定了他从此将教育理论研究作为学术主攻方向的基调。[2] 为了突破此前"工作手册式"与"政策图解式"的教育学模式，构建基于中国教育的价值观念、理论和历史经验的"中国化"的教育学[3]，以刘佛年为代表的教育学编写组毅然承担起了这项历史重任。尽管改革开放后，这本书的使用时间并不长，但它对于推进教育学的中国化，尤其对于纠正教育学的政治化、语录化、标签化等问题仍有积极作用。[4] 1979年，这本书终于由人民教育出版社正式出版，其后4次印刷，发行近50万册。到1981年，刘校长认为这本书已经完成了它的历史使命，主动函请人民教育出版社停印。

此后，在改革开放的氛围下，各高师院校对教育学的研究重新兴盛起来，思想的解放和学术研讨的活跃促成一批教育学教材的出版，其中最具代表性的，包括北京师范大学教育学系教育学教研室编写的《教育学讲授提纲（征求意见稿）》（1978）和修订后的《教育学讲授提纲》（1980），

---

[1] 刘佛年主编：《教育学》，人民教育出版社，1979年版。
[2] 刘佛年：《刘佛年学述》，浙江人民出版社，1999年版，第22—23页。
[3] 陈桂生：《刘佛年〈教育学〉述评》，《江西教育科研》1998年第3期。
[4] 冯建军：《中国教育学70年：从中国化到主体建构——基于不同时期教育学文本的分析》，《课程·教材·教法》2019年第12期。

由王道俊、王汉澜主编并由河南师范学院（河南师范大学前身）、甘肃师范学院（西北师范大学前身）、华中师范学院（华中师范大学前身）等五所院校合编的《教育学》（1980、1982），在五院校版本基础上由王道俊、王汉澜主持重新编写的《教育学（新编本）》（1988、1989、1999），南京师范大学教育系编写的《教育学》（1980、1984），顾明远、黄济主编的《教育学》（1982），华东六省一市七所师范大学合编的《教育学》（1999），等等。其中，王道俊领衔主编的教育学教材共计印行7版，堪称经典，被人民教育出版社评价为"创造了新中国教育学教材史上的一大奇迹"。这些"先声之作"为中国教育学的复归和迅速发展作出了贡献，反映了特定时期教育科学研究的理论水平（部分教材编写情况如表4.1所示）。

1978年，由人民教育出版社组织、华中师范大学五院校合编的工作正式启动，1980年印行第一版，1982年印行第二版。然而，五院校《教育学》出版后不久，就现有关教材陈旧的批评，意见集中于教材未能跳出凯洛夫《教育学》的框架结构。于是1984年，人民教育出版社和教育部的相关部门提出了修改要求，王道俊及其团队也在新的困惑中探索。当时，恰逢全国开展"实践是检验真理的唯一标准"的大讨论，"编写组面对的情况是，一方面要大力调整教育秩序，提高教育质量，促进社会主义现代化建设；另一方面，教育思想还相当混乱，不少人还心有余悸，踟蹰不前，教育理论界也比较沉寂"。[①] 在这种背景下，编写组力图在教育理论上"拨乱反正"，准确阐述教育学的基本概念、基本原理和基础知识。

[①] 郭文安：《高校公共课〈教育学〉（新编本）编写的背景与思路》，《华东师范大学学报（教育科学版）》1991年第4期。

表 4.1 部分教育学教材编写情况（1978—1999）

院校	华东师大	北师大	华中五院校	南师大	华东七院校
主编	刘佛年	顾明远、黄济	王道俊、王汉澜	鲁洁	鲁洁
出版时间、编写及修订背景	1979年：这部1961年至1963年编写的教育学教材讨论稿，在"文化大革命"前没有机会修改和出版，后来应教学所需，作为教育学课程的参考教材。因时间紧迫，仅删去明显不恰当或重复的句段，订正了文字上的错漏，并新增两篇附录。	1982年：受教育部委托编写，作为教育学课程使用的教材。	1980年、1982年：因恢复教育学教学的需要，协作编写公共课教育学教材，于1978年列入文科教材编选计划。 1988年、1989年：在社会主义现代化建设的发展背景下，教育实践对理论研究提出更高要求，旧版教材难以适应，国家教委文科教材办也责成修改，并纳入1985—1990年新的编选计划。于是增删和调整了某些章节，以使内容编选更为全面、完整。	1980年、1984年：为解决教育系专业基础课程的教材问题，编写了第一版。在使用过程中，广泛征求各方意见。新版在教材体系上作了变动，增添了"教育的本质""教师和学生""智育"等章，并对原版的大部分内容加以重写或改写，力图以此反映我国教育实践和理论方面的新情况、新问题以及取得的新进展、新成果。	1988年、1999年：为适应公共课教育学的教学需要，协作编写了第一版。两年后开始在原书基础上进行修订，在保持原书框架、坚持理论与实用并重的同时，注意吸取近年来教育科学新的研究成果。

172

第四章　教育基本理论的多元格局

续表

适用对象	高等师范院校	中等师范学校	高等师范院校	高等师范院校（也可供中小学教师和教育行政干部研究参考）	高等师范院校或函授、夜大学
内容框架	绪论 一、教育与政治、经济的关系 二、教育与儿童身心发展的关系 三、教育目的和教育方针 四、学校教育制度 五、课程与教材 六、教学过程与教学原则 七、教学方法与教学形式 八、思想教育的	绪言 一、教育的产生和发展 二、教师 三、教育的对象——儿童 四、教育目的 五、学校教育制度 六、教学过程和原则 七、教学内容和方法 八、教学的组织形式	1982年版： 绪言 一、教育的本质 二、教育目的（1980年版为"教育方针"） 三、中小学生的年龄特征与教育 四、学校教育制度 五、教学计划、教学大纲和教科书（1980年版为"教学"）	新编： 绪论 一、教育的概念 二、教育与人的发展 三、教育与社会发展 四、教育目的 五、学校教育制度 六、课程 七、八、九、教学 十、电化教学 十一、十二、德育	一、教育学的研究对象与方法 二、教育与社会发展 三、教育与人的身心发展 四、学校教育制度和学校教育结构 五、教育目的 六、全面发展教育的组成部分 七、教师与学生 八、九、教学工作
				一、教育学的对象与方法 二、教育的本质 三、教育与社会的关系 四、教育与人的身心发展的关系 五、教师与学生 六、教育目的 七、智育 八、九、十、德育 十一、体育 十二、美育 十三、劳动技术教育 十四、十五、十六、十七、教学工作 十八、课外教育工作	

173

续表

十、思想品德教育工作 十一、课外活动 十二、学校管理 十三、教育评价	十九、学校教育制度 二十、学校管理	十三、美育 十四、体育 十五、劳动技术教育 十六、课外活动 十七、家庭教育 十八、班主任 十九、教师 二十、学校管理	六、教学 七、德育 八、体育、卫生 九、美育 十、基本生产技术教育 十一、电化教育 十二、学校共青团、少先队和学生会 十三、班主任 十四、人民教师 十五、学校领导与管理

意义、任务和内容
九、思想品德教育的意义、任务和内容
十、思想品德教育的原则
十一、思想品德教育的过程与方法
十二、途径与方法
十三、教师
十四、学校行政
附录一 教育与生产劳动
附录二 体育与卫生
附录三 电化教育
附录三 美育
附录三 劳动教育
附录三 课外活动和校外活动
附录三 少年先锋队工作
附录三 班主任工作
附录三 学校管理
附录三 教育和社会发展的关系

在当时思想解放、学术争鸣的氛围中，教育领域掀起关于教育本质、知识与智力、教学与发展等重大问题的讨论，为编写新教材创造了良好形势，《教育学》新编本的编写工作就此启动，并于 1988 年、1989 年、1999 年分别印行了第三、四、五版（即新编本的第一、二、三版）。自 20 世纪 80 年代起，王道俊就致力于对《教育学》教材的修改与完善，他运用马克思主义的立场、观点和方法，分析传统教育理论中被普遍忽视的主体性问题，率先提出了主体教育思想。直至新编本出版，王道俊仍未停止反思，他认为新编本虽然摆脱了"以阶级斗争为纲"，转向以经济建设为中心，但其中的教育观念和思维方式没有实质性的变化，而要真正让教材"新"起来，跳出陈旧的框架，就需要将主体教育论定为教材编写的基调。[①]

至此，教育部委托编写的这本教材已发行十余年。为了更好地适用于高等师范教育公共课，更新相关理念与资料，全面地反映时代变革的特征和教育发展的新需求，体现出现代教育理论的水平与质量，从 1999 年开始，在王道俊、郭文安的主持与组织下，修订和编写的任务重新启动。他们借助原《教育学》（新编本）已为人熟知的体系、规范与方法，在新版教材编订中，以主体教育思想为指导，实现由机械决定论和工具论向唯物史观和辩证法的根本转变。[②] 在教材内容上，立足社会发展的现实情况和未来走向，力图凸显关于"人"的认识的提升与突破，在弘扬人的自主性、能动性、创造性的同时，重视教育的社会功能，尤其是关注到社会物质生活条件对人与教育的制约；此外，在处理不同层次和范围的主体间关系、协调主体间的利益与能动性方面，编写者也有意识地从理论上予以反思，在以人为本、科学发展观的指导下去阐释当代人的发展与教育发展、社会发展之间的复杂关系问题，而不只是单纯地强调主体性。[③]

教科书的探索与形成过程正是时代精神变迁和社会职能转型的反映。

[①] 王道俊、郭文安主编：《主体教育论》，人民教育出版社，2005 年版，第 12—20 页。

[②] 董泽芳：《精神永在 风骨长存——深切缅怀王道俊先生》，《教育研究与实验》2017 年第 4 期；郭声健：《王道俊：一辈子 一本书》，《智慧中国》2018 年第 7 期。

[③] 王道俊、郭文安主编：《教育学》，人民教育出版社，2016 年版。

王道俊领衔编写、修订与更新的教材框架内容,已明确体现出从以阶级斗争为纲向以经济建设为中心的形势转移和取向变化。对此,王焕勋曾主持召开过由十多位专家参加的审稿会议,并逐章评审,会议持续十多天之久。这期间讨论的结果,既有概念、观点、材料和逻辑方面的规范性建议,也有思路和视角应体现时代精神、切合中国实际的要求,还生成了有待进一步讨论的问题。在同行学者的讨论、批评与建议下,编写者反思并提出新的修改方向和目标,主要包括:第一,把握教育学的研究对象,丰富教育学的专门知识,突出教育学的学科特点,力求克服用其他学科的知识简单代替教育问题探讨的弊病;第二,充实宏观教育的内容,深化微观教育的内容,并注意二者的内在联系,避免只见微观不见宏观或只见宏观不见微观的片面性;第三,尊重实践,实事求是,探索教育规律,在揭示必然性的基础上阐述必要性,摒弃"空想""空话",克服"唯上""唯书"的弊病;第四,充分肯定受教育者在教育活动中的主体地位,注重受教育者独立个性的发展和现代人才素质的培养,克服把受教育者看作消极对象的机械论观点。除了教材的对象、主题和内容方面,还涉及影响教材发展的方法、规范和观念因素,如有选择地汲取新近教育科研成果,探讨教育理论与实践的重大问题,融合传统与现代的教育理论,加强教材的实用性和可读性,等等。[①]

从最早版本的编写开始,郭文安就参与其中。回顾这一历程,他深感这项工作的艰难,更提出了一些值得审慎思考的问题,比如重科研轻教材编写、忽视新时期的教育观、陷入事务主义、低估教材编写的学术水平和高标准。在他看来,作为高校教材的"教育学"更近乎"实践教育学",但这不意味着在编写时简单强调实践的重要性,并非要"把它编成实践规程、操作技术之学,而是既要探索事实的尺度,又要检讨价值的尺度,并把二者结合或综合起来"。[②] 有论者评价,五院校合编的教材既强调教育理

[①] 王道俊:《在困惑中求索》,《教育研究与实验》2005年第2期。
[②] 郭文安:《教育学教材编写的思考》,《课程·教材·教法》2011年第1期。

论的基础,也考虑到时代感和前沿性,这些都增强了教材的解释力。[1] 他们还尝试突破传统教育学的沿袭体系,尽管这并未完全实现,但也激发了新的反思,即传统的沿袭体系是否仍有可取之处,是否具有一定的包容性、实用性和生命力呢?对于这类问题,不应操之过急,因为在经典教材内容的积淀与更新之间存在一种辩证关系,这需要随时代发展、依据新的研究进展去不断进行筛选和重新阐释。在这个意义上,教材学教材的编写始终是一项包含复杂性、创造性的工作,实质上也是一种持续推动学科发展的研究活动。[2]

这种全面考察、审慎判断而不急于求定论的意识同样体现在鲁洁身上。她明确地提出,应当开展对"批判"的"再批判",即为"文化大革命"期间被批判为所谓的"封资修"平反。譬如,凯洛夫教育学是当时学界批判的主要靶子,20世纪五六十年代编写的多本教材都被批评为前者的翻版。但她发现,这种批判有着反文化、反知识甚至反教育的特征,颠覆了"学校必须以教学为主"的基本立场。在她看来,即使凯洛夫教育学存在诸多问题,也不应就此否定"教育中最基本、最核心、最不可改变的东西"。[3] 促使教育回归其正常道路,对于学科建设的漫漫征途而言,也是有益的。在这个意义上,教材的编写可以视为重建教育学的尝试,这既是为了学科建设,也是为完善学校教育提供更坚实的理论依据。

在南京师大,"文革"末期就开始了教育系的学科重建,当时为了招生,需要开设课程、准备教材和讲义,于是在鲁洁的主持下,启动了教材编写工作。编写组经过反复论证和研讨,才确定了贯穿全书的基本概念和范畴。其中,主要阐明了五个基本问题。一是何为教育。这是最基本的观念问题,也是重建教育学首先需要厘清的概念,为了扭转此前对教育的泛

---

[1] 何齐宗:《五院校教育学教材在新中国教育学教材史上的地位和贡献》,《课程·教材·教法》2020年第4期。

[2] 郭文安、王乐、胡金木、马小芳:《重视教育学教材编写 推动教育学学科发展——访郭文安先生》,《当代教师教育》2018年第4期。

[3] 鲁洁:《回望八十年:鲁洁教育口述史》,教育科学出版社,2014年版,第220—231页。

化理解，说明专门化的学校教育，书中沿用了过去广义和狭义的区分，并强调后者"有目的、有计划、有组织"的特征。这样的定义尽管仍有缺陷，在那时却具有拨乱反正的重大意义。二是何为教育学。这里针对的是此前用领袖语录、政府方针政策来取代学科和科学研究的问题，为寻求突破，编写者特别提出教育学、教育理论与国家教育方针的区别。三是如何理解教育本质。编写组试图跳出当时二元争论的框架，去触及教育自身的各种要素之间的内在矛盾，以矛盾运动来说明教育本身的属性。四是如何理解教育目的。在当时的背景下，编写者主要强调了教育目的有其科学的内在规律，应由客观条件决定，尽管这并未突出应有的主观选择，但有力地反驳了此前盛行的权力意志，强化了自觉反省贴标签的意识，破除了对马克思主义的教条式理解。五是如何论证教育与社会、与人的发展的关系。在书中，编写者并未将二者概括为通常所谓"两大规律"，即教育要适应或超越社会的发展、教育要适应人自身的发展，而是将重心放在如何将其整合成一个真正的基本规律的问题上，突出了"对象主体化和主体对象化的双向过程"，从而促进两个过程的统一。可见，鲁洁领衔编写的这本教材力图突破"文革"期间对"教育"和"教育学"的泛化理解和对学科及科学研究问题的简单化处理，并且在厘清概念的基础上，对教育理论中的基本问题进行重新阐述。

20 世纪 80 年代，教育学教材不仅公开出版的数量增多，而且内容、类别和层次更加丰富，这使原来比较单一的统编教材趋于多样化，并"力求反映我国的教育实践和理论方面出现的新情况、新问题和取得的新进展、新成果"。[①] 由于不满足于"应急"的教科书，也不满足于只有"公共课"的教育学，更因上级号召教育学教师要努力从事于教育学的教材建设，高校的教育学教师几乎没有不参加教育学教材编写工作的。[②] 对此，瞿葆奎提醒，教材质量的提升，不只源于教材编写的热情，更应建立在对教育实践的总结、对教育理论的探究的基础上。同时，他也发现教材建设

---

① 南京师范大学教育系编：《教育学》，人民教育出版社，1984 年版。
② 陈元晖：《中国教育学七十年》，《北京师范大学学报（社会科学版）》1991 年第 5 期。

中值得进一步探讨的问题，譬如教育学教材应确定何种教学责任与目标，教育领域中如何处理理论与实践、材料与观点、规律与政策、历史与逻辑、批判与继承、叙述与评析之间的关系，教育学教材改革与建设的方向和使命是什么，以及教育学作为一门社会科学与作为一门课程教材之间的关系如何，等等。[①] 这些问题的提出，均有助于增强对教育学建构的深层反思，也促进了教育学教材的体系化建设与改革。

20世纪90年代初期，为了加强师范院校教育学教材建设，国家教委师范教育司对各级各类师范院校教育学课程的开设和教材建设情况进行了广泛调查，并组织教育理论专家、教育科研工作者、各级各类师范院校教育学教师、中小学校长和教师以及教育行政管理人员对当前历史现状进行了分析，在此基础上，编写出《教育学教学指导纲要》。这份针对教育学学科建设的纲领性文件，以马克思主义为指导，对教材中反映的重大理论问题和有待澄清、进一步加强阐述的问题作出说明，也对教材中的基本概念进行规范。[②]

1993年，成有信主编的《教育学原理》出版，黄济、王策三、孙喜亭等也参与了编写。这本书既是十一届三中全会以后至20世纪80年代末各位学者的学习和研究成果的汇集，也是国家教委原文科教材办公室1984—1990年高等学校教材规划中的教材之一，此后一直作为教育专业研究生教材来使用。1996年，石佩臣主编的《教育学基础理论》出版，这是一部以马克思主义为指导和理论基础的教育学科通论性质的著作，主要是基于对教育学科总体改革和全面建设的相关思考，探究教育学中最一般性的问题和基本规律。该书书名原定为《教育概论》，后考虑到应当区别于以往的教育学总论，或者避免被误解为关于教育的"概略论述"，遂改换了书名，将其提升至教育基础理论学科的高度，以为教育学提供必要的理论前提。

1998年，胡德海的《教育学原理》一书出版。出于对当时"教育学落后"的反思，并且为了打破苏联教育学的框架格局的制约，他回归"什么

[①] 瞿葆奎编著：《教育学的探究》，人民教育出版社，2004年版，第546页。
[②] 《中国教育年鉴》编辑部编：《中国教育年鉴（1992）》，人民教育出版社，1993年版，第176—177页。

是教育学"的前提性问题，基于宏观层次的教育知识与理论的性质、作用、地位和任务，秉持宏阔的视野和在改革开放的新时代建构教育学体系的信念，对教育学的基本概念、基本问题、基本理论及其基本关系进行了一番完整而系统的考察和梳理，从而给教育学以恰当的理论定位，并透显出教育学的理论价值。[1] 教育理论是教育实践的反映和总结，教育基本理论又是教育理论的主导部分，因而对教育理论和教育实践均起着全局性的影响作用。不过，他反思多年来的教育学教材，发现其中并没有对教育的理论知识与实践知识两个层次作明确区分，这就容易造成教育学"应然"与"实然"之间的矛盾。于是，他提出区分两种层次的教育理论知识的方案："不同层次教育知识、理论之间，不仅相互制约、密切联系，而且有各自不同的性质、作用、地位和任务。就宏观层次的知识理论来说，其任务是统观教育全局，明确研究对象，确定研究范围，厘定术语概念，阐明客观事实，揭示教育规律。微观层次的教育知识理论则必须密切结合教育实际，对教育实践具有切实的指导作用。"[2]

总体来看，1979 年至 2000 年间，我国公开出版的各种层次、类型的教育学教材累计已有 130—140 本。[3] 这些教材的涌现，本身就可以视为对以往移译、自编的教育学体系及其成果所进行的不同程度的总结，而教材的编写、出版，进一步推动了关于教育学的反思与建构。[4] 教育理论界对教育学教材改革的自觉意识，还体现在研究者们从方法论视角对中国教育学教材编写和体系建设问题的切入和探讨。有论者认为，教育学教材以教育学学科体系中最一般、最概括抽象的理论基石为基本内容，使学生获得具有一定理论深度的基本观点。不过，由于教育理论界对整个学科体系的结构和内部关系的探讨尚无统一定论，现有教材的各章节之间难以找出一条贯穿始终的线索，因而建立教材体系的首要任务是寻找并确立一条揭示教育活动各个侧面内在联系的发展线索。在内容构成上，可以依据对教育

---

[1] 胡德海：《置身于教育学术的天地》，《高等理科教育》2010 年第 3 期。
[2] 胡德海：《陇上学人文存·胡德海卷》，甘肃人民出版社，2014 年版，第 287 页。
[3] 郑金洲、瞿葆奎：《中国教育学百年》，教育科学出版社，2002 年版，第 210 页。
[4] 瞿葆奎编著：《教育学的探究》，人民教育出版社，2004 年版，第 310 页。

概念所作的"宏观"与"微观"的范畴划分和概括,对学科内容加以分类和统整。①

同时,教育学学科和教材体系的中国特色问题也备受关注。有论者认为,中国特色的教育学要回答中国教育实际的问题,以当代中国教育问题为基点,避免简单搬用或一概排斥的做法。②有论者进一步提出,如何既坚持以马克思主义为指导和社会主义方向,又不重蹈"教条化""僵化"的覆辙,仍是有待深入探讨的课题,而教育学中国化的关键在于如何理解与运用,包括教育学怎样联系中国教育实际,单以"大"教育学反映这种实际还是通过各分支学科、边缘学科的不同视角反映不同层次的教育实际、满足教育实践的多方面需求,诸如此类的问题都是有待讨论清楚的。③也有论者认为需要把握教育的普遍规律与特殊规律的辩证关系,后者又包括三个层次:某一生产力发展水平、经济形态下的教育规律,某种社会制度下所具有的教育规律,以及处于当前历史条件下中国教育所特有的规律。不仅如此,建立中国特色社会主义教育学还应正确处理现代化与传统的关系,使二者由双向选择的过程走向融合,在立足和赓续中国传统文化的基础上,积极适应时代创新的要求。④

此外,学者们注意到,教育学由课程起家,以往很少有不是教材的教育科学著作,这使得教育科学很容易与教育课程及其教材混为一谈。区分作为科学的教育学科与作为课程、教材的教育学科,重新审视二者的关系,对教育科学的发展和教育学科的教育工作以及教材编写工作而言,都具有重要意义。作为一门学科的内容、结构和逻辑,是由科学对象、科学

---

① 徐毅鹏:《关于当前教育学研究中的几个问题》,《东北师范大学学报(哲学社会科学版)》1984年第2期;高德建:《教育学体系之我见》,《天津师范大学学报(哲学社会科学版)》1984年第5期。

② 雷尧珠:《试论我国教育学的发展》,《华东师范大学学报(教育科学版)》1984年第2期。

③ 陈桂生:《教育学的迷惘与迷惘的教育学——建国以后教育学发展道路侧面剪影》,《华东师范大学学报(教育科学版)》1989年第3期。

④ 鲁洁:《建设具有中国特色的社会主义教育学管窥》,《教育评论》1988年第1期。

任务、科学逻辑决定的科学逻辑系统。这意味着，无论将教材体系当作科学体系来建设，还是将科学体系当作教材体系来应用，都是不合适的。就前者而言，这将大大降低教育学科对科学对象、范畴、方法等理论问题的研究要求，后者则需要将其转化为认识与程序的逻辑。① 事实上，教育科学的发展与整个教育事业（尤其是师范教育事业）的发展基本上是同步的。也有论者从这一"曲折前进"的历史中反省：教育学不是语录、政策法令、经验的汇编，而是应当形成自己的体系与内容的一门科学，更多地揭示教育的一般规律，并为处理好传统与现代化、本土化与国际化、当前与未来几个方面的关系奠定理论基础。②

尤其是在 20 世纪 70 年代末期至 80 年代末期，国内自编的教科书达空前繁盛之势，这虽然表现为响应国家"教材建设"号召的趋势，但是"千人一面"或"大同而小异"的现象也值得警惕。对此，陈元晖表达了隐忧，即许多版本都遵从一个蓝本，编写时的理论结构也大多依循"板块论"（包括教育学一般原理、教学论、教育论和学校管理四个部分）而甚少提出突破前者的"整体论"。同时，所有已出版的教科书几乎一致地缺乏对中国各个时期教育经验、理论或名著进行系统总结。③ 这些情况表明，投入编写工作的劳动质量（尤其是理论体系和专题研究水准）都亟待提升。综观 20 世纪 80 年代，教育学教材更多体现的是知识的转述或组合和对别国理论的讲述，直至 90 年代，这种缺乏研究投入的学科发展状态才开始改变，各种研究性专著、论文、研究报告在数量上激增，质量也有所提升。

究其原因，叶澜认为，"这种进步和觉醒之缓慢，显然是与教育学的

---

① 成有信：《教育学的对象及其两个相关问题》，《北京师范大学学报（社会科学版）》1992 年第 6 期。

② 黄济：《对教育本质问题的再认识》，《北京师范大学学报（社会科学版）》1998 年第 3 期。

③ 陈元晖：《中国教育学七十年》，《北京师范大学学报（社会科学版）》1991 年第 5 期。

建设局限于为师范院校所用，与以编教材为主的实用倾向直接相关"。① 而要实现整体性的突破，还应使教材编写的眼光拓展至学科建设的层次。一方面，如陈桂生所评价的，以刘佛年领衔的《教育学》教材在当时特殊的历史条件与学术氛围中，既从我国基础教育实际情况出发，更力求使"教育学"名副其实，这对于当今反思教材编写（尤其是"教科书式陈述"的方式）、教育学同"教育学术著作"之间界限模糊等现象②，仍是具有启发性的。另一方面，域外的理论与主体的实践、现代化的普遍价值与中国化的独特经验、学科体系（及其话语）的更新与社会实践的变革都有待进一步协同。无论是对完善教育学教材的努力，还是对重建教育学体系的困惑，都导向了关于教育学本身的广泛或深入的反思，而将这些零散的反思综合到一个更大的背景框架中③，仍然需要建立相对独立的、系统的教育学理论研究。

第五节　以资料建设为路径

20世纪80年代以来，除了渐成风气的教育学教材的编写工作，围绕教材而形成的资料收集、编纂工作也开始兴起。当时，许多高校教育学系或教研室都在筹划编写新的教育学教材，相比之下，华东师范大学在这方面似乎显得有些"滞后"。这倒不是因为教育学系没有编写新教材的打算。其实在刘佛年主编的《教育学》停印之后，人民教育出版社就希望瞿葆奎担纲一本教育学教材的编写工作。但那时，瞿葆奎一方面深知教材建设是极为重要的、基础性的工作，另一方面又感到这是一项异常艰巨的任务，因为当时国内教育学资料积累并不充分，还不足以编出一本好的教育学教

---

① 叶澜主编：《二十世纪中国社会科学·教育学卷》，上海人民出版社，2005年版，第44页。

② 陈桂生：《行动中的"教育学"问题——刘佛年〈教育学〉编写过程纪事》，《中国教育科学》2018年第2期。

③ 唐莹、瞿葆奎：《元理论与元教育学引论》，载瞿葆奎主编：《元教育学研究》，浙江教育出版社，1999年版，第17页。

材来。无论是希望脱离此前教育学教材缺失的窘境，还是实现教材、课程乃至学科体系的持续发展的愿景，都离不开教育学相关资料的充分积累、整理和建设。

基于这样的认识，瞿葆奎认为，在编写教材的同时，更应该重视并整理国内外已有的教育学研究成果。"在教育学的领域里，从事教学、进行科研、撰述论文、编辑教材和纂作专著，无不以一定的资料工作为其重要基础之一"，但是，这方面的工作"在我国还不能说是在思想上已经很受重视，在实践上已经做得很够了的"。[①] 在这种背景下，他逐渐将教育学基本资料建设提上了日程。1984年，他几次在教育系教育学教研室酝酿，能不能为教育学的建设做点铺路搭桥的工作？能不能做点资料编纂的工作？这一倡议和想法，引起了教育学教研室老师的共鸣。大家都赞成选编一套教育学资料丛书，并正式定名为《教育学文集》（以下简称《文集》）。最初，只是计议十几本书，后来经过会内、会外的多次研讨，到1984年年底定为选编26卷30册。这个选编的倡议，立即得到了人民教育出版社社长兼总编叶立群及其他领导的积极回应和鼎力支持。

作为全国哲学社会科学"七五""八五"规划国家级重点项目，《文集》的选编工作于1985年正式启动，1994年随着《教育学文集·索引》的付梓而告竣，历时10载，积选文1400篇，附录230篇，成26卷共30册，共计1800万字。由此，当代中国教育学发展史翻开了"新页"。这套《文集》是一部比较大型的、相对成套的、专题分卷的教育学资料丛书，也是新中国成立后第一次较大规模的教育学资料基本建设工程。瞿葆奎常说："《文集》的工作，是一项迈开思想的步伐，在侦察的道路上，同心协力地朝着确定的目标前进的集体劳动。个人的智慧与能力是极其有限的。没有那么多同志的同舟共济，《文集》的选编，只能是天开的异想而已！"这项工作动用了150多位老中青学者、博硕研究生、高年级本科生，以校内教育学科的研究者为主体，也聚集了其他学科、其他高校的力量。很难

[①] 瞿葆奎主编，崔允漷等编纂：《教育学文集·索引》，人民教育出版社，1996年版。

想象，没有这种通力的协作，《文集》的选编能够高质量地完成。更为重要的是，这种协作构成了一种学术血脉的传承，老中青学者之间、师生之间、学生之间在选编的过程中共同琢磨，相互切磋，形成了一个真正的学术共同体。

《文集》的选编，看起来只是对已有教育学研究成果的整理和汇编，但真正深入其中，才能领略到"选"和"编"背后学术的敏锐性和厚重感。在参与者看来，"选编"就是一项神圣而严谨的学术工作。作为"相对成套"的丛书，《文集》各卷的专题选择和序次安排，形成了一个严密的结构。总体上，第1—16卷聚焦教育本身的要素、结构和系统，第17—25卷关注主要国家教育改革的政策、思想与实践，末卷为《文集》的索引。其中，前16卷脉络分明：以"教育"概念为起点，继而探讨两大基本关系——教育与人的发展、教育与社会发展；接着，关注教育过程本身所内含的"目的-手段"结构，包括教育目的及其所引发的全面发展教育的内容（体育、智育、德育和美育），以及实现教育目的的主要路径（课程、教学与课外校外活动）；然后，探讨教育过程展开的主体层面（教师）、组织层面（学校管理）和系统层面（教育制度）；末了，呈现研究和评价这两大工具。这个架构未尽完备，但其在逻辑上的严谨可见一斑，也充分体现了主编瞿葆奎当时对教育学知识体系的基本看法。特别是对全面发展教育的构成，瞿葆奎并没有拘泥于当时政策和实践中的通行表述，而是按照理论的逻辑，即在身、心两分的基础上，又将心的发展按照认知（真）、意志（善）、情感（美），确立了体育、智育、德育、美育的序次。不仅如此，各卷册辑选的材料也是分类、别群，厘清脉络，呈现各专题的发展过程及趋向。

确定各卷专题，还只是划定了教育学的知识"领地"。各专题涉及的文献资料十分庞杂，浩如烟海，选编什么、如何选编，仍然是个十分紧迫的问题。如果没有明确的指导性原则和体例，《文集》各卷的选编就可能是"各行其是"，就会缺乏整体性。为此，《文集》在选编之初就明确以"历史唯物主义"和"面向现代化，面向世界，面向未来"为指导思想，确立了七个"为主"的选编原则：（一）以当代的理论材料为主；（二）以反映建国以来教育科学研究成果的论文为主；（三）以解放后的论文为主；（四）以正面材料、学术性讨论材料和思想流派性材料为主；（五）以各卷专题的直接有关材料为主；（六）以后近为主；（七）以全文为主。为了统一各卷编校的标准与形式，主编还进一步制订了《〈教育学文集〉若干体例》，规范各卷的分类、别群，选文的注释、核对、通读、复印、剪贴，新译文的要求以及其他有关事项。

有了这些指导性的原则和规范，《文集》各卷最核心也是最艰巨的任务就是框定选文。为了尽可能地收录各专题的重要的代表性成果，主编和选编者一方面充分利用图书馆、教育资料中心等各方面的资源，广泛收集与专题有关的文献资料，另一方面也向校内外相关领域的专家学者广泛了解信息、征询建议。在这一过程中，当时北京师范大学的邢克超、上海师范大学的李伯黍、杭州大学的王承绪和魏贤超、东北师范大学的梁忠义、西南师范大学的李蔚昌和李林静、华南师范大学的柯森、北京体育学院的吴志超，以及华东师范大学的邵瑞珍、邱渊、于桂林等，都给予积极的支持。特别是《教学（下）》，涉及各科教学法，瞿葆奎与徐勋、施良方共同担纲选编，为了选文的精当，他们请教了华东师范大学校内的谢象贤、翟惠文、田万海、梁镜清、吴棠、吴铎、杜东亮、吴慧珠、金相成、宓子宏、朱敏文、李嘉音、周美珍、褚绍唐、夏德礼等，同时还特别咨询了上海体育学院的沈建华和上海教育局教研室的陈钟梁。此外，为了获取重要的选文材料，还积极寻求旅外人员的襄助，或直接联系国外学者，甚或求助中国驻外使领馆的人员。比如，《法国教育改革》一卷，世界比较教育协会主席博得韦、法国国民教育部国际交流司勒克莱尔提供了有价值的资料和建议；《印度、埃及、巴西教育改革》一卷，特别是涉及埃及、巴西的部分，难以获取直接的外文资料，瞿葆奎亲自与中国社会科学院南亚与东南亚研究所孙培钧和拉丁美洲研究所曾昭耀联系，同时也致函驻外使馆人员寻求帮助。

通过对国内外教育学研究成果的系统搜集、分析，《文集》提供了反映教育理论研究现状的"地形图"，也为教育理论的后续研究提供了参考性的素材。黄济和王策三盛赞《文集》是一幅教育学王国的"导游图"，为人们展示了教育学苑中的各种精品。① 然而,《文集》的意义不只是汇集了教育学的资料,清理了教育学的园地,培育了教育学的人才,也许更为重要的意义在于:首先,它提示了一条通往教育理论的道路,即从基础性的文献资料出发,进行教育问题探究,推进教育理论建构。基础性的资料建设有助于我们回到学科的根基,明晰知识的脉络,标定研究的方向。教育理论(尤其是基本理论)的研究"往往更多地来自前人、他人的经验,来自对有关知识的加工再造,推陈出新,或作出新概括,或提出新说明,或进行新组合,或演变为新理论"②,在此基础上才能言及突破与创新。其次,它推进了一条嵌入"历史"的道路,即尊重历史事实,从历史的脉络中寻找教育问题的根基,辨明教育理论的源流,把握教育现实的方位。无论是对教育学逻辑起点的探索、对中西教育学史的回望、对教育科学分类的建构、对全面发展教育的探本,都是通过对原始文献资料的广泛占有,通过对基础性文献资料的剔辟理分,呈现出有关问题的思想或逻辑的演变,从而达到历史与逻辑的统一。再次,它开拓出一条面向"实践"的道路。尽管《文集》是理论性的资料书或工具书,但这并不意味着它没有实践的观照。相反,面向和服务教育实践本身就是选编的重要目标。为了从实践中汲取营养,切实实现这一目标,《文集》在推进的过程中,多次由主编带队组织部分选编者及研究生深入学校,访问教育行政部门,开展"认识性调查"。

表 4.2 《教育学文集》各卷选编人员

卷次	册名	选编者	协助选编工作
1	教育与教育学	瞿葆奎、沈剑平	
2	教育与人的发展	雷尧珠、王佩雄	贾永堂、沈剑平

---

① 郑金洲、吴重涵:《教育学资料建设的杰作——评〈教育学文集〉》,《教育评论》1993 年第 5 期。
② 郭文安、王道俊、旷习模:《巨大的贡献——评〈教育学文集〉》,《教育研究与实验》1993 年第 2 期。

续表

卷次	册名	选编者	协助选编工作
3	教育与社会发展	陈桂生、丁证霖、张晓鹏、洪祥生	
4	教育目的	丁证霖、瞿葆奎	张玲、郑金洲
5	体育	朱家雄、陈玉林	
6	智育	施良方、唐晓杰	张云高、罗明东
7	德育	余光	唐思群
8	美育	王佩雄、黄河清	冯敏*、赵丹红*
9	课程与教材（上）	陆亚松、李一平	唐晓杰
9	课程与教材（下）	陆亚松、李一平	陆忻、毛文洪、吴仁华
10	教学（上）	徐勋、施良方	夏国英、熊川武
10	教学（中）	徐勋、施良方	夏国英、熊川武
10	教学（下）	瞿葆奎、徐勋、施良方	罗明东、周浩波、刘国俊
11	课外校外活动	吴慧珠、蒋晓	钟金生
12	教师	李涵生、马立平	
13	学校管理	张济正、吴秀娟	胡惠闵、石玉华、刘虹、倪小玲*、崔霞*
14	教育制度	黄荣昌、喻立森、李一平	
15	教育研究方法	叶澜、施良方	唐晓杰
16	教育评价	陈玉琨、赵永年	
17	中国教育改革	雷尧珠、余光、黄荣昌	唐思群
18	苏联教育改革（上）	杜殿坤、俞祥辉、朱佩荣	
18	苏联教育改革（下）	杜殿坤、俞祥辉、朱佩荣	
19	美国教育改革	马骥雄	赵中建
20	法国教育改革	张人杰	
21	联邦德国教育改革	李其龙、孙祖复	

续表

卷次	册名	选编者	协助选编工作
22	英国教育改革	金含芬	徐辉、石伟平
23	日本教育改革	钟启泉	耿函
24	印度、埃及、巴西教育改革	赵中建、夏孝川、邓明言、马荣根、吴志宏	
25	国际教育展望	施良方、唐晓杰、崔允漷	陆敏福、张玲、唐莹、高建慧
26	教育学文集·索引	崔允漷等	

(表中 * 当时为本科生)

投身教育学基本资料的建设工作，意味着主动选择回到基础、回归源头，在历史与逻辑、材料与观点的互动中进行理论的探究。除了对众多研究材料的选编工作，在这一阶段，还出版了诸多教育学工具书，诸如董纯才主编、刘佛年和张焕庭副主编的《中国大百科全书·教育卷》（1985），顾明远主编的《教育大辞典》（1990），瞿葆奎主编、钱景舫副主编的《社会科学争鸣大系（1949—1989）·教育学卷》（1992），等等。自1928年中华书局出版《中国教育辞书》、1930年商务印书馆出版《教育大辞书》后，半个多世纪都没有出版过大型的教育辞书。直到1985年，时任中国教育学会会长的张承先和副会长吕型伟、上海教育出版社社长陈义君、主编曹余章共同找到顾明远，希望由他担任主编，主持全部的辞典编纂工作。刘佛年也表示，老一辈学者年事已高，精力不足，而这项工程之浩大，非一年两年可以完成，这也需要调动更多教师的力量。在这样的支持下，顾明远承担了这项任务。

翌年，北京师范大学召开第一次编纂工作会议，张承先作为《教育大辞典》领导小组组长，提出编纂方针，"要求一大、二齐、三新，内容要求包括古今中外，要把国内外教育科学研究的新成果、新理论、新兴学科都尽可能收集进去"。从1990年开始，经由查找资料、组织稿件、精心修改、调整、增补或重写，以及在分卷本（1992）的基础上精益求精等过程，《教育大辞典》（增订合编本）终于在1998年正式出版，成为新中国成立以来我国第一部教育学方面的大型百科辞书。编写大辞典是一项教育科学研究的系统工程，这不像把前人的创造加以选择、整理和编纂那么简单。编纂《教育大辞典》（全书共 12 卷）的工作是凝聚了上千名老中青学者的辛勤劳动，尽管它并不是严格意义上的科研成果，但不可忽视的是其注重质量的再创造过程，吸收各种解释中合理的部分，加以科学创新，形成一种新的解释。

据顾明远回忆，要将从古至今的人类教育活动的实践与理论都包含进去并非易事，他们在设计这一整体工程时，就遇到过一些值得商榷的问题。一是整体结构的问题。对编者而言，如何处理古与今、中与外、理论与实践的关系，是编纂工作中需要着重考量的问题。经过多次研究，他们决定采用由实际、理论、中国、外国四个部分构成的结构方案。但四个部分的内容无法截然分开，若要求得各分册自身体系的完整，那么各册收录的词目就会有所交叉，造成大量重复。为解决这一难题，只能要求分册体系的相对完整，允许少量重复，但释义应体现分册自身的特色。二是词目选择的问题。辞典需要反映科学研究中成熟的、新的成果，这就意味着必须作一番研究，对学科的理论范畴和客观事实进行科学的分析和整理，诸如判断事实是否为真、理论是否成熟、成果是否更新。同时，为了准确反映教育学科的基本内容、教育活动的规律，一些有固定内涵的词组也要收录进去。①

"一个教育名词，本来看起来是很平常的，我们也经常在口头上讲，但是真要给它一个科学的明确定义可不那么容易，辞典也不能像文章那样天马行空，任你自由发挥，而是要准确精练。释文不但要科学，而且要有知识性、权威性，还要简练，要做到多一个字则厌多，少一个字则厌少，才能成为典范。"② 可见，这是一项繁重、细致而又极其严肃的工作，既不能停留于客观主义，只是择优、整理、罗列，也不可随意加工、妄加评论。这一编写过程几乎可以看作是对教育学的各分支学科的理论体系、范

---

① 顾明远：《教育科学研究的系统工程》，《辞书研究》1992 年第 6 期。
② 顾明远口述，李敏谊整理：《顾明远教育口述史》，北京师范大学出版社，2007 年版，第 131 页。

畴和概念进行的一次"大检阅",而要建立教育科学理论体系,仍是今后理论界的艰巨任务。[①] 其实对于任何一门学科,基础性的资料建设都是极为重要的。参与编纂教育学资料的学者们所做的工作,绝不只是对国内外教育学研究成果的梳理和整理,在某种程度上更是在为当代中国教育学人树立一个学术的"规范"甚至"标杆"。任何研究,无论是理论的还是实证的,若没有对前人工作的细致梳理和认真审视,都很难有真正意义上的"原创"或"创新"。

[①] 顾明远:《教育科学研究的系统工程》,《辞书研究》1992年第6期。

第五章　教育基本理论的范畴演进

1978年至1999年间，伴随学术建制的完善和多元格局的形成，教育基本理论的研究包含的主题内容逐渐清晰化、范畴化，这有助于我们从整体和根本的意义上去把握教育基本理论的全貌与内核，触及教育基本理论研究的内在逻辑与演进线索。通过对教育的概念分析、教育与人的问题、教育与社会的关系、教育学的问题等四个层面的议题梳理，可以窥探其中的发展脉络及状况。

第一节　教育的概念分析：以"本质"为主导

"教育本质的论争是教育思想解放的先声。"[①] 1978年，于光远在《学术研究》上发表《重视培养人的研究》一文，首次对"教育属于上层建筑"的观点提出质疑。他认为，教育科学研究应该关注的首要问题是"教育是怎样一种社会现象""教育是属于基础的还是上层建筑"。从这个意义上说，教育现象中虽然包含某些属于上层建筑的东西，但不能从整体上在教育与上层建筑之间画等号。[②] 此后，教育理论界关于"教育本质"的讨论和研究逐渐兴起，形成了对教育的思想根源和理论基础的普遍反思，以此为教育理论工作和现实教育发展确立更加合理的认识标准。

[①] 金一鸣：《教育原理》，安徽教育出版社，1995年版。
[②] 于光远：《重视培养人的研究》，《学术研究》1978年第3期。

1978年至20世纪80年代初，十余家报刊先后发表关于教育本质研究的述评性文章。其间，由全国教育学研究会编辑、人民教育出版社出版了三本有关教育本质研究的论文集：《论教育的本质和职能》（1979）、《论教育和国民经济的发展》（1980）、《关于教育本质问题的论争》（1980）。最初，这个问题来源于对"文革"期间教育的过度工具化的批判。譬如，在车树实[①]、任重远[②]、成有信[③]等学者看来，"学校是无产阶级专政的工具""教育是阶级斗争的工具"等提法因原初含义被篡改并用于不恰当的宣传，不仅造成政治与教育之间的边界混乱，而且使学校的根本性质和任务被忽视，导致对教育的社会功能理解的片面化。论者们尽管承认教育在特定时期内发挥过阶级斗争的作用，但更倾向于将教育的生产性视为其本质属性。

　　此时，对新的教育性质及职能的探索与重建开始成熟、清晰和多元化。为揭示教育区别于其他事务和领域的根本属性与特征，关于教育本质的论争也全面展开。其中，主要形成了以"生产力说"与"上层建筑说"为论辩核心的观点。教育本质的讨论最早就是围绕教育是否为上层建筑而展开的，也正是围绕对这一问题的回答，才出现"生产力说"与"上层建筑说"的分野。[④] 20世纪80年代初至90年代初，在"上层建筑－生产力"的框架基础上，陆续出现了"双重属性说""统一说"以及"多重属性说"，持这些观点的论者们希望从本质的"一"生发出"多"，或将"多"归于"一"。但有批评者认为，这种折中的尝试混淆了教育的本质属性与

　　[①] 车树实：《关于"学校应成为无产阶级专政的工具"的辨析》，《教育研究》1979年第3期。
　　[②] 任重远：《学校是无产阶级专政的工具吗？》，《文汇报》1979年12月27日。
　　[③] 成有信：《社会主义教育本质是大生产性与阶级性的统一》，《北京师范大学学报（哲学社会科学版）》1980年第5期。
　　[④] 郑金洲：《教育本质》，载瞿葆奎主编，郑金洲副主编：《教育基本理论之研究（1978—1995）》，福建教育出版社，1998年版，第164页。

非本质属性①，仍属"多元论"或"二元论"②，未能解决教育的两种社会职能（即生产力与生产关系）之间的矛盾，或者只是简单地将教育的生产性与阶级性置于同等地位，而没有真正超越"上层建筑说"和"生产力说"的定位。③

1986年以后，研究者们从社会结构理论和社会意识形态转向社会实践活动，提出教育的本质为培养人的社会实践活动，但也有批评者认为，这种说法只概括了教育的外部职能，同样没有触及教育的内在结构和特征，难以支持和解释教育区别于一切其他社会现象的根本依据。④ 此时，将教育视为特殊的社会范畴并进一步寻求教育的特殊性，成为一些研究者的分析旨趣，即跳出以教育之外的概念来界定教育本身的框架，认为教育过程是包含了教育者、受教育者、教育影响等多种要素之间关系的特殊矛盾运动。⑤ 另一些研究者仍然立足于"实践说"，并且从"社会实践说"的前提出发对"生产说"加以改良，形成"生产实践说"和"精神实践说"的观点。⑥ 二者尽管是针对教育作为物质性活动还是精神性活动的问题而发起的论辩，但并未脱离"二择一"的弊端，也还留有"生产力说"和"上层建筑说"的印记。

此后，研究的焦点开始从教育与社会的外部关系进入教育与人的内部关系。有论者提出"社会化说"，认为教育作为一种特定的社会活动，其本质规定着传递人类文化、教育客体向教育主体转化以及促进个体身心发

---

① 洪宝书：《关于教育本质的理论研究（上、下）》，《高等教育研究》1991年第2期。

② 高时良：《论教育的本质属性》，《福建师范大学学报（哲学社会科学版）》1983年第1期。

③ 成有信：《论现代教育的本质》，《教育研究》1981年第7期。

④ 靳乃铮：《教育的本质与归属》，《教育研究》1982年第6期。

⑤ 鲁洁：《教育本质试探》，《教育研究与实验》1984年第3期；钟祖荣：《论教育的本质及定义》，《教师教育研究》1991年第1期。

⑥ 龚永宁：《简论教育的本质和职能》，《教育研究》1986年第12期；廖明伟：《教育是一种特殊的精神生产力》，《教育研究》1987年第11期。

展等价值。① 对此，有论者批评其陷入"社会本位"的片面论调，相应提出"个性化说"。② 为消解二者的对立，后来又出现融合这两个向度的"个体社会化完善化说"。③ 准确来看，着眼于教育与人、社会之间关系的分析实际上已经转向教育目的和功能的探讨，这尽管不是严格意义上的"本质论"，却有助于对后者的反省。由此，有论者立足于"培养人"的教育目的，明确提出旨在解决人的发展与社会发展之间矛盾的"培养说"。④ 另有论者将这一抽象的规定具体化为"传递说"，包括知识与能力的传递。⑤ 无论"培养"还是"传递"，都不免以"目的"代"本质"⑥，混淆了教育的要素与系统、目标与过程⑦。

进入20世纪90年代后，教育与市场经济的联系日益密切，社会主义市场经济体制的建立激活了"产业说"与"非产业说"之辩。从思想渊源来看，这可看作20世纪80年代前后的"生产力说"和"生产部门说"的延续。关于教育是不是产业、是何种性质的产业等问题，由社会政治的经济背景触发，更多地转向了教育自身发展规律、教育机制等方面的思考。实际上，80年代末，关于教育本质的研究就开始进入全面、深入的总结与反思阶段。事实上，这场论争尚未达成也很难实现一致定论，但论争的过

---

① 成有信：《"三个面向"与现代教育的本质》，《教育研究》1985年第3期；孙喜亭：《关于教育的本质与功能的探讨》，《江西教育科研》1991年第4期。

② 许邦官：《引导、促进儿童的个性化是对教育本质的规定》，《教育研究》1989年第9期；靖国平：《教育本质新探》，《湖北大学学报（哲学社会科学版）》1990年第3期。

③ 王汉澜：《教育是促使个体社会化完善化的活动过程》，《河南大学学报（哲学社会科学版）》1992年第6期。

④ 段方佩：《谈教育的性质》，《教育研究》1982年第6期；扈中平：《人的发展与社会发展的矛盾与教育的中介转化地位》，《华东师范大学学报（教育科学版）》1994年第4期。

⑤ 戴景曦：《教育的本质是传授知识》，《教育研究》1982年第3期；孙昌瑞：《教育：人类选择能力的传递》，《教育研究》1988年第3期。

⑥ 郑金洲：《教育本质》，载瞿葆奎主编，郑金洲副主编：《教育基本理论之研究(1978—1995)》，福建教育出版社，1998年版，第184页。

⑦ 洪宝书：《关于教育本质的理论研究（上、下）》，《高等教育研究》1991年第2期。

程仍然深化了对"本质"和"教育"概念的认识，并且已然涉及、融合了对教育的"目的""功能""价值"等方面的思考，形成了以探求"本质"为主导的、更加系统化的理论反思。

首先，如何理解和诠释教育本质的概念？本质作为"实存的根据"，是具有唯一性的，指明了事物具有的特殊矛盾，规定了事物的整个发展过程并体现在过程之中。[1] 由此看来，当时有关教育本质的认识多集中于教育的"归属""职能""属性""规律"乃至"现象"，而尚未深入到"本质"之中。同时，对"教育本质"的认识从一般性或普遍性的特征抽取进入价值性或规范性的理想探寻。有论者提出，对"教育"概念的探讨应更注重视角选取、逻辑论证、思维加工以及语言分析。[2] 也有论者将马克思主义实践哲学引入教育基本理论研究，认为教育理论界在相当长时期内未能将教育视为一种独立的实践活动，并提出将人的主观世界的改造作为一个独立的实践范畴，教育应成为人的自我建构的实践活动，从而使外部影响变为个体自觉。[3]

其次，如何把握和探究教育的本质及其延伸出的相关概念？早期的探索是以毛泽东的"矛盾论"为参照，采用"主要矛盾法"来揭示教育内部的根本矛盾和特殊矛盾。对此，有论者存疑，因为事物的本质虽然是由其内部的特殊矛盾决定的，但很难从事物的多种特殊矛盾中直接推导出本质，并且对教育的某一环节的关注也不能直接扩展为对其本质的认识，因而提出将教育置于一种普遍联系的结构和背景下，从关联的意义上寻求教育自身的属性。[4] 后续的探索主要以"综合"为取向，试图运用辩证的方

---

[1] 瞿葆奎、沈剑平：《四十多年来对教育的社会属性和职能的探讨》，《华东师范大学学报（教育科学版）》1991年第1期；张巽根：《教育本质探讨中的诸方法和结论的商榷》，《教育研究》1992年第7期。

[2] 张巽根：《教育本质问题探讨：局限与突破》，《教育研究》1994年第12期；杨银付：《教育本质研究之研究》，《华东师范大学学报（教育科学版）》1994年第4期。

[3] 鲁洁：《教育：人之自我建构的实践活动》，《教育研究》1998年第9期。

[4] 张巽根：《教育本质探讨中的诸方法和结论的商榷》，《教育研究》1992年第7期；张巽根：《教育本质问题探讨：局限与突破》，《教育研究》1994年第12期。

法来更加全面、系统地整合各种观点的合理成分，超越狭隘或片面的认识。在思维方式上，强调不仅基于经验理性来获得抽象概念，而且需要进一步通过理论理性来获得具体概念，进而从整体上把握教育的属概念。在研究路径上，注重历史与逻辑相结合，充分意识到教育本质理论所处的时代限定性和有限合理性，同时注意发现教育现象之间蕴含的潜在共性。

尽管在概念理解和分析路径上存在分歧，但研究者们从更为根本的意义上求取共识的尝试仍是不可忽视的。教育既是社会生活永恒的、普遍的范畴，具有一般规律，又是历史的、阶级的范畴，具有特殊规律。[1] 前者寓于后者之中，二者共同构成探讨教育本质的基础。此外，明确"教育"的内涵也是讨论"教育本质"的前提，澄清对"教育"的指涉范围、价值属性等维度的理解，形成概念层面的基本共识，将更有助于深化教育本质的研究。[2]

第二节　教育与人的问题：以"主体"为中心

教育与人的发展问题是教育基本理论研究的一个重要问题。1978年以来，随着思想政治领域的拨乱反正和社会主义现代化建设的开启，作为主体的"人"或"儿童"的发展和教育逐步受到研究者的广泛关注。根据社会发展的不同时期，学界所关注和讨论的关于"人"的基本议题也有变化。

最初，研究主要围绕"影响人发展的因素及其作用"的问题。在20世纪80年代以前，凯洛夫主编的《教育学》中的"三因素论"（遗传、环境和教育）在我国一直是被普遍认可的理论。"三因素论"在当时被认为全面体现了影响人发展因素的组成及其相互关系，也注意到学生的内因、主观能动性以及实践、活动在学生发展中的作用。直至20世纪70年代末，

---

[1] 国家教育委员会师范教育司组编：《教育学学科建设指导性意见》，人民教育出版社，1995年版，第22页。

[2] 冯建军主编：《教育基本理论研究20年（1990—2010）》，福建教育出版社，2012年版，第192页。

这一理论开始受到挑战。譬如，其尚未将内因、主观能动性等作为影响人发展的一个独立因素。同时，关于教育在人的发展中的作用的论述仍有矛盾之处：一方面强调教育在人的发展中起主导作用，另一方面却只把教育视为影响人发展的外因。在论述各因素的作用时，也存在孤立、静止、简单化的视角缺陷。于是，出现了"补充"和"改造"两种路径：早期的研究者在三因素的基础上进行修正，提出诸如"四因素论""五因素论""多因素论"①，突出人在接受环境和教育影响时的能动性，强调人自身的因素在发展中的作用，但尚未揭示因素之间的逻辑关系；后期的研究者认为，"三因素论"在根本上忽视了人作为发展主体的动态变化过程，因而有必要转变思维模式，关注个体发展的潜在可能因素和现实影响因素，由此形成"二层次三因素论"②。对此，也有论者提出有必要将"教育"明确作为影响人发展的基本因素，进一步研究并合理利用这种影响。③

早期关于影响人发展的因素的研究，大致经历了由孤立静止到相互作用和系统综合、由消极被动到积极主动的转变④，这为探究主体实践活动对人发展的决定性意义、寻求教育影响个体发展的有效路径奠定了社会与心理基础。⑤自20世纪80年代以来，鉴于将教育视为阶级或生产工具的认识存在忽视"人"的地位和价值的局限，导致教育与社会结构整体之间的关系难以平衡，研究者们开始从教育的政治价值、经济价值转向人的价值。

1981年，顾明远在《江苏教育》上发表《学生既是教育的客体，又是教育的主体》一文，正式提出"学生是教育主体"的命题。1982年，他在

---

① 汪幼芳、朱本：《关于儿童身心发展因素问题的探讨》，《教育研究》1983年第7期；全德：《影响人身心发展的一些因素》，《教育理论与实践》1986年第1期；阎水金：《论影响人身心发展的诸因素的非线性关系》，《教育理论与实践》1987年第1期。

② 叶澜：《论影响人身心发展的诸因素及其与发展主体的动态关系》，《中国社会科学》1986年第3期。

③ 盛群力：《影响人的发展因素新论》，《教育评论》1993年第1期。

④ 涂艳国：《教育与人的发展》，载瞿葆奎主编，郑金洲副主编：《教育基本理论之研究（1978—1995）》，福建教育出版社，1998年版，第463页。

⑤ 叶澜：《教育概论》，人民教育出版社，1991年版，第197—198页。

与黄济共同主编的中等师范《教育学》教材中作了专门论述,由此引发学界在教育基本理论层次上关于学生主体性问题的思考。譬如,有论者将教育的过程看作人的价值积淀的过程,认为教育对人的价值作用包括两个方面:一是直接扩展人的价值,发展学生德、智、体、美等方面的素质;二是使学生意识到自身价值,将人的价值转化为人的创造活动的机制和起点。① 也有论者从社会发展的角度诠释人的发展,认为有待深入研究的是,如何使符合历史进步的要求的社会价值内化为个体自身的价值,又把个体发展自身的要求外化为社会价值,从而将二者有机结合起来。②

此外,研究者们还阐发了马克思主义关于个体全面发展的学说,并大致形成三种认识:"能力全面发展说",回归马克思、恩格斯提出"人的全面发展"这一科学概念的时代和社会条件,强调人的能力获得广泛、充分、自由的发展;③ "德智体全面发展说",认为"全面发展"的概念不限于智力和体力的发展,还包括思想品德和精神状态的发展;④ "多层次发展说",主张从心智层面、身心层面以及个体与社会协调统一的层面来理解⑤,或从人的潜能的唤醒、对象性关系的生成以及个人社会关系的丰富等层面予以规定。⑥

20 世纪 80 年代末,在人与教育的基本关系方面,教育理论界确认"人"是教育的出发点和归宿,使"人"在教育中的地位问题更加明朗化。一方面,主体性问题成为现代教育的重要内容,与之相关的个性发展与个性教育理论兴起,并出现个性即独立性、独特性、社会性、完整性、创造

---

① 孙喜亭:《人的教育与劳动力教育》,《教育研究与实验》1989 年第 3 期。
② 黄济:《教育价值与人的价值》,《教育研究与实验》1989 年第 3 期;王汉澜、马平:《浅谈教育的价值》,《华东师范大学学报(教育科学版)》1991 年第 1 期。
③ 陈桂生:《略论人的全面发展理论与教育目的》,《华东师范大学学报(教育科学版)》1992 年第 2 期。
④ 李明德:《马克思、恩格斯教育学说的创建是教育科学中的伟大变革》,《福建师大学报(哲学社会科学版)》1983 年第 2 期。
⑤ 桑新民:《试论教学过程中的主客体关系》,《北京师范大学学报(社会科学版)》1987 年第 2 期。
⑥ 丁学良:《马克思的"人的全面发展观"概览》,《中国社会科学》1983 年第 3 期。

199

性等解释[1]，这些观点为学生主体的全面发展提供了依据。另一方面，明确人与社会的关系也是题中之义。作为教育与社会之间建立联结的中介，人的发展是社会发展的决定性因素，促进人的自由、全面发展是教育的最高目的。同时，人又是教育的对象和目的，教育的实质是对人的发展的一种价值限定、导向和扩展。在这个意义上，"人"的基本地位的确立，可以看作是对占支配地位的"生产力"和"劳动者"标准的反思，[2] 但这并不意味着教育必然脱离社会。[3]

这一时期，围绕人与社会的基本关系、教育应该促进人的何种发展，主要形成了重视全面发展与个性发展、社会化要求与个性化需求之间的协调等观点。对此，多数研究者已达成共识，即应辩证统一地看待教育的两种价值或功能，促进人的发展是实现社会价值的内在依据，二者互为条件且各有侧重。在这一认识基础上，研究者们深入探索关于人的"个性化"和"个性教育"的问题。个性可以理解为人的独特性与自主性，个性教育比传统教育更加注重"人"的存在价值，包括其应有的人格尊严、固有的天性潜能以及有待发掘的创造精神，旨在促进个性的和谐发展。[4] 个性发展为人的全面发展提供了前提，个性化的过程也需要通过教育或其他形式的约束，使其不偏离社会发展的方向。[5]

此后，"教育与人的发展"的研究更多体现出社会主义的现代化建设与教育现代化的要求，而人的现代化、精神或观念的现代化是支撑物质和

---

[1] 陈建翔：《把"人的世界和人的关系"还给教育——苏联"合作教育学"述评》，《教育研究与实验》1988年第3期；胡克英：《"人"在呼唤》，《教育研究》1989年第3期；丁证霖：《教育改革与个性发展》，《华东师范大学学报（教育科学版）》1989年第2期。

[2] 孙喜亭：《人的价值、教育价值、德育价值（上、下）》，《教育研究》1989年第5、6期。

[3] 扈中平：《人是教育的出发点》，《教育研究》1989年第8期。

[4] 胡克英：《"人"在呼唤》，《教育研究》1989年第3期；周志毅：《人的发展与个性教育》，《教育研究》1990年第6期；李晖：《个性教育的理论基础、特征及其实施》，《教育评论》1991年第3期。

[5] 王道俊、郭文安：《让学生真正成为教育的主体》，《教育研究》1989年第9期。

制度现代化的基础。可以说，"教育与人"关系在社会理论中的明朗化是教育学界践行"解放思想"的重要探索和改进思维方式的重要体现。① 当然，有论者提醒，在谈论"教育从人出发"或"把人当作人看待"时应避免抽象化倾向，在教育实践中运用这个理论观点时需作具体分析，更不能因为重视个体的发展而忽略个人与社会在根本利益上的一致性，或割裂地看待社会主义的"劳动力"与全面发展的"人"之间的关系。②

进入20世纪90年代，在对商品经济浪潮冲击下的学校职能的反思基础上，中国教育理论研究的重心进一步从"教育与社会"转向"教育与人"。这不仅是顺应教育改革的世界潮流，而且契合国内教育改革的迫切需要。③ 有论者指明，社会发展和儿童身心发展等教育外部的规律，并不能替代教育自身的基本规律，即人的主体性培育的规律。④ 不仅如此，教育学作为"人"学，唯有重视"人"的研究才能克服教育危机，尤其是克服市场经济对人的主体性的消极影响。⑤ 这一阶段，研究者们开始以教育主体为理论视角来讨论师生关系、教育活动和教育系统，不仅关注培养学生的主体性，而且注重分析教育过程中师生主体能动性的表现，更扩展到坚守教育自身的规律和价值、教育的相对独立性以及促进教育管理中的自我完善。⑥

---

① 施良方：《教育学研究会第四届代表大会暨学术年会综述》，《中国教育学刊》1992年第6期。

② 魏贻通、邹大光、邱邑亮：《以马克思主义为指导研究教育、社会和人的关系》，《教育研究》1990年第11期；王伟廉：《关于"教育与人"问题的几点思考》，《高教与人才》1991年第1期。

③ 涂艳国：《教育与人的发展》，载瞿葆奎主编，郑金洲副主编：《教育基本理论之研究（1978—1995）》，福建教育出版社，1998年版，第464页。

④ 王道俊、郭文安：《试论教育的主体性——兼谈教育、社会与人》，《华东师范大学学报（教育科学版）》1990年第4期。

⑤ 胡克英：《"人"在呼唤》，《教育研究》1989年第3期；王道俊：《关于教育主体性问题的几点认识》，《教育研究与实验》1993年第1期。

⑥ 王道俊、郭文安：《关于主体教育思想的思考》，《教育研究》1992年第11期；王道俊：《关于教育主体性问题的几点认识》，《教育研究与实验》1993年第1期；王策三：《主体教育哲学刍议》，《北京师范大学学报（社会科学版）》1994年第4期。

在人的主体性与主体教育方面，相关研究进一步深入至教育中人的尊严、权利、自主等发展条件和要求。基于"谁是教育活动的主体""学生的主体性"等问题的讨论，还出现诸多培育学生主体性的教育实验。[①] 20世纪90年代以来，形成了在主体性哲学视域下建构主体教育理论并开展实验研究的普遍趋势。研究者们立足于教育和主体的现代化转型任务，面向基础教育改革的实然状况，进一步探究师生角色的转变和主体发展的促进等议题。这一趋向也意味着，教育对人与社会的发展所起的作用和成效，基本上取决于它能够在多大程度上培养出人的主体性。[②]

第三节 教育与社会的关系：以"市场"为参照

1978年以后，党的工作重心开始转向社会主义现代化建设，教育与社会、教育与经济的关联日益密切。在教育理论与实践的研究中，教育与社会主义建设的关系是一个基本问题。如何全面认识并正确处理这对关系，尤其是教育在经济建设中的功能与作用，成为发展教育事业、推动教育体制改革的重要前提。

早期的研究者较为关注教育与社会的一般关系、教育的社会功能等问题。有论者认为，现代教育的生产劳动力的职能日益凸显，教育的政治功能逐渐转向经济功能。[③] 不过，重点的转移不意味着二者无法并存，两种社会职能仍然可以相互促进。[④] 教育的经济功能研究最早可追溯至1978年以来关于教育本质的"生产力说"与"上层建筑说"的探讨。对此，有论

---

① 冯建军主编：《教育基本理论研究20年（1990—2010）》，福建教育出版社，2012年版，第315、375页。

② 王策三：《主体教育哲学刍议》，《北京师范大学学报（社会科学版）》1994年第4期。

③ 于清涟：《关于教育的生产斗争工具职能问题》，《吉林师范大学学报（哲学社会科学版）》1980年第1期；成有信：《试论教育方针的根本性转变——兼论两个教育理论在转变中的作用》，《教育研究》1999年第6期。

④ 时丁：《试论教育的社会职能》，《陕西师范大学学报（哲学社会科学版）》1979年第2期。

者强调教育作用的双重性,教育为生产力服务意味着既通过经济基础而间接作用于生产力,又通过传授自然科学知识和生产技术来直接作用于生产力。[1]

20世纪70年代末至80年代初,关于社会主义初级阶段的教育理论讨论兴起。有论者提出,教育既是建设全面的社会主义经济的手段,又是建设高度的社会主义精神文明的重要阵地。[2] 1985年,党中央在《关于教育体制改革的决定》中指出,必须从教育体制入手,有系统地进行改革,使教育适应社会主义现代化建设的需要。在这个意义上,教育应成为开放性、灵活性、有效率、有复杂内外联系的系统,为使教育适应社会发展的需要而进行的改革也将是经常的、长期的。[3] 在强调教育必须为社会主义建设服务的同时,对社会主义建设必须依靠教育的重要性也应进一步提升,尤其是关于教育在社会主义生产上的作用,尚未被置于应有的重要地位。[4]

20世纪80年代末,伴随市场经济体制的确立,教育理论界关于"教育与人"主题的研究复又转向对"教育与社会"主题的关注,并且着力探讨教育与市场经济的关系。进入90年代以后,研究者们全面聚焦于市场经济与教育的双向作用,尤其是商品经济对教育的影响问题受到更加广泛的关注。当时,出现了"教育应引入和适应市场机制"[5] 和"教育应坚持自身的本质和规律"[6] 两种代表性观点。对此,有论者从更广的范围来具体分析两种规律的联系与区别,认为教育与市场经济同属社会主义现代化系

---

[1] 石佩臣:《作为上层建筑的教育的特点》,《教育研究》1979年第4期。
[2] 李国拱:《略论教育在社会主义现代化建设中的地位和作用》,《学术研究》1983年第2期。
[3] 刘佛年:《改革与提高》,《华东师范大学学报(教育科学版)》1983年第1期。
[4] 常春元、黄济、陈信泰主编:《中国社会主义教育学》,江苏教育出版社,1987年版,第45页。
[5] 强毓英:《正确理解教育与市场经济的关系》,《江苏高教》1997年第6期。
[6] 顾明远:《正确认识社会主义市场经济与教育的关系》,《中国教育学刊》1993年第2期。

统中的子系统，它们各有内在的发展规律。① 也有论者在价值层面提醒，市场所需的人才带有明显功利性和专门性，而教育所考量的人才标准具有更全面而广阔的适应性。②

从教育的基本属性来看，现代教育既是生产性事业又是消费性事业。③ 其不应完全处于市场关系之中，也不应完全交由市场去调节。④ 尤其在基础教育阶段，教育着重体现的是社会事业的属性，而不是经济实体的产业属性。⑤ 由此，市场经济规律不宜被简单迁移至教育领域，但无论考虑消极影响还是发展机遇，教育与市场经济之间的双向作用都给亟须应对新经济体制的教育事业提出了变革的必要性与挑战。譬如，市场经济的建立既促发了教育运行或管理体制、学校教育功能或价值观念等方面的改革，也给市场经济下的公民道德建设和道德教育提出了新的要求。在社会主义市场经济的建设进程中，研究者们对教育及其相关概念的属性展开论争，主要包括以下三个方面。

一是教育商品。从产品的使用价值来看，教育产品可以由知识形态转化为科学技术成果，进入文化、技术、信息等市场体系并参与市场交换，因而可以成为商品。不过，教育商品不同于一般形态的商品，二者在交换过程中的价值判断标准和表现形式不同。⑥ 其中，教育商品性的体现需要由教师劳动力和劳动时间来决定，而教师劳动力和教育劳动本身是否具有商品性，也是存在疑义的。譬如，教师劳动是否应看作生产劳动？教师劳

---

① 李经天：《对教育与社会主义市场经济的再认识》，《武汉教育学院学报》1995年第2期。

② 孙喜亭：《市场经济与教育的关系需要有个科学的定位》，《中国教育学刊》1993年第3期。

③ 张人杰：《对"教育适应市场经济需要"之再思考》，《高等教育研究》1994年第3期。

④ 范先佐：《关于社会主义市场经济与教育改革的几个问题》，《华中师范大学学报（哲学社会科学版）》1993年第4期。

⑤ 顾明远：《正确认识市场经济和教育改革的关系》，《人民教育》1993年第5期。

⑥ 高建民：《现代教育之经济性能辨析》，《教育评论》1993年第1期。

动所提供的服务是否形成使用价值？鉴于这种讨论方式未见成效，此后的讨论便集中于"教育服务"的商品属性。有论者认为，教育不是直接的商品，只能说教育的部分成果是商品，教育提供的服务或劳务具有一定的商品性。① 也有论者认识到教育服务商品有别于物质形态商品的特殊性，教育工作者所创造的价值并不直接表现为社会物质财富的增加，而且劳动过程的主观性、隐性等特征致使对教育劳务价值量的衡量更加困难。② 上述讨论还引发了"教育商品化"的悖论，但无论是从社会主义制度、国家的教育职能还是教育自身的规律与功能来看③，完全的"商品化"思维都是值得警惕的。

二是教育市场。关于教育与市场机制关系的讨论，涉及"将市场机制引入教育领域"和"使教育进入市场"两种思路，二者共同指向"建立教育市场"的问题，从而形成或完善一种社会运行机制，调节教育与社会的关系。④ 尽管教育服务的商品属性可以为建立教育市场提供可能，但仍需明确教育市场有别于完全市场的不规范性，譬如"教育市场"不是完全的竞争市场，其发育具有滞后性，其主体不是完全的利益主体，其需求兼有个人和社会两个维度⑤，等等。不仅如此，学校的工具职能或非教育性职能可能因市场经济的影响而过度膨胀。⑥ 这些观点表明，尽管教育市场可能成为教育发展与改革的促进力量，但教育市场的内外关系、功能、运行模式等问题仍需被审慎地考虑；由于教育与市场存在诸多差异，更应避免"教育市场化"定位带来的思想混乱和价值失序。

---

① 靳希斌：《教育与社会主义市场经济关系初探》，《高等师范教育研究》1992年第6期。
② 刘兰平：《论教育服务的商品属性》，《教育科学论坛》1994年第1期。
③ 王汉澜、王北生：《社会主义教育不能商品化》，《华东师范大学学报（教育科学版）》1988年第2期；陈信泰：《教育商品化若干论点质疑》，《教育研究与实验》1988年第2期；顾明远：《市场经济与教育改革》，《高等师范教育研究》1994年第4期。
④ 张铁明：《教育适度经营与教育体制嬗变》，《广州日报》1994年8月18日。
⑤ 童跃年：《论教育市场的不规范性》，《教育理论与实践》1993年第5期。
⑥ 董文军：《市场经济与学校的非教育职能膨胀》，《教育理论与实践》1994年第6期。

三是教育产业。20 世纪 80 年代末至 90 年代初，一些研究者将教育视为具有专业性、生产性、消耗性、经营性的第三产业，并且构成了其他产业的基础。① 更多论者从教育产业与标准产业或其他服务性产业的区别出发，认为教育产业具有物质与非物质的双重规定性，并且存在着目的、功能、投入、产品等方面的特殊性。② 还有论者提出，教育产业观的确立、教育的产业化是深化教育改革的有效途径。③ 但是，学界对于教育能否被视为产业、教育能否产业化的基本认识仍存有较大分歧。持质疑态度的论者们认为，教育不以营利为目的，教育也有别于生产部门、生产力或生产劳动，教育的经济功能也不意味着教育可以被视为一种经济活动或经济行为。无论从"产业"和"教育"、"企业"和"学校"的概念差异来看，都不能将教育的基本性质和发展方向"产业化"。④

上述三个方面的探讨表明，市场经济的发展确实为教育体制的改革提供了契机和有利条件，教育理论研究也有必要回应现实的经济发展背景。但教育并非只有经济功能，还有政治、文化以及促进人的发展的功能。⑤ 教育自身的特殊性和公益性是支撑其应对市场经济改革的价值根基，并且规范着教育活动在商品化、市场化和产业化趋势中的伦理限度。此外，这场讨论本身也有值得反思的地方，包括对相关概念和问题论述时的混淆、

---

① 李志厚：《认识教育产业可经营性的意义》，《南方教育论丛》1993 年第 1 期。

② 潘振勇：《教育产业探讨》，《科学学研究》1991 年第 2 期；游心超：《教育要"产业化"，不要"市场化"》，《教育参考》1994 年第 6 期。

③ 张铁明：《教育科学研究的一个全新视野：教育产业论》，《广东教育》1993 年第 1 期；张谦：《教育产业化的若干构想》，《教育理论与实践》1993 年第 2 期。

④ 卫兴华：《教育是生产部门吗?》，《东岳论丛》1983 年第 1 期；张南保：《教育部门不应列入产业的范畴》，《学术月刊》1987 年第 1 期；孙传宏：《教育非产业论》，《现代中小学教育》1993 年第 3 期；孙传宏：《"教育产业化"学说的若干观点辩正》，《教育研究》1994 年第 8 期；张建华、许宏：《教育产业化问题辨析》，《高等教育研究》1999 年第 6 期；胡建华：《"教育产业化"概念之我见》，《教育发展研究》1999 年第 12 期。

⑤ 顾明远：《正确认识市场经济和教育改革的关系》，《人民教育》1993 年第 5 期。

简单化的术语移植和理论演绎等。①

第四节 教育学的问题：走向"元研究"

陈桂生曾回顾新中国成立以后的教育学发展，将教育学所面临的境况称之为"教育学的迷惘"，即在理论工作者的眼里，教育学尚未形成较为严密的科学体系，其中对许多重要问题的表述带有随意性，理论水平不高；而在实践工作者看来，理论又脱离实际，对实践的指导意义不大。②这种两难的困境，一方面是由理论本身的性质所决定的，另一方面则与教育基本理论及其研究方法论的成熟程度有关。但无论如何，都激发了教育学者们对现行教育学体系的更高层次的批判与反思。

1978年以来，中国教育理论界对教育基本理论课题的研究可以分为三个层面：一是探究教育领域内生的原点或基本问题，如教育本质、教育功能、教育价值、教育目的；二是考察教育与相关理论或实践领域的一般或特定关系，如教育与社会、政治、经济、文化等关系问题；三是以教育学为研究对象，对教育学作为一种研究领域或一门学科、学问的整体反思，以及对这种反思的再反思。前述三个部分的内容可归属于前两个层面，而第三个层面的研究可以在更为抽象、系统、规范的意义上反映前两者的研究成果。这一层面涉及教育学的学科性质与立场、教育研究范式或方法论、元教育学研究等议题。特别是元教育学，作为一种相对独立的领域，其为教育学的反观自身和深度发展提供了清思的源泉和重建的可能。从历史发生与进程来看，教育学的元研究发展大致可划分为以下三个阶段。

第一阶段是在1978年至1988年间，主要讨论中国现行教育学（教材）体系的批判与建设。论者们普遍认为，当时中国的教育学体系深受凯洛夫教育学体系的影响，难以反映国情现实和形成民族特色，体系建设已陷入

---

① 范国睿：《市场经济与教育》，载瞿葆奎主编，郑金洲副主编：《教育基本理论之研究（1978—1995）》，福建教育出版社，1998年版，第828页。

② 陈桂生：《教育学的迷惘与迷惘的教育学——建国以后教育学发展道路侧面剪影》，《华东师范大学学报（教育科学版）》1989年第3期。

僵化的困境。譬如，在内容上存在体系陈旧、思想贫乏、概念模糊等问题；在形式上存在结构封闭、逻辑含混、体系不严谨等问题；已出版的大量教材中充斥着相似性、经验性、实用性等思维方式，表现出政治化、政策汇编、缺少相对独立性和自由争鸣等倾向或特征。[1]

在这种情形下，教育学中国化的问题被重新提出。有论者将教育学的中国化置于历史、国际的背景中分析，揭示出"中国化"的进程和有关该进程的理解之间的关系，促使人们认识"中国化"这一命题背后的基本假设和研究方法。[2] 同时，命题本身作为问题或课题被提出，旨在夯实教育学研究的一个规范性前提。一些研究者对教育学"中国化"的价值取向给出建议或提醒，譬如将马列主义教育学说、毛泽东教育思想与中国社会主义建设实际相结合，充分利用中国的传统经验和由实践形成的理论资源[3]，使中国教育学体现出普遍性与特殊性、本土化与现代化、移植性与独立性的统一。[4] 同时，也应避免"建立有中国特色的教育学"的"口号"遮蔽科学的精神和态度。[5]

---

[1] 张美今：《对编写教育学教材的几点看法》，《教育研究》1982年第5期；蔡雁生：《也谈编写具有我国特色的教育学》，《教育研究》1983年第2期；关达：《谈教育学教科书体系的改造》，《教育研究》1984年第2期；朱志明：《试论教育科学体系结构的改造》，《教育研究》1987年第1期；何齐宗：《教育科学领域亟需批判精神》，《教育研究》1988年第10期；陈桂生：《教育学的迷惘与迷惘的教育学——建国以后教育学发展道路侧面剪影》，《华东师范大学学报（教育科学版）》1989年第3期。

[2] 陈桂生：《略论教育学"研究方法论意识朦胧"现象》，《教育研究与实验》1994年第2期。

[3] 张美今：《对编写教育学教材的几点看法》，《教育研究》1982年第5期；蔡雁生：《也谈编写具有我国特色的教育学》，《教育研究》1983年第2期；冯忠汉：《教育学研究要团结协作面向实践》，《教育研究》1983年第11期；叶澜、唐莹：《教育学体系》，载瞿葆奎主编：《社会科学争鸣大系（1949—1989）·教育学卷》，上海人民出版社，1992年版，第26—29页。

[4] 鲁洁：《建设具有中国特色的社会主义教育学管窥》，《教育评论》1988年第1期；毕诚：《教育科学中国化的内在条件》，《教育研究》1989年第3期；吴康宁：《教育理论研究的走向》，《教育研究》1992年第12期。

[5] 丛立新：《关于"建立中国特色的教育学"口号的争议》，《中国教育学刊》1993年第2期。

第二阶段是在 1988 年至 20 世纪 90 年代初，主要围绕作为研究领域或学科的教育学展开研究，涉及学科发展历史、逻辑起点、理论性质、理论与实践的关系以及研究方法论等方面。具体而言：

在逻辑起点上，有论者从理论逻辑和实践检验来分析，认为教育学的逻辑起点是"知识传授"。① 也有论者认为，"学习"应视为比"教导"更简单的逻辑前提②，将教育学的起始范畴概括为"学习"，是因为教育学本身独有的或加以特殊规定的基本范畴与研究对象的范畴在性质上相同或相近。③ 还有论者针对论题的探讨本身进行反思，认为教育学的逻辑起点是体现教育学理论体系科学性的一个根本问题，二者紧密关联，并对教育学改革起着积极的导向作用，因而不可凭感觉和想象任意构设。④

在理论性质上，由于对"教育学"概念的内涵与外延理解的差异，教育理论性质呈现出多元化的趋向，即从科学理论与实践理论的二分法，到哲学理论、科学理论、实用或应用理论的三分法，再到教育技术理论、教育科学理论、教育价值理论以及教育规范理论的四分法。理论的分化为建构不同性质的教育理论提供了可能性，也需要在联系与综合中相互促进，从而避免将复杂的理论特征简单化。

在理论与实践的关系上，论者们就"理论不能指导实践""理论与实践双向脱节"等问题展开探讨，认为理论与实践在发展上本就有着不平衡性，理论的抽象性决定其并不能立即产生实效或直接解决实践问题，应用功能同样不应成为衡量理论品质的唯一标准。因此，问题在于不同性质的教育理论如何与教育实践相联系，以及教育理论如何可能成为被运用到实

---

① 郑金洲：《教育学逻辑起点初探》，《争鸣》1987 年第 6 期；沈剑平：《教育学逻辑起点初探》，《教育研究》1988 年第 3 期。
② 刁培萼：《教育学逻辑起点新探》，《教育研究与实验》1987 年第 4 期；张晓鹏：《试论教育的辩证逻辑——教育学范畴体系初探》，《华东师范大学学报（教育科学版）》1991 年第 3 期。
③ 瞿葆奎、郑金洲：《教育学逻辑起点：昨天的观点与今天的认识（一、二）》，《上海教育科研》1998 年第 3、4 期。
④ 郭元祥：《教育学范畴问题探析》，《华东师范大学学报（教育科学版）》1995 年第 3 期。

践中去的理论。① 理论能否付诸实践，终究还是取决于"人"，即实践主体对理论的选择以及实践客体、实践过程的具体情况②，唯有在实践中不断发展和创造指导自身实践的个人行动理论，才能使理论产生现实的影响力。

与此同时，我国理论界也愈发重视教育科学方法论层面的研究，主要集中于教育研究范式的区分与整合问题，从而避免具体方法之间的简单移植倾向。③ 其中，系统科学方法论、多学科视角以及教育（学）的特殊性等方面都作为考量因素被纳入教育研究方法论体系的建构中。只是当时的专门研究较少且不够深入、具体，这一研究领域仍待进一步拓展。④

第三阶段是在20世纪90年代以后，"元教育学研究"兴起，旨在为教育学的系统反思、零散的理论成果的系统转化提供分析规范。与以往的反思不同，元教育学意义上的反思主要针对的是教育学中的理论前提、概念术语、命题等，更强调彻底性、全面性和深刻性。⑤ 有论者明确提出，研究教育现象不同于研究教育学现象，关于教育的知识也不同于关于教育学的知识，因而表述它们的语言在逻辑层次上存在差别：教育使用一级语言（关于现象领域的语言），表征教育现象或规范教育活动；教育学反思使用二级语言（关于现象领域语言的语言，即元语言），表征教育学现象或规范教育研究。⑥ 当时教育理论界和实践界对教育理论的现状并不满意，研究者们开始对教育理论的问题表征、性质以及发展方向进行较全面而深刻

---

① 叶澜：《关于加强教育科学"自我意识"的思考》，《华东师范大学学报（教育科学版）》1987年第3期；扈中平：《对教育理论脱离实际的几点看法》，《教育研究》1991年第7期。

② 诸平：《从理论的评价看理论与实践的结合——兼谈理论工作者与实际工作者的相互理解》，《上海教育科研》1992年第3期。

③ 郭元祥：《论教育科学研究方法的移植》，《上海教育科研》1990年第3期。

④ 侯怀银：《我国新时期教育研究方法研究的回顾与展望》，《教育研究》1994年第4期。

⑤ 郑金洲、瞿葆奎：《中国教育学百年》，教育科学出版社，2002年版，第273—274页。

⑥ 瞿葆奎、黄向阳：《教育学的反思与元教育学》，《湖南教育报》1994年1月1日。

的反省，其中，尤以元理论和元教育学的研究与相关研究领域的建设为典型。论者们认为，元教育学以理论形态的教育知识为研究对象①，是关于教育研究的研究、关于教育理论的理论，研究者们为构建更加完善的教育学知识体系提出规范性的依据。② 这些探索具体包括以下内容。

一是在对象性质方面，确认元教育学的对象是一种形式对象。就对象的具体指涉范围而言，有论者认为包括教育学理论形态的研究和教育学研究的研究③，也有论者提出应辨清科学理论陈述的研究与科学研究活动的研究，并将元教育学限定为前者。元教育学需要运用逻辑语言分析，在哲学层面提出检验科学与非科学的标准，再根据这些标准与规则来分析教育学陈述体系。在这个意义上，"元研究"关注的是教育理论的"形式性质"问题，包括理论教育学与实践教育学的区别、教育科学理论与规范教育理论的区别，进而将教育诸概念的分析方法推广到关于教育理论陈述性质及其体系范围的应用。④

二是在方法特征方面，采用但不限于形式化的分析方法。尽管"形式化"是元研究方法的总体特征，但如何理解这种"形式化"仍值得探讨。有论者关注这种方法的限度，认为教育学的理论陈述不完全适用于形式化的逻辑分析，更涵盖教育学发展史、教育理论与实践、教育学现象分析、教育理论内部结构、教育研究方法论等实质性内容。⑤ 也有论者强调这种方法的独特性，认为元理论不同于传统意义上的语言分析哲学，它需要暂时抛开具体内容，而具体内容已积淀在形式中。⑥ "形式化"不只意味着从

---

① 唐莹、瞿葆奎：《元理论与元教育学引论》，《华东师范大学学报（教育科学版）》1995年第1期。

② 瞿葆奎编著：《教育学的探究》，人民教育出版社，2004年版，第312—342页。

③ 郑金洲：《教育学终结了吗？——与吴钢的对话》，《教育研究》1996年第3期。

④ 陈桂生：《"元教育学"问对》，《华东师范大学学报（教育科学版）》1995年第2期。

⑤ 郑金洲：《教育学终结了吗？——与吴钢的对话》，《教育研究》1996年第3期。

⑥ 唐莹、瞿葆奎：《元理论与元教育学引论》，《华东师范大学学报（教育科学版）》1995年第1期。

逻辑-语言层面来分析陈述体系，还需要从其他方面对陈述体系作整体的反思与分析，涉及诸如研究方法论、历史学、社会学、价值-规范等分析取向。①

三是在归属与功能方面，澄清和确认元教育学所属的学科门类。有论者认为元教育学不是独立的学科，而仍属于教育学。也有不少研究者主张将教育学理论与元教育学理论区别开来，前者是一种对象理论，后者是对对象理论所作的元研究的结果，是关于教育学理论的认识论，即一种元理论。② 由此，元教育学的功能主要在于对教育学进行检验、批判和提出发展建议，它与一门科学发展的"自我意识"和"自觉水平"有关，对科学自身发展的过程、现状、机制以及内部结构所作的反思决定着它未来发展的方向。③ "元"意味着一种形式化的反思，但并非所有对教育学成果的反思都可归入元研究的范畴。④ 正如瞿葆奎所说："元教育学的研究在于促进教育学的发展。它在澄清教育学的认识论基础方面具有重要的理性价值，但它不能取代教育学自身的建设。"⑤

就此而言，元教育学不提供教育知识，而是为检验、整合教育知识提供规范与标准；⑥ 元教育学的思维方式和观念的建立也不是直接为了重建教育学体系，而是帮助改进教育学体系；更重要的是，它能够促使教育研究者在创立、发展、更新教育学的进程中形成一种元教育学观。⑦ 20 世纪

---

① 唐莹：《元教育学——西方教育学认识论剪影（上）》，《教育研究》2001 年第 2 期。

② 陈桂生：《"元教育学"问对》，《华东师范大学学报（教育科学版）》1995 年第 2 期；郭元祥：《元教育学：一种元理论》，《高师函授学刊》1995 年第 1 期。

③ 叶澜：《关于加强教育科学"自我意识"的思考》，《华东师范大学学报（教育科学版）》1987 年第 3 期。

④ 唐莹、任长松、王建军：《元教育学研究》，载瞿葆奎主编，郑金洲副主编：《教育基本理论之研究（1978—1995）》，福建教育出版社，1998 年版，第 1004 页。

⑤ 瞿葆奎主编：《元教育学研究》，浙江教育出版社，1999 年版，第Ⅱ—Ⅲ页。

⑥ 陈桂生：《"元教育学"问对》，《华东师范大学学报（教育科学版）》1995 年第 2 期。

⑦ 郭元祥：《元教育学概论——元教育学的性质、对象、方法和意义》，《华东师范大学学报（教育科学版）》1994 年第 2 期。

90年代以来,"元教育学"概念的兴起和相关研究进展促使"教育学的反思"进入一个新的阶段。尽管研究者们在对象属性、归属范畴、理论边界、方法运用等问题的认识上仍存歧见,但这并不影响它作为一种"超越的视界"发挥作用,持续推动教育基本理论的探索和教育学的发展。

第六章 21世纪以来的教育基本理论

20世纪90年代中后期,教育基本理论研究呈现出与以往不同的气象。这表现在:对传统主题(教育本质、教育学的逻辑起点、教育功能、教育起源等)的关注度显著下降;在元教育学的热议中,对教育学的反思达至顶点,随即陷入沉寂;新的理论话语(生活世界话语)被引入,并日益受到重视;教育学术界关注的议题趋于多样化,鲜有以往理论争鸣的盛况;探讨教育基本理论问题的价值取向发生重大转变。种种迹象表明,教育基本理论研究进入了一个新的时期。

第一节 教育基本理论传统主题的转变

与教育学的其他分支学科不同,教育基本理论作为一个研究领域,没有清晰的边界和固定的议题[①],但如果将它视为一个由其研究者塑造的领域,我们会发现,自改革开放至20世纪90年代中期,教育基本理论研究已形成了若干传统主题。瞿葆奎主编的《教育基本理论之研究(1978—1995)》呈现了这一领域的早期状况。该书共涵盖14个主题,分别为毛泽东教育思想、教育起源、教育本质、教育规律、教育功能、教育价值、教育与人的发展、马克思主义人的全面发展理论、教育目的、教育与生产劳

---

① 刘源:《教育基本理论包含什么——基于我国教育学者研究的反思》,《辽宁师范大学学报(社会科学版)》2016年第1期。

动相结合、社会主义初级阶段教育理论、市场经济与教育、传统教育与现代教育、元教育学。诚如编者所言："'教育基本理论'的涵盖范围，目前尚少统一的认识……这不能表明：这里选定的14个课题就是教育基本理论的全部内容；也不能表明：这14个课题中所涉及的所有问题都是属于教育基本理论的范围。"[1] 尽管如此，这些主题大体上反映了研究者在1978—1995年的主要关切。冯建军主编的《教育基本理论研究20年（1990—2010）》代表了世纪之交的20年基本理论研究的概况，该书划分为11个专题，其中保留了瞿编本中的6个主题（教育学的元研究、教育本质、教育功能、教育与人的发展、市场经济与教育、教育目的）。[2] 此外，其他以"教育基本理论"为题的专著亦表明，我国的教育基本理论研究似乎形成了若干传统主题，其中被提及较多的有教育目的、教育本质、教育功能、教育与人的发展、教育价值等。[3] 自然，它们的不同也反映，基本理论研究在21世纪的变化，以及编著者的认知差异。

进入21世纪后，教育基本理论的早期议题有不同的命运。其中，教育本质、教育目的、教育功能、教育与人的发展等主题，为多数基本理论研究者保留。而未留下的议题，情况要复杂得多。它们或因研究兴趣转移，不再成为关注焦点，如教育起源、毛泽东教育思想、马克思主义人的全面发展理论、教育与生产劳动相结合；或因教育实践的进程而失去意义，如教育规律；或因新视角的引入而成为新问题，如社会主义初级阶段教育理论；或因教育分支学科的发展而消解，如市场经济与教育等。不过，主题

---

[1] 瞿葆奎主编，郑金洲副主编：《教育基本理论之研究（1978—1995）》，福建教育出版社，1998年版，前言。

[2] 冯建军主编：《教育基本理论研究20年（1990—2010）》，福建教育出版社，2012年版。

[3] 代表性著作——王北生主编：《当代教育基本理论论纲》，人民教育出版社，2012年版；周险峰主编：《教育基本问题研究：回顾与反思》，华中科技大学出版社，2016年版；尹艳秋、唐斌编著：《教育基本理论讲义》，苏州大学出版社，2013年版；张淑清：《教育基本理论》，中国社会科学出版社，2008年版；等等。不过，有些"教育基本理论"似乎并未受到上述主题分类的影响，比如陈桂生：《回望教育基础理论》，北京师范大学出版社，2008年版；靳玉乐、易连云主编：《教育基本理论问题专题研究》，西南师范大学出版社，2012年版。

的去留本身不能说明什么问题，因为留下的主题多以新方式得到探讨，实质上成为新问题；未保留的主题仅意味着，它们不再成为关注焦点，并不表明其缺乏理论价值。2000年后，基本理论研究者关注的主题和视角，日趋多样化。至于多数研究者关注什么，这些主题是否在理论上具有重要价值，实难一概而论。鉴于此，本节仅限于说明，教育基本理论研究在20世纪90年代中期前后发生的议题转变，意味着什么。

有学者在回顾1978—1988年教育基本理论进展时指出："近十年间，教育基本理论方面几乎所有建树，都是从对以往历史的反思起步的。"[①] 这一判断同样适用于1978年至20世纪90年代中期的基本理论研究。原因似乎显而易见。"文革"期间，教育领域以阶级斗争为纲，已形成一套关于教育的基本观点（或可称之为传统马克思主义的教育观念），这套观念的旗帜是马克思主义。1978年后，国家的工作重心逐步向经济建设转移，为适应新情况，教育领域必须创造新的教育观念。当时，一般社会思想的革新是在"实践是检验真理的唯一标准"大讨论中进行。教育领域则通过批判和反思一系列传统马克思主义教育观念而实现。瞿葆奎主编的《教育基本理论之研究（1978—1995）》（1998）表明，几乎所有的挑战和突破，均从对传统马克思主义教育观念的质疑开始。例如，有关教育起源的争论指向劳动起源说，关于教育功能的讨论将矛头指向将教育视为阶级斗争工具的认识和实践，等等。其中教育本质讨论影响最大，诚如有学者早已指出的那样，这场讨论一开始就不是在科学意义上探讨"教育"之为教育的质的规定性。[②] 不过，这并不重要，重要的是讨论质疑了流行的"上层建筑说"，否定了其唯一合法性地位。

如果不能从传统马克思主义教育观念中解放出来，包括教育基本理论在内的整个教育学术研究是不可能的。教育思想的解放是通过"回到马克思主义"的方式实现的。正如《教育研究》在创刊号中所言，"林彪、四

---

① 陈桂生、瞿葆奎、叶澜：《中国教育基本理论的新进展》，载《教育研究》杂志编辑部编：《党的十一届三中全会以来中国教育科学的回顾与展望》，教育科学出版社，1988年版，第47—91页。

② 靳乃铮：《教育的本质与归属》，《教育研究》1982年第6期。

人帮公然阉割马克思主义的灵魂，肆意篡改、歪曲经典作家和毛泽东同志的某些个别语句，在教育思想上造成了很大的混乱"，我们的首要工作就是"从林彪、四人帮的束缚中解放出来，回到马克思的认识论上来，把被颠倒的东西重新颠倒过来"。[①] 于是，旧的教育观念被定性为"对马克思主义的歪曲"，必须回到"真正的马克思主义"。可以说，早期教育基本理论研究之所以能够呈现出百家争鸣的繁荣局面，同参与者自觉地在马克思主义话语下讨论是分不开的，而后者之所以可能乃在于，批判的任务与对象决定了讨论采用的话语。因此，这一时期关于教育基本理论议题的讨论，均在马克思主义话语下进行。早期教育理论问题的讨论最大限度地吸引关心教育问题的研究者（而不仅仅是教育基本理论研究者）；对非教育基本理论研究者而言，在某种意义上来说，参与讨论是必需的，因为缺乏这种讨论，便不可能从传统马克思主义教育观念中解放出来，进而无力开辟教育言说的空间。这种热烈的氛围是 21 世纪后教育理论讨论所未见的。原因在于，20 世纪 90 年代中期以后，成长起来的教育理论研究者深受不同理论资源的滋养，而不仅仅是马克思主义（甚至可以说，对老一辈学者熟悉的马克思主义，后来的教育学人已相当陌生了）；教育理论可利用的资源日益丰富，无形中增加了理论对话的难度。[②] 换言之，早期教育基本理论研究之所以能够展开对话，缘于它们有共同要挑战的东西，挑战局限于马克思主义话语之内。因此，有关教育目的、教育功能、教育价值、教育起源等讨论是真正的问题。当教育学术挣脱束缚后，这些问题本身的复杂性表明，它们不能仅仅通过讨论来解决，因而在进入 21 世纪后它们由问题发展为问题域。在此意义上，即使为后来教育基本理论研究者保留的"传统议题"，亦同早期的议题在性质上存在根本区别。

  对早期教育基本理论讨论来说，其主要成就不在于它对所讨论的问题有了解答，而在于否定了旧答案的唯一性，打开了关于这些问题的言说空间。结果，过去曾经盛行的正统马克思主义教育观点被定性为教条，"以马克思

[①] 编者：《编者的话》，《教育研究》1979 年第 1 期。

[②] 孙迎光：《为什么教育学理论对话越来越少》，《教育理论与实践》2008 年第 1 期。

主义为指导"成为一面旗帜，在这面旗帜下，可以"合理地"吸收人类文明的一切成果。对教育研究者来说，重要的是提高马克思主义运用的成熟度。[1]如此，新的教育言说便获得合法性。同时，关于教育学本身的反思也达到顶峰。这个过程至20世纪90年代中期近于完成。随着整个社会的转型，新的教育问题出现了，新一代教育学人开始突破已有话语体系，有意愿和能力，形成新的眼光、利用更丰富的理论资源。这样，许多旧主题失去了意义，或被以新的方式提出而成为新问题，或被分散至特定研究领域，或被迅速发展的实践解决。因此，与其说1978年至20世纪90年代中期间的成果是积极的，不如说是消极的，不在于它们解答了老问题，而在于否定了老问题的旧答案，进而承认多种回答方式的合法性。这些讨论的最大价值在于解放了思想，开拓了教育基本理论的学术空间。不过，这种开拓之功可能造成错觉：或以为老问题已得到解决，或视老问题已过时而加以废弃，或固执地认为老问题依然未变。殊不知，新时期教育基本理论研究者面临的首要任务就是，合理地提出问题，提出合理的问题。

第二节　关于教育学自身的探索

现在，教育基本理论虽不是一门学科，但它与教育学最具亲缘关系。这不仅因为教育基本理论的研习者大都是在教育学名义下接受训练，而且其关切多属教育学的天然主题。在学科认同上，教育基本理论研究者更倾向于认同教育学。正因为如此，对这个群体来说，探讨教育学自身的问题既十分自然，又常常是出于责任。

改革开放后，关于教育学自身的思考大体始自20世纪80年代中期。雷尧珠的论文是这方面的先声。[2] 在早期，历史与理论是反思教育学的主要维度。至于具体内容，唐莹等人的调查（1978—1997年）表明，有10个主题

---

[1]　叶澜：《教育研究方法论初探》，上海教育出版社，1999年版；张阳：《马克思主义哲学指导中国教育研究的回顾与反思》，山西大学硕士学位论文，2013年。

[2]　雷尧珠：《试论我国教育学的发展》，《华东师范大学学报（教育科学版）》1984年第2期。

较受重视，它们是：对我国现行教育学体系和研究现状的分析、教育学的中国化、西方教育学的历史发展、中国教育学的历史发展、教育学的逻辑起点与体系建设、教育理论的性质与结构、教育学的学科地位、教育理论与教育实践的关系、教育研究范式：定性研究与定量研究、关于"元教育学研究"。[1] 至20世纪90年代中期前后，"反思"在元教育学讨论中达至顶峰。作为一个特殊的时间点，世纪之交提供了一个反思教育学的契机。教育基本理论专业委员会，将1999年学术年会主题定为"教育理论的世纪回顾与展望"。不过，跨入21世纪后，教育理论界对元教育学的兴趣逐渐趋于淡薄。元教育学的精粹在于"做"教育学，而不在于"论"教育学。就成果来看，"论"者众，"做"者寡。在"做"的方面，陈桂生可谓老一辈教育学者的代表[2]；周作宇、石中英等人的工作则代表了新一代教育学人的努力[3]。

20世纪90年代中期以后，关于教育学的讨论在三方面明显有别于前

---

[1] 瞿葆奎主编：《元教育学研究》，浙江教育出版社，1999年版。

[2] 他的四部元教育学性质的作品在一定程度上代表了"做"的结果。陈桂生"做"元教育学的系列成果：《教育学的建构》，湖南教育出版社，1998年版；《"教育学"辨——"元教育学"的探索》，福建教育出版社，1998年版；《历史的"教育学现象"透视——近代教育学史探索》，人民教育出版社，1998年版；《"教育学视界"辨析》，华东师范大学出版社，1997年版等。

[3] 代表性的博士学位论文——毛亚庆：《从两极到中介——科学主义教育与人本主义教育研究方法论研究》，北京师范大学博士学位论文，1996年（1999年出版）；周作宇：《问题之源与方法之镜：元教育理论探索》，北京师范大学博士学位论文，1994年（2000年出版）；石中英：《教育学的文化性格》，北京师范大学博士学位论文，1997年（2005年出版）；侯怀银：《20世纪上半叶中国教育学发展问题的反思》，华东师范大学博士学位论文，2001年（2008年出版）。代表性论文集——瞿葆奎主编：《元教育学研究》，浙江教育出版社，1999年版。以及叶澜主持"教育学科元研究"丛书——王坤庆：《20世纪西方教育学科的发展与反思》，上海教育出版社，2000年版；金林祥主编：《20世纪中国教育学科的发展与反思》，上海教育出版社，2000年版；叶澜：《教育研究方法论初探》，上海教育出版社，1999年版；李政涛：《教育学科与相关学科的"对话"——从知识、科学、信仰和人的角度》，上海教育出版社，2001年版；夏正江：《教育理论的哲学基础的反思——关于"人"的问题》，上海教育出版社，2001年版。此外，还有王坤庆：《教育学史论纲》，湖北教育出版社，2000年版；唐莹：《元教育学》，人民教育出版社，2002年版；周作宇：《问题之源与方法之境——元教育理论探索》，教育科学出版社，2000年版；郑金洲、瞿葆奎：《中国教育学百年》，教育科学出版社，2002年版；等等。

期：（1）趋于专深化，成为若干博士学位论文和专著的主题；（2）利用的理论资源多样化，探讨视角多元化，突破前期粗线条的历史和逻辑分析；（3）反思的驱动力不限于对教育学理论状况的不满，同时也来自因教育分支学科和子学科的发展而带来的危机感。① 2000 年后，"反思"似乎已沉淀为教育基本理论研究者的气质。部分学者（如瞿葆奎、叶澜、郑金洲、程亮等）以年度报告的形式回顾上一年度的教育研究进展。② "反思"也有其极端表现：为了反思而反思，反复咀嚼教育学的不尽如人意之处。③ 如果说，在过去大多数反思出于发展教育理论的真诚，那么在新时期为数不少的探讨只是轻浮地做"反思状"。这类"探讨"的繁荣表明，原来的问题依然存在。

与前期相比，21 世纪的头 20 年，关于教育学自身的探索仍以理论与历史研究为主，并趋于专深化；教育系科问题受到研究者的重视。在元层面，若干传统议题得以推进，一些新的主题得以凸显。

一、探讨教育学的历史之维

伴随 20 世纪 80 年代教育学界自我意识的觉醒，有关教育学本身的探讨经十余年孕育，进入 90 年代后，这些成果相继问世。其中，不少研究是从历史角度展开。自然，这些未必都算得上严格意义上的历史研究，多数是基于历史回顾的反思。至世纪之交，瞿葆奎、陈桂生、叶澜、张胜勇、郑金洲、侯怀银、金林祥、王坤庆等人的成果在某种程度上代表了这一时期的工作。这些成果依其侧重点不同可分为两类：（1）关于教育学史的研究；（2）关于教育学的历史反思。在第一类方面，陈桂生通过考察历史上

---

① 吴钢曾以尖锐的方式使这种危机感暴露出来。参见吴钢：《论教育学的终结》，《教育研究》1995 年第 7 期。

② 2000 年后，瞿葆奎、郑金洲、程亮等人主编《中国教育研究新进展》系列，从 2001 年开始总结上年度的教育研究进展，由华东师范大学出版社出版，已出《中国教育研究新进展》（2000—2013 年）；叶澜主编：《中国教育学科年度发展报告》，该系列从 2002 年开始，每年出版一本，反映上年度中国教育学科的发展状况，由上海教育出版社出版，已出《中国教育学科年度发展报告》（2002—2005 年）。

③ 参见吴黛舒：《生成中的中国教育学研究》，中国社会科学出版社，2012 年版。

的教育学现象,"透视"不同的教育学传统发展的理论结构,有别于一般的教育学史①;瞿葆奎与郑金洲在考察百年中国教育学史的基础上,重在探讨历史上教育学建构中的基本问题②;王坤庆注重考察西方教育学范式的演变,以及教育学发展的动力机制③;侯怀银则将教育学发展问题(中国化、科学化、独立性、学科体系)置于20世纪上半叶背景中考察④。在第二类工作中,金林祥勾勒了20世纪中国教育学科体系发展的轮廓,并反思了教育学科发展中的问题。⑤张胜勇考察了20世纪世界教育研究方法论的嬗变,以及唯科学主义对中国教育研究的影响。值得一提的是,他明确意识到中国的传统教育与学术传统根本上有别于西方,进而强调教育实践与研究民族化、本土化的重要性。⑥叶澜通过回顾20世纪中国教育学的发展,发现有三个根本问题贯穿于全程:政治、意识形态与学科发展的关系问题、教育学发展的"中外关系"问题、教育学的学科性质问题。这三个问题可进一步聚焦到教育学的学科独立性问题上。她从中得出的最大启示就是:"要提升教育学科的独立学术品格和力量,教育学界要为此作出持续和艰苦的学术努力。教育学在新世纪发展的方向不应再是以西方为本作前提的'中国化',而是要创建'中国教育学'。"⑦尽管这些研究的侧重点不同,它们对发展教育学均抱有强烈的理论关怀。正如陈桂生所言:"为

---

① 陈桂生:《历史的"教育学现象"透视——近代教育学史探索》,人民教育出版社,1998年版。该书初稿成于1990年夏,出版于1998年。
② 郑金洲、瞿葆奎:《中国教育学百年》,教育科学出版社,2002年版。
③ 王坤庆:《教育学史论纲》,湖北教育出版社,2000年版;王坤庆:《20世纪西方教育学科的发展与反思》,上海教育出版社,2002年版。
④ 侯怀银:《20世纪上半叶中国教育学发展问题的反思》,华东师范大学博士学位论文,2000年。
⑤ 金林祥主编:《20世纪中国教育学科的发展与反思》,上海教育出版社,2002年版。
⑥ 张胜勇:《反思与建构——20世纪的教育科学研究方法论》,山东教育出版社,1995年版。
⑦ 叶澜:《中国教育学发展世纪问题的审视》,《教育研究》2004年第7期。

了总结治'教育'之学的经验与教训,有必要系统地考察'教育学'的历史。"① 这大抵代表了研究者的初衷。

如果说教育基本理论工作者倾向于在理论层面思考教育学的历史发展,那么教育史研究者则承担了揭示教育学历史复杂性的任务。早期研究者较重视的主题,首先是作为舶来品的教育学如何被引入国内。蔡振生、周谷平、商丽浩等人作了重要探索。② 2000年后,探讨这一主题的视角相当多元。侯怀银及其指导的研究生做了不少工作。③ 他们系统地研究了西方教育学,尤其是德国教育学在中国的传播和影响。其中,值得一提的是,侯怀银系统地考察了德国教育学各分支学科和不同教育学流派在中国的传播与影响④;他和李艳莉以商务印书馆与教育的关系为线索探讨了该馆在传播西方教育学、参与中国教育学建设等方面的作用,可谓独辟蹊径⑤。此外,部分学者以留学生为切入点考察近代中国教育学的形成和发展。其中,陈志科、谢喆平等人探讨了留美生对近代中国教育学发展的影响⑥;刘红探讨了近代中国留学生如何通过教育翻译引入教育知识,促进

---

① 陈桂生:《历史的"教育学现象"透视——近代教育学史探索》,人民教育出版社,1998年版,序。

② 蔡振生:《近代译介西方教育的历史考察》,《北京师范大学学报(社会科学版)》1989年第2期;周谷平:《近代西方教育理论在中国的传播》,广东教育出版社,1996年版;商丽浩:《王国维与近代西方教育学说的传播》,《杭州大学学报(哲学社会科学版)》1993年第1期。

③ 韩晓飞:《法国教育理论在20世纪中国的传播和影响》,山西大学硕士学位论文,2018年;刘泽:《教育学在中国大学的存在研究》,山西大学硕士学位论文,2019年;温辉:《德国教育学著作在中国的接受研究》,山西大学硕士学位论文,2019年;张学丽:《实验教育学在中国的传播及其影响》,辽宁师范大学硕士学位论文,2018年。

④ 侯怀银:《德国教育学在中国的传播和影响》,商务印书馆,2018年版。

⑤ 侯怀银、李艳莉:《昌明教育:商务印书馆与中国教育学发展》,商务印书馆,2017年版。

⑥ 陈志科:《留美生与中国教育学》,南开大学出版社,2009年版;谢喆平:《清华留美学人与中国现代教育学的滥觞:一项初步研究》,《清华大学教育研究》2018年第5期。

中国教育科学与理论的形成和发展。[1]

　　第二个颇受重视的方面是中国教育学史上的重要文本、人物、学术组织、教育系科等。其中，肖朗及其指导的研究生在这方面作了系统的探索。在人物方面，肖朗、叶志坚探讨了王国维、严复与西方教育学的导入[2]；肖朗、项建英等重点考察近代大学教育系科的发展[3]；肖朗、黄国庭等探讨了教育期刊与教育学术的互动[4]；肖朗、杨卫明等关注教育学会在促进教育学术方面的作用[5]；张礼永结合整体叙事与个案研究，探讨了民国教育社团（包括全国教育会联合会、中国教育学会等组织）的产生、发展与消亡[6]；叶志坚聚焦于中国教育学原理的知识演进，梳理并分析了主要的教育学原理著作，挑战了一些关于教育学史的传统观点[7]。比如，通

---

[1] 刘红：《近代中国留学生教育翻译研究（1895—1937）》，华中师范大学博士学位论文，2014年。

[2] 肖朗：《王国维与西方教育学理论的导入》，《浙江大学学报（人文社会科学版）》2000年第6期；肖朗：《异源同流　殊途同归——严复与王国维导入西方教育思想的比较研究》，《华东师范大学学报（教育科学版）》2001年第4期；肖朗、叶志坚：《王国维与赫尔巴特教育学说的导入》，《华东师范大学学报（教育科学版）》2004年第4期。

[3] 项建英：《近代中国大学教育学科研究》，华东师范大学出版社，2012年版；肖朗、项建英：《近代教会大学教育学科的建立与发展》，《高等教育研究》2005年第4期；肖朗、项建英：《近代高等师范学校教育学科的建立与发展——以北高师和南高师为中心》，《华东师范大学学报（教育科学版）》2006年第1期；肖朗、项建英：《近代学术史视野中的近代中国大学教育学科》，《社会科学战线》2009年第9期。

[4] 黄国庭：《教育刊物与中国近代教育学术》，浙江大学博士学位论文，2010年；肖朗：《康德与西方大学教育学讲座的开设》，《华东师范大学学报（教育科学版）》2003年第1期；肖朗、黄国庭：《教育期刊与学术发展的历史考察——中美比较的视角》，《华东师范大学学报（教育科学版）》2011年第1期。

[5] 杨卫明：《教育学会与中国近代教育学术研究》，清华大学出版社，2018年版；肖朗、杨卫明：《教育学会与近代中国教育学术的研究和传播》，《河北师范大学学报（教育科学版）》2011年第3期；肖朗、杨卫明：《近代中国大学与教育学会的互动及其影响》，《高等教育研究》2011年第6期；肖朗、杨卫明：《中国近代教育学会与教育家群体的教育学术研究》，《湖南师范大学教育科学学报》2011年第3期。

[6] 张礼永：《民国教育社团研究》，湖南教育出版社，2019年版。

[7] 叶志坚：《中国近代教育学原理的知识演进——以文本为线索》，浙江大学出版社，2012年版。

常认为旧中国 50 年在学习和引进西方教育学过程中有"两次"热潮，第一次以赫尔巴特及其学派教育学的引进与国人译、编、著教育学为中心，第二次以杜威实验主义教育学的引进与国人译、编、著教育学为中心。作者通过对 1899—1911 年间重要文本的分析表明，"中国近代早期教育学原理，在理论形态和流派归属上具有'原始丰富性'，并不存在单一化的'赫尔巴特主义'包打天下的局面"，对 1920—1927 年间的主要文本分析表明，"美国尽管已经取代日本，成为中国教育学文本的主要来源渠道，但却并未因此而封闭其他的来源渠道……杜威派的教育学文本与非杜威派的教育学文本同时并存、相互竞争，至少就文本数量而言，理论属性各异的文本数约平分秋色之态势"。此外，张睦楚通过留美中国学生"中国教育研究会"的个案，呈现了近代教育学人对教育学科的价值、地位及学科内涵等问题的探索。[①] 她还考察了民国时期教育学人的学科认同问题。[②] 张礼永探讨了近代教育研究组织的基本形态（教育会、教育社、教育学会），认为，它们构成了中国近代教育走官倡民助的"第三条道路"的主要力量。[③] 杨大伟以凯洛夫《教育学》为线索，比较了它在中国和苏联的不同命运。[④]

与中国教育学的历史探讨相比，或受限制于语言因素，有关国外教育学史的研究可谓凤毛麟角。其中，李福春、王慧敏分别从总体上探讨了美国、英国教育学的发展[⑤]；赵同友等人探讨了韩国"美式教育学"的发展情况[⑥]；郭庆霞、张斌贤、陈露茜等关注赫尔巴特教育思想在美国的传播

[①] 张睦楚：《论教育学人的学科求索——基于留美中国学生"中国教育研究会"个案的探讨》，《西北师大学报（社会科学版）》2019 年第 1 期。

[②] 张睦楚：《困惑与选择：民国时期教育学人的学科认同》，《北京教育学院学报》2017 年第 4 期。

[③] 张礼永：《教育建设的第三条道路——民国时期教育研究组织之探析》，华东师范大学博士学位论文，2011 年。

[④] 杨大伟：《凯洛夫〈教育学〉在中国和苏联的命运之研究》，华东师范大学博士学位论文，2008 年。

[⑤] 如，李福春：《美国教育学演进史》，华东师范大学博士学位论文，2011 年；王慧敏：《十九世纪英国教育学史研究》，华东师范大学硕士学位论文，2011 年。

[⑥] 赵同友等人关注了韩国教育学的发展，参见赵同友、张德强：《韩国"美式教育学"：成因、发展与本土化路径》，《比较教育研究》2020 年第 2 期。

和影响①；牛国兴从形态学角度探讨了早期德国教育学（1780—1810）②；彭正梅对德国教育学的历史进行引介③。

与世纪之交相比，新时期的历史探讨以中国教育学为主，这些工作已不限于在学科或知识层面上探讨教育学，其旨趣多为历史的而非理论的。历史旨趣必然使教育学的历史探讨专深化，这些成果从不同角度和层面展示了教育学的复杂性，呈现了近代教育学的复杂图景。总体上，这类历史研究在时间上多集中于 1949 年前；较忽视 1949 年至改革开放期间教育学的状况；④ 即使有学者关注改革开放后的教育学历史，这类工作大抵旨在总结经验、成就，展望未来，止于勾勒教育学的轮廓，似乎缺少了历史研究应有的专深。⑤ 不过，有学者指出，"中国最初的教育学虽说主要是取道日本移植西方的产物，但是，它又有传统的影子。准确地说，它是在中西文化交汇背景下双向映照、相互诠释的产物"。⑥ 基于此，他们认为专注于教育学的历史研究可能遮蔽中国传统的教育学术，因而主张教育学史向教育学术史的转换。考虑到重拾我国的教育文化自信，会通教育传统学术与

---

① 郭庆霞：《美国赫尔巴特学派运动研究》，河北大学博士学位论文，2011 年；张斌贤、陈露茜：《赫尔巴特在美国》，《教育学报》2006 年第 5 期。

② 牛国兴：《情境、语言、观念与教育学——早期德意志教育学形态研究（1780—1810）》，华南师范大学博士学位论文，2017 年；牛国兴：《德国"教育学史"研究的历程》，《全球教育展望》2017 年第 2 期；牛国兴：《近 10 年来德国教育学研究的特征与热点》，《比较教育研究》2016 年第 11 期。

③ 彭正梅：《德国教育学概观：从启蒙运动到当代》，北京大学出版社，2011 年版；彭正梅：《理性的狡计：德国教育学发展中的五次危机及其因应》，《华东师范大学学报（教育科学版）》2009 年第 4 期；彭正梅：《启蒙的教育——德国批判教育学研究》，《全球教育展望》2002 年第 12 期；彭正梅：《德国批判教育学述评》，《外国教育研究》2002 年第 10 期。

④ 少数研究者关注了这一时期的教育学，如，何光全：《1949—1981 年中国教育批判研究》，西南大学博士学位论文，2010 年；白冰：《1956：中国教育学本土化的艰难探索》，东北师范大学博士学位论文，2015 年。

⑤ 比如程天君、吴康宁主编：《中国高校哲学社会科学发展报告 1978—2008》，广西师范大学出版社，2008 年版；于述胜、李兴洲、倪烈宗、李涛：《中国教育三十年：1978—2008》，四川教育出版社，2008 年版。

⑥ 于述胜、毕苑、娄岙菲、张小丽：《从教育学史到教育学术史》，《教育研究》2005 年第 12 期。

225

现代教育学，这种看法不无道理。

二、教育学的理论探讨

如果说历史路径长于对教育学复杂性存在的描述，那么理论研究则呈现出对教育学的多角度观照。这里尝试呈现从知识论、知识社会学和文化研究角度反思教育学的理论探索。之所以选择这三种视角，原因在于，它们将教育学置于更广阔的理论视野中考察，触及诸多教育学的深层问题，有可能产生更丰富的教育学洞见。

1. 三种观照教育学的视角

第一种视角是知识论。在知识论视野下观照教育学，势必超越学科形态的教育学，涉及教育知识问题。20世纪90年代中期之前，教育学界似乎很少使用"教育知识"一词。黄向阳在探讨教育学科名称的演变时，曾使用"教育知识"一词，意指有关教育的认识成果。[①] 此后，"教育知识"不时引起一些学者的关注[②]，但长期系统探讨这一主题，并以此观照教育学的研究者并不多见，刘庆昌是少数的例外。他对教育知识的思考集中体现于《教育知识论》。[③] 该书将教育知识置于本体论地位，探讨了教育知识是什么，如何生成，有什么用，如何用等问题。在此基础上，刘庆昌将教育学视为学科化的教育知识，进而探讨了教育学的性质、问题、范围和发展。在他看来，教育学性质是多元的：既具有体悟和总结的经验性质，又具有反思、批判的哲学性质；既具有客观实证的科学性质，又具有价值沉

[①] 黄向阳：《教育知识学科称谓的演变：从"教学论"到"教理学"》，《华东师范大学学报（教育科学版）》1996年第4期。

[②] 雷云：《"教育知识"的探究——兴起、现状与研究取向的思考》，《东北师大学报（哲学社会科学版）》2009年第2期；刘庆昌：《论教育知识发展的实质》，《教育理论与实践》2005年第11期；石中英：《重塑教育知识中"人的形象"》，《教育研究》2002年第6期；陈振华：《论新的教育知识生产观》，《华东师范大学学报（教育科学版）》2001年第3期；刘庆昌：《论教育知识的实在化》，《山西大学师范学院学报》2001年第2期；郭瑞迎：《中国教育学知识生产（1901—1937）》，陕西师范大学出版社，2017年版，第8—10页。

[③] 参见刘庆昌：《教育知识论》，山西教育出版社，2008年版。

思的文化性质。值得注意的是，在探讨教育学问题时，刘庆昌明确区分"教育问题"与"教育学问题"，相应地区分"教育研究"与"教育学研究"。[①] 教育问题是"教育"的问题，是实践性问题，而教育学问题是"教育学"的问题，是理论性问题；前者是客观的，后者是人们在对教育问题及其研究审视的基础上，运用理论的方法逻辑地构造的问题。两者的关系是：教育问题如果不能进入教育学的逻辑之中，就只能是教育学问题形成的基础和背景。这种探讨超越了教育学的学科层面。

如果说刘庆昌侧重于以"教育知识"反思"教育学"，那么张永代表了从知识哲学角度观照教育学形态的努力。他认为，教育学长期以来遭受怀疑和轻视，根源不在于教育学自身，而在于教育学的知识哲学，也就是在于看待"教育学"的眼光。为此，他将整个西方教育学史视为对"美德可教吗"这一总问题的系列注脚，从新科学哲学角度，对西方教育学发展史上具有典型意义的个案进行形态学分析，从动态、静态、问题情境三个维度揭示了西方教育学发展中的传承与断裂。[②] 如果说前两位学者关注教育学的独特之处，那么金生鈜则力图说明教育学（教育研究）作为学术研究与其他学问的共同之处。[③] 他的思考实质上指向一个严峻的、令人尴尬的问题：当下的教育研究在多大程度上堪称"学术研究"？他在《教育研究的逻辑》序言中坦陈，撰写该书的动力之一就是"我常常反思自己：我真的是在进行教育研究吗？我试图引导学生去做的事情称得上教育研究吗？"该书并未强调，教育研究多么与众不同，倒是着力说明，教育研究中应有的常理常规。在此意义上，该书似乎并无特别之处。不过，如果对照当下的教育研究现状，金生鈜的讨论无不切中时弊，读后使人有振聋发聩之感，不免使教育研究者反躬自省：什么才称得上教育研究？

---

① 其他学者亦做过类似区分。如陈桂生：《再谈"教育理论"与"关于教育的理论"的区分》，《教育发展研究》2016年第24期；陈桂生：《略论"教育理论"、"关于教育的理论"与"元教育理论"》，《教育研究与实验》1997年第2期；石中英：《教育学的文化性格》，山西教育出版社，2005年版，第15—16页。

② 张永：《西方教育学发展个案研究——新科学哲学的视角》，华东师范大学出版社，2011年版。

③ 金生鈜：《教育研究的逻辑》，教育科学出版社，2015年版。

一位连续阅读中国教育期刊长达20年的海外研究者曾这样评价中国的教育研究："关于中国教育的各种论文能否让阅读者产生一种兴奋感，或者说，这类论文又能向大家揭示什么关于中国社会未来状况的真知灼见呢？坦率地讲，很少有论文能够做到这一点。"据其观察，"就方法而言，绝大多数中国教育研究采取的是一种'自上到下'的理论视野，而且常常是在研究者与管理者之间的内部交流中进行。换句话说，多数论文所表达的内容都是作者根据一些相关的理论资料和政策文献得出的主观意见。最后的结论往往也在意料之中，不外是告诉你中国教育应该怎么样，而不是描述中国教育的真实状况。当然，当代中国教育研究也有某种令人欣慰的倾向，这就是越来越多的统计学方法被引入教育研究，并且呈现出日益完善的趋势。很明显，可以将此倾向看成是研究方法上的重大突破，但是，必须指出，其中所使用的基本数据和概念框架仍是来源于行政机构"。[1]

知识社会学是第二种视角。20世纪90年代中期，已有学者从知识社会学角度审视教育科学，指出社会文化对教育家所关注的问题和理论建构具有深刻影响。[2] 2000年后，雷云曾从知识社会学视角探讨教育学的困境。他将教育学困境归结为"教育知识困境"，通过知识社会学对"知识"的解释，建构了一个分析教育知识的框架，探讨教育知识的社会基础、生产方式与生产过程。在雷云看来，教育知识有表层与深层的形式，前者表现为教育知识的概念与命题，借助论证实现"增量性"进步；后者表现为教育知识的组织规则，随社会生活形式的转变而演变，并推动教育知识的"增质性"进步。[3] 不过，知识社会学带给研究者的最重要的启发是中国教育学与意识形态的关系。叶澜曾指出，政治、意识形态与学科发展的关系问题是20世纪中国教育学发展的三大世纪问题之一。她过于乐观地断言，政治意识形态与中国教育学的发展的关系问题"在21世纪还会存在，但不

---

[1] 参见曹诗娣：《中国教育研究重要吗？》，载丁钢主编：《中国教育：研究与评论》，第2辑，教育科学出版社，2002年版。

[2] 万明钢：《论教育科学研究中的知识社会学问题》，《华东师范大学学报（教育科学版）》1996年第1期。

[3] 雷云：《教育知识的社会镜像》，东北师范大学博士学位论文，2009年。

会再处于影响新世纪教育学发展的第一大问题这样'显赫'的地位。因为中国正在向社会主义政治民主建设的大方向发展，它将为中国的科学与学术的发展提供更为广阔的空间"。① 每位教育学研究者恐怕都深知，20世纪中国教育学发展的曲折与政治意识形态之间存在密切关系。然而，大多数研究者在回顾与反思这一关系时，有意地回避了这个问题。② 刘猛的工作重要之处在于，他用一种社会学的方式直面这个问题。③ 他认为，中国教育学的发展无法摆脱意识形态的影响，而且意识形态也不止是政治上的意识形态。在他看来，教育学理论的发展不可能避开意识形态问题，它处于"科学性"与"意识形态性"的必要张力中。对教育学研究者来说，为了保持清醒，有必要正视、批判性地看待意识形态问题。周作宇在批判20世纪末的中国教育理论研究时曾论及教育学与意识形态的关系。他指出，解放后，"中国化"马克思主义理论构成了整个意识形态领域的宏观背景，这个时期的理论丢掉了现实问题，意识形态的控制导致方法论的一元化乃至僵化。至今，意识形态对教育学的影响仍然强大，"中国教育学所面对的，又像是杨贤江当初所面对的窘困和尴尬"。④ 他还直陈，十年动乱后，教育学研究者缺乏理性批判精神，"解放思想的工作远远没有结束，理性批判的活动究竟仍然被束缚在一些与终极前提无直接关系的范围内"。⑤ 如

---

① 叶澜：《中国教育学发展世纪问题的审视》，《教育研究》2004年第7期。

② 这绝不是说，这些研究者没有论述该问题，而是说他们通过简单地对待问题来回避问题。其中最主要的表现是，简单地将学术与意识形态对立起来，或泛泛地谈论两者的"共存与博弈"。可参见柳海民、王晋：《20世纪中国教育学发展之镜鉴》，《教育理论与实践》2006年第11期；张忠华：《教育学中国化百年反思》，《高等教育研究》2006年第6期；郑金洲：《中国教育理论的世纪走向》，《华东师范大学学报（教育科学版）》2003年第2期；李润洲：《教育学研究的价值生成》，山西教育出版社，2010年版，第46—65页。

③ 刘猛：《意识形态与中国教育学：走向一种教育学的社会学研究》，南京师范大学出版社，2008年版。

④ 周作宇：《问题之源与方法之镜——元教育理论探索》，教育科学出版社，2000年版，第208页。

⑤ 周作宇：《问题之源与方法之镜——元教育理论探索》，教育科学出版社，2000年版，第212—213页。

果教育学永远无法摆脱意识形态的纠缠，那么"解放思想"的工作就是所有基本理论研究者的一项学术责任。

第三种视角是文化研究。尽管早在20世纪初文化教育学便被引入国内，20世纪90年代亦有关于教育与文化的专著问世[①]，然而将文化学或文化研究视为创新教育学理论的主张尚属零星。1996年，鲁洁倡议发起了一次关于中国文化与教育的国际会议，讨论中国思想与文化对当代教育的意义。[②] 至世纪之交，一些学者不约而同地倡议用文化的眼光关注教育学（或教育研究或教育基本理论）。[③] 类似的主张大抵缘于对主流教育学范式的不满。石中英率先系统地为从文化角度理解教育学打开缺口。[④] 在周勇看来，教育研究中既有的知识积累方式和思维方式，无力对中国教育与社会结构变化的理论意义进行整体把握。[⑤] 董标则指出，教育基本理论通常沿着教育与人的发展和教育与社会发展两条线展开，两者皆存在不少内在困境。对此，他建议，文化研究可作为教育基本理论研究的第三条道路，并探讨了若干可资利用的理论资源。[⑥] 实际上，在上述倡议被提出之前，

---

① 肖川：《教育与文化》，湖南教育出版社，1990年版。

② 鲁洁主编：《中国教育：文化传统的国际透视》，南京师范大学出版社，1999年版。

③ 参见博书红：《文化研究在教育领域中的价值——亨利·吉鲁的文化研究教育思想》，《比较教育研究》2007年第4期；吴黛舒：《文化学和教育学中的"文化"研究》，《华东师范大学学报（教育科学版）》2005年第3期；周勇：《论教育文化研究——兼谈当代中国教育研究的困境与出路》，《教育发展研究》2000年第7期；周勇：《论教育研究的文化学路向》，《教育研究》2000年第8期；董标：《教育的文化研究——探索教育基本理论的第三条道路》，《华东师范大学学报（教育科学版）》2002年第3期。

④ 石中英：《教育学的文化性格》，山西教育出版社，2005年版。

⑤ 周勇：《论教育研究的文化学路向》，《教育研究》2000年第8期。

⑥ 董标：《教育的文化研究——探索教育基本理论的第三条道路》，《华东师范大学学报（教育科学版）》2002年第3期。

丁钢已经这样做了。不过，他的早期工作侧重于教育史的文化研究。^① 从20世纪90年代末以来，丁钢开始对中国教育和文化传统投以更多的理论关怀，这种努力体现于其主编的"中国教育传统与文化"研究系列。^② 丁钢的工作对理解教育学来说，有两点特别值得指出。其一，他较早地意识到将中国教育置于全球视野下进行观照^③；其二，他通过对教育的文化研究重构了对教育学（教育理论）的理解^④。

如果说上述学者是倡议者和践行者，那么他们关注的重心是教育研究，只是将文化研究作为繁荣教育理论的途径，而较少用文化视角探讨教育学本身。陈桂生与谭斌的工作，从两个不同层次触及了教育学问题。众所周知，中国教育学作为舶来品，是西学东渐的产物，这一事实是把握中国教育学的前提。这意味着，需将中国教育学的形成与发展置于中西文化交汇背景下理解。研究者在多大程度上意识到西学东渐之于中国教育学的意义，实难一概而论。^⑤ 以往研究倾向于强调西方教育学如何导入、影响

---

① 这方面的代表有——丁钢：《中国佛教教育：儒佛道教育比较研究》，四川教育出版社，1988年版；丁钢主编的"中国文化与教育"研究丛书共八本，分别为丁钢：《近世中国经济生活与宗族教育》，上海教育出版社，1996年版；崔宜明等：《中国传统哲学与教育》，上海教育出版社，1995年版；张诗亚：《西南民族教育文化溯源》，上海教育出版社，1994年版；丁钢、刘琪：《书院与中国文化》，上海教育出版社，1992年版；丁钢主编：《文化的传递与嬗变：中国文化与教育》，上海教育出版社，1990年版；丁钢：《中国教育的国际研究》，上海教育出版社，1996年版；金忠明：《乐教与中国文化》，上海教育出版社，1994年版；黄书光：《理学教育思想与中国文化》，上海教育出版社，1993年版。

② 丁钢主编的"中国教育传统与文化"研究系列，参见丁钢：《历史与现实之间：中国教育传统的理论探索》，广西师范大学出版社，2009年版；丁钢：《全球化视野中的中国教育传统研究》，广西师范大学出版社，2009年版；丁钢：《文化的传递与嬗变：中国文化与教育》，广西师范大学出版社，2009年版。

③ 21世纪后，丁钢通过主编《中国教育：研究与评论》（辑刊），搭建了一个中外关于中国教育研究的交流平台，进一步将中国教育的研究和发展置于全球教育视野之中。

④ 后者体现在丁钢的下列论述中。丁钢：《教育学学科问题的可能性解释》，《教育研究》2008年第2期；丁钢：《教育研究的叙事转向》，《现代大学教育》2008年第1期；丁钢：《教育经验的理论方式》，《教育研究》2003年第2期。

⑤ 张建国：《西学东渐与中国教育学术自觉》，《全球教育展望》2015年第10期。

中国教育学的发展。教育学史的研究表明了这一过程的复杂性。不过，西方教育学并非铁板一块。① 近来，陈桂生通过数次反思"教育学究竟是怎么一回事"，愈加意识到社会文化背景对把握教育学的重要性。② 在"反思"中，他立足于中西教育文化比较，探讨了诸多教育学基本问题。它们包括教育学基本概念的泛化问题，专业术语与日常教育用语，欧洲大陆教育文化与美国教育文化的区别，教育术语作为外来教育基本语汇的译词对教育学基本概念的影响，Pädagogik 建构的问题，重新认识中国教育文化和西学东渐，教育学专业的命运，教育学逻辑范畴的建构等问题。陈桂生对这些问题提出了不少独到见解，比如，在"四谈"中，他指出，我国通常所谓"教育学"，原为英文 Pedagogies（法文 Pédagogie，德文 Pädagogik）的中文译词，按照 Pédagogies 所表征的学科，称之为"教养学"才符合这门学科的实际；在"六谈"中，他进一步指出，教养的性质与逻辑有别于狭义教育的性质与逻辑，因此，Pädagogik 有别于教育学。

---

① 关于西方教育学，研究者主要关注德国教育学与英美国家的教育学。黄志成、王飞等人探讨了德国与英美国家不同的教育学传统。参见王飞：《德国"教育学－教学论"范式与美国"教育科学－课程论"范式的比较研究》，《清华大学教育研究》2012年第2期；王飞：《中国学者对教学论与课程论关系的误读》，《上海教育科研》2013年第2期；黄志成：《教育研究中的两大范式比较："日耳曼式教育学"与"盎格鲁式教育科学"》，《教育学报》2007年第2期。

② 陈桂生、殷玉新：《关于教育学基本概念的内涵问题——陈桂生先生教育学问对》，《当代教师教育》2020年第1期；陈桂生：《教育学专业的命运——七谈教育学究竟是怎么一回事》，《教育发展研究》2020年第4期；陈桂生：《论我国教育文化的自信——六谈教育学究竟是怎么一回事》，《华东师范大学学报（教育科学版）》2020年第2期；陈桂生：《Pädagogik 学科辨析——五谈教育学究竟是怎么一回事》，《教育学报》2019年第6期；陈桂生：《教育学逻辑范畴的建构——八谈教育学究竟是怎么一回事》，《中国教育科学》（中英文）2019年第6期；陈桂生：《中西教育文化比较——四谈教育学究竟是怎么一回事》，《全球教育展望》2019年第8期；陈桂生：《略论教育学"西学中化"问题的症结——三谈教育学究竟是怎么一回事》，《教育学报》2019年第3期；陈桂生：《再论教育学究竟是怎么一回事——教育学研究中遇到的已解决与待解决的问题》，《教育科学》（中英文）2019年第2期；陈桂生：《教育学究竟是怎么一回事——略议教育学的基本概念》，《教育学报》2018年第1期；陈桂生：《"普通教育学"研究旨趣》，《中国教育科学》2015年第3期。相关成果最终集结为陈桂生：《教育学究竟是怎么一回事》，上海教育出版社，2020年版。

谭斌则从文化角度探讨了20世纪90年代以来的中国教育学话语的转变。其中值得注意的是，在她看来，在教育学理论方面有两个最重要的转变：（1）围绕"生活世界"的话语的转换；（2）运用质性研究方法带来的改变。① 谭斌认为，教育学要走出被边缘化困境，需要找到走进日常生活的道路。

2. 原创性、学科立场与学派建设

新旧世纪交替为反思教育学提供了契机。1999年教育基本理论委员会学术年会的主题是"教育理论的回顾与展望"。不少研究者尝试为教育学"把脉问诊"。② 其中叶澜的系列思考在教育理论界引起较大反响，特别是她关于教育学理论的原创性、学科立场、学派建设的问题成为21世纪第一个十年的重要议题。教育学的原创性问题针对多年来我国教育理论界依附西方教育理论的状况，提出创造基于中国本土实践和需要的原创性教育理论。事实上，教育学理论的原创性是个老问题。历史上，这个问题曾以不同的形式存在，如教育学中国化、本土化教育理论、中国特色的教育学等，可以说，该问题一直未曾离开中国教育学人的视野。长期以来，这一问题实际上并未解决，因而只能以不同的形式反复被提出来。在此意义上，原创性问题只是老问题的新提法而已。2001年，叶澜提出原创性问

---

① 谭斌：《教育学话语现象的文化分析》，首都师范大学出版社，2006年版。
② 可参见张斌贤：《从"学科体系时代"到"问题取向时代"》，《教育科学》1997年第1期；扈中平、刘朝晖：《对教育基本理论学科建设与发展的几点看法》，《华东师范大学学报（教育科学版）》1998年第2期；郑金洲：《教育理论研究的缺失——世纪末我国教育理论的反思》，《教育发展研究》1999年第10期；吴康宁：《我们究竟需要什么样的教育取向研究》，《教育研究》2000年第9期；叶澜：《中国教育学发展世纪问题的审视》，《教育研究》2004年第7期；劳凯声：《中国教育学研究的问题转向——20世纪80年代以来教育学发展的新生长点》，《教育研究》2004年第4期；石中英：《本质主义、反本质主义与中国教育学研究》，《教育研究》2004年第1期；郑金洲：《中国教育理论研究的世纪走向》，《华东师范大学学报（教育科学版）》2003年第2期；郑金洲、林存华：《世纪之初中国教育研究的新进展及发展趋向》，《教育研究》2002年第7期；叶澜：《思维在断裂处穿行——教育理论与教育实践关系的再寻找》，《中国教育学刊》2001年第4期；叶澜：《世纪初中国教育理论发展的断想》，《华东师范大学学报（教育科学版）》2001年第1期。

题。所谓"原创性问题"具体是指,"以本国教育发展需要和问题为研究的本源,通过各种手段获取原始性素材,或作原始性(相对于'验证性')的研究,进而得出在国内或国际范围内富有独特性和创新性的理论(或其他形态的研究成果)。也就是说,中国教育研究的原创性至少是由问题的原发性、研究素材的原始性、结论的独特性和创新性等要素综合构成的。它未必一定关涉学派创建、基本原理的突破等重大研究,但确实要求是从中国这块独特的文化土壤和现实需要中生长出来的'珍品'"。①

该问题提出后,有不少学者展开热烈讨论。其中,多数讨论集中于原创性的内涵、标准、意义,分析未能产生原创性成果的成因,建言如何做出原创性研究,等等。② 总体上,讨论多集中于21世纪的头十年。原创性的热切关注,大抵反映了教育学研究现状。想当年,教育学中国化、本土化、中国特色教育学等讨论不也很热烈吗?如将这类问题仅仅作为纯粹的理论问题看待,恐难触及问题的实质。也许研究者在关于原创性的具体标准上不易达成共识,但这个标准大体上还是清楚的。我们似乎也并非不知,制约原创性成果产生的主客观因素。或许正由于意识到这些问题,有学者对有关原创性研究的讨论表示怀疑,他引用赵汀阳的话:"创造性恰恰就是学术规范的一个要求,尤其是一个最主要的要求。今天居然需要强

---

① 叶澜:《世纪初中国教育理论发展的断想》,《华东师范大学学报(教育科学版)》2001年第1期。

② 代表性文献——李政涛:《教育研究的原创性探询》,《教育评论》2001年第1期;和学新、张健:《近年来教育学原创研究述评》,《上海教育科研》2007年第2期;谢武纪:《教育学知识真理观寻思》,湖南师范大学博士学位论文,2016年;陈雪:《教育学原创性问题研究》,山西大学硕士学位论文,2009年;李润洲:《教育学原创研究何以可能——一种教育学经典的阐释》,《河北师范大学学报(教育科学版)》2008年第5期;耿红卫、冯青来:《我国教育学学科原创性缺失的文化解说》,《当代教育科学》2006年第13期;冯青来、王坤庆:《我国教育学学科原创性缺失的文化解说》,《湖北大学成人教育学院学报》2006年第2期;刘合荣:《为教育学研究原创性问题而辩解——与自然科学和其他人文社会科学的简略比较》,《湖北教育学院学报》2005年第2期;吴黛舒:《多元文化背景下的中国"教育学研究"》,华东师范大学博士学位论文,2004年;涂艳国:《从"被压迫者教育学"看教育学的原创性》,《教育研究与实验》2004年第1期。

调创造性,这说明事情已经很变态了。"① 也许,教育学的原创性是一个"不成问题"的问题。为什么这样说呢?由于前人的工作,移植和依附西方教育学的危害、处理中外教育学的关系,至少在理论上早已不成问题。然而,类似问题为何每隔一段时间总被郑重其事地提出来,并仍然受到广泛关注?这种现象本身不也值得反思吗?或许问题的关键在于,多数讨论者仅止于"反思",忘记了"反思"只是为了更好地"出发"。在一个体制化时代,也许有不少论者只是在"反思"式研究中讨生活,至于教育学作为一门学问如何做,他们不过做"关心状"而已。在回顾元教育学研究时,冯建军或有同感:"'教育学元研究'对教育学者来说是'做'的学问,而不是'说'的学问,但更多的研究者却是把教育学的对象、逻辑起点、学科性质、中国化、原创性探索、元教育学等当作学问研究,当作论文来写,写给另外的教育学研究者,让他们按照这样做,而不是自己按照这样做。这种理论建构是不是吴康宁所说的'隔岸观火',是不是'说'与'做'的悖论呢!我一直疑惑一个问题,今天讨论的这些问题,20世纪上半叶的教育学人讨论过,为什么现在都没有解决,最大的可能是他们也'只说不做',他们把规则制定了,事情留给我们了;如果我们也'只说不做',可以想像,21世纪下半叶,教育学人还在讨论今天同样的问题。这才叫老问题反复咀嚼!不禁想到,这是不是教育学人的悲哀?!"②

教育学的学科立场问题广受关注,同叶澜有关。在她的建议下,"教育学的学科立场"被确定为教育基本理论专业委员会2005年学术年会主题。此前,有关教育学立场的论文或受叶澜影响。③ 叶澜对教育学立场的

---

① 《教育研究与实验》专门辟出一期,集中讨论"中国教育学研究原创性问题",参见岳伟:《中国教育学研究的反思与方向定位》,《教育研究与实验》2004年第1期。

② 冯建军主编:《教育基本理论研究20年(1990—2010)》,福建教育出版社,2012年版,第105—106页。

③ 两位作者均为叶澜指导的博士生。刘良华:《"语言转向"中的教育学立场》,《集美大学教育学报》2001年第2期;吴黛舒:《多元文化背景下的中国"教育学研究"》,华东师范大学博士学位论文,2004年;吴黛舒:《论"教育学"的学科立场——探索"教育学"学科独立性问题的另一个思路》,《华东师范大学学报(教育科学版)》2004年第3期。

思考缘于教育学科的分化与交叉所带来的生存困惑与危机，她后来称之为"双重裂解危机"。① 教育学的危机是特殊的，"与其他学科不同的是，教育学的危机是一种研究者关于学科存亡的危机，是更为根本与深刻的危机。……如果连学科存在的信心也缺失了，如果许多人只是在这个领域里讨生活、求名利，怎么可能实现学科发展？因此，走出学科生存危机的阴影是当前中国教育学发展需要解决的特殊问题。而对教育学的学科立场缺乏深度讨论和未形成系统的基本观点，正是教育学危机存在的认识根源"。这种变化使她产生了关于传统教育学的命运、教育学立场与视角、学科边界等一系列问题的思考。② 为了自觉地建设教育学科，她认为有必要重新思考有关教育学学科立场内含的一系列前提性问题，形成新的答案。2005年的年会上，研究者们关于教育学的学科立场的理解颇不一致，其中相当一部分学者将其理解为教育学的立足点或出发点，比如本土化、实践立场、生命立场等。③ 对于讨论深度和集中度，叶澜并不十分满意。值得注意的是，年会过后，该问题受到持续关注。④ 在某种意义上，学科立场问题是在新的历史条件下探讨教育学与其他学科的关系问题。部分学者怀疑学科立场讨论的价值，认为过分强调学科立场，不利于教育学的发展。如王建华指出，强调教育学学科立场，"反映了教育学学科发展中一贯的保守主义、排外主义以及教育是教育学专有研究领域的学科封建主义情结，是一种典型的'局内人'视角"。他认为："教育学的重建绝不是通过对于'学科立场'的'宣示'就可以实现，也不是盲目排外就可以确保教育学的独立。"比较务实的做法："首先，必须恰当地进行学科的自我定位。其次，要主动淡化主观的学科立场，模糊人为的学科边界，以开放的姿态，多学科的

---

① 叶澜：《当代中国教育学研究"学科立场"的寻问与探究》，《立场》（第二辑），广西师范大学出版社，2008年版，第12—15页。

② 叶澜：《总论：艰难的行进——学科发展意识的觉醒与迷乱》，载叶澜主编：《中国教育学科年度发展报告2003》，上海教育出版社，2004年版，第2—3页。

③ 宋剑、董标：《教育学的学科立场——教育基本理论专业委员会第十届年会综述》，《教育研究》2006年第1期。

④ 石中英、高政：《2011年我国教育基本理论新进展》，《中国社会科学报》，2011年12月29日。

方法,加强学科自主性的建设。……只要教育学积累了足够的知识,拥有了成熟的范式、有解释力的理论,教育学的学科立场自然而然会得到凸显。相反,如果这些条件不具备,教育学绝不会因为本学科曾经提出了'教育学的学科立场'问题而具有真正的'学科立场'。因为,学科立场绝不是可以人为建构的。"① 孤立地看,这种担忧不无道理。问题在于,在现实层面,恰恰不是教育学研究者保守排外,更可能是无原则的开放,教育学最终沦为其他学科的"殖民地"或"跑马场"。而"无原则"恰恰是缺乏学科立场的表现,这或许才是问题的关键所在!

20世纪90年代末,已有关于教育学派创建的议论②,但它成为一个广泛讨论的议题也与叶澜有关。在《教育研究》2004年的一篇访谈中,叶澜首次正式表明创建教育学派的意图。③ 此前,易连云、杨昌勇、李政涛的论文,可谓新世纪创建教育学派倡议的先导。④ 多年后,在回顾生命·实践教育学派的创建时,叶澜指出,《世纪初中国教育理论发展的断想》一文发出了"一个偌大的中国,一个拥有最多教育人口的中国,一个进入了21世纪的中国,不能没有原创的教育理论"的呼声,可以将这种呼声作为"生命·实践"学派创建的先声来听。⑤ 在易连云和杨昌勇的论文中,他们明确意识到一种危险:有可能将创建学派本身作为目的。不过,随后有关

---

① 王建华:《论教育与教育学的关系》,《大学教育科学》2008年第1期。
② 参见张谦:《合作与优化——苏联当代两大教育学派》,《教育科学研究》1990年第6期;有宝华:《合作教育学派教学评价思想述评》,《外国中小学教育》1994年第8期;王鉴君:《真学问何必求流派》,《教育参考》1997年第5期;陈桂生:《创学派,壮哉》,《教育参考》1998年第3期;李江源:《论教育学派》,《社会科学战线》1999年第4期;陈桂生:《略论教育学派的建构》,《河北师范大学学报(教育科学版)》2002年第3期。
③ 本刊记者:《为"生命·实践教育学派"的创建而努力——叶澜教授访谈录》,《教育研究》2004年第2期。
④ 易连云、杨昌勇:《论中国教育学学派的创生》,《教育研究》2003年第4期;李政涛:《论中国教育学学派创生的意义及其基本路径》,《教育研究》2004年第1期。
⑤ 叶澜:《回归突破:"生命·实践"教育学论纲》,华东师范大学出版社,2015年版。

创建教育学派的讨论[①]表明，他们的担忧是多余的；真正的危险倒出乎他们的意料之外："谈论"创建学派者众，而真正"创建"学派者寡。有关讨论似乎又重蹈了元教育学研究的覆辙。

3. 教育理论与实践关系

如果说教育学的原创性、学科立场和学派创建在一定程度上是老问题的新提法，那么教育理论与实践的关系是一个仍然以老提法形式出现的旧问题。既然如此，为何在这里还要提它呢？原因在于，一些研究者对这个问题本身有了新的思考。自20世纪末以来，元教育学已表明，存在不同性质的教育理论。这要求关于该问题的讨论应当转变提法，即不同性质的教育理论与不同层次的教育实践的关系如何。否则，讨论便难有进展。事实表明，大量讨论无视元教育学的成果，以至于仍满足于泛泛而论。[②] 少数讨论从不同角度揭示了这个问题的复杂性。程亮聚焦于教育的"理论-实践"观，讨论了四种关于"教育理论与教育实践"的观点，揭示了它们背后的哲学假设。[③] 他将这对关系置于不同的教育学范式中考察，避免了孤

[①] 李欣复、祝亚峰：《论教育学派的建设及其意义》，《当代教育论坛》2005年第2期；周彬：《论教育学识的习得与教育学派的创生》，《高等教育研究》2006年第7期；朱晓敏：《教育学派创生条件研究》，西南大学硕士学位论文，2011年；田小丽：《论中国教育学派的形成》，山西大学硕士学位论文，2012年；黄维：《教育学学派：中国教育研究的优化模型》，《大学教育科学》2005年第1期；李政涛：《论中国教育学学派创生的意义及其基本路径》，《教育研究》2004年第1期。

[②] 可参见李太平、刘燕楠：《教育研究的转向：从理论理性到实践理性——兼谈教育理论与教育实践的关系》，《教育研究》2014年第3期；龙宝新：《"互涉"与"互摄"：教育理论与教育实践关系的时代解读》，《教育研究》2012年第9期；宁虹、胡萨：《教育理论与实践的本然统一》，《教育研究》2006年第5期；罗祖兵：《教育理论与实践：后现代的检视》，《高等教育研究》2006年第4期；康丽颖：《教育理论工作者回归实践的自识与反思》，《教育研究》2006年第1期；闫旭蕾：《关于教育理论与教育实践阻隔的反思》，《教育理论与实践》2004年第11期；吴黛舒：《对教育理论与实践关系问题的本土反思》，《教育研究》2004年第5期；方建锋：《对教育理论与实践关系的再思考——兼论教育研究的取向与方法》，《华东师范大学学报（教育科学版）》2003年第2期；李长伟：《论教育理论与实践的本然统一——从实践哲学的角度观照》，《教育理论与实践》2003年第4期。

[③] 程亮：《教育学的"理论-实践"观》，福建教育出版社，2009年版。

立地看待教育理论与实践的关系。这在一定程度上有助于提高研究者建构教育学理论的自觉性。高伟从另一个角度对有关"教育理论与实践"的讨论作出批评。在他看来，这类探讨只是演绎了哲学上理论与实践关系的讨论，未能提出"教育"理论与"教育"实践关系的特殊性，因而这个问题没有独立为一个教育学或教育问题。[①]据此，他认为，教育理论与实践之争是一个"劳而无功"的虚假性命题；只有在承认教育理论与实践已分离的情况下，这种争论才具有针对性。他注意到，这种讨论常始于对教育理论的批判，终于对教育理论的期望；教育理论问题是争论的主要方面。它实质上关乎教育理论工作的价值问题。这种争论产生的一个重要原因在于，我国一向不注重、不尊重教育理论研究，导致教育理论的成长空间受限。在高伟看来，教育理论研究与实践行动本身是两种不同的工作"范式"：前者把问题"说"得"清楚"，后者把事情"做"得"完美"。两者存在逻辑鸿沟。他认为，关键的问题并不在于它们的关系究竟如何，而在于，"理论应该像理论的样子，实践应该像实践的样子。也就是说，只要理论在真正意义上是理论，实践在真正意义上是实践，那么理论与实践统一的最终目的也就达到了。不过，对教育理论工作者来说，这似乎又回到了老问题："教育理论如何成为真正意义上的理论？"这势必难以回避教育理论与实践的关系。可见，这一问题并没有想象中那么简单。也许应当追问，假如这是一个虚假性命题，为什么它如此频繁地出现在教育学讨论中？这本身不也是个值得思考的问题吗？

多年来，教育理论与实践的关系被表述为"教育理论指导实践"。这种表述本身受到一些学者的质疑。程天君把"教育理论指导实践"视为一种上帝句式。所谓的"上帝句式"就是，教育学大量出现的以命令口吻发布的"要如何如何"命题的句式。他认为，这种句式的危险在于用这种方式来指导实践的心态和做法，酿成一种"学究谬误"：即将自己用来说明

[①] 高伟：《一个"劳而无功"的虚假性命题——评"教育理论与实践关系"之争》，《北京大学教育评论》2005年第2期。

实践所建构的模型倒置为各种实践的根由。① 就两者的关系而言，不同性质的教育理论不仅与教育实践存在逻辑鸿沟，而且它们在现实层面不是简单的"指导与被指导的"关系。有感于以往讨论单方面强调教育理论应当"联系"实践，吴元发指出，教育理论与实践的关系实质上包含两方面：教育理论应当联系实践，教育实践也应当联系理论。② 这意味着教育实践者增强理论素养的重要性，这也恰是以往讨论易忽视的一面。

也有一些学者尝试跳出纯粹理论层面的探讨，将讨论转化为教育理论工作者与教育实践的关系。立足于教育理论工作者的实践立场，杨小微认为，实践关怀是教育理论工作者的道德使命。这种关怀有别于"指导"，在他看来，教育理论工作者应当具有"视人为目的"和"有耐心地守望"的心态；实践关怀是理论逻辑对实践逻辑的一种"有分寸的干预"。③ 孙元涛则认为，即使教育研究者与实践者存在实践上的分工，两者仍然存在参与性合作的可能性。④ 他区分了三类关系：参与式、外部旁观式、内部旁观式。他利用自身参与"新基础"教育研究的经验，着重探讨了参与性研究。其实，这涉及教育理论研究者与教育实践者之间的复杂关系。总体上，对教育理论与实践的关系的讨论之所以被简单化，根本在于，一方面讨论者对教育理论期望太高，对理论的异质性认识不足，另一方面对教育实践的复杂性作了简单化处理⑤，对两者的理论距离与现实距离估计不足。

尽管有不少学者参与了教育理论与实践关系讨论，但鲜有学者作持续

---

① 程天君：《学究谬误与上帝句式——教育理论研究中的别一种"原创"》，《教育科学论坛》2007 年第 3 期；程天君：《"理论指导实践"论的终结——基于反思社会学的教育理论与实践关系重审》，《教育理论与实践》2007 年第 3 期。

② 吴元发：《教育实践也应联系教育哲学》，《南京师大学报（社会科学版）》2015 年第 1 期。

③ 杨小微：《教育理论工作者的实践立场及其表现》，《教育研究与实验》2006 年第 4 期。

④ 孙元涛：《教育学者介入实践：探究与论证》，重庆大学出版社，2009 年版。

⑤ 有学者注意到这个问题，讨论了教育实践或教育活动的复杂性。参见石中英：《论教育实践的逻辑》，《教育研究》2006 年第 1 期；石中英：《关于教育活动的理论思考》，《北京师范大学学报（社会科学版）》1996 年第 2 期；余清臣：《教育实践的哲学》，北京师范大学出版社，2018 年版。

深入的探索。20世纪90年代初，陈桂生参照自然科学的内部分工，区分基础科学与应用科学（技术科学、工程科学），建议开展不同层次和性质的教育研究。① 这一观点在其后来的《"教育学视界"辨析》《教育学的建构》中有所发展。他意识到，教育理论与实践之间始终存在鸿沟："在这个意义上，不妨说，任何理论都同实践之间保持或大或小的距离。"他指出，所谓理论"指导"实践的观念，实际上假定所有的实际工作者在同样的环境下工作，头脑一片"理论的真空"，可听凭别人把理论塞进自己的头脑。在他看来，教育理论的作用有其限度："教育理论所提供的指导，只能是提供各种可靠的信息以开拓教育工作者的视野。"② 刘庆昌是另一位持续关注该问题的学者。他从教育思维角度评价了陈桂生的观点："这完全是发生在理论系统内部的运动，应该说仍没有寻找到跨越理论与实践之鸿沟的中介。再完美的教育价值理论和教育规范理论也不是教育思维。"③ 考虑到陈桂生的旨趣在于教育理论而非教育实践，这种评价似不无道理。

在刘庆昌看来，教育理论与教育实践关系不协调，根本原因在于，教育学科体系结构的结构性缺失，也就是教育学研究缺乏工学层面的应用研究，以联系教育理论与教育实践。④ 在新近研究中，他从工程视角探讨教育理论向教育实践的工学转化。⑤ 教育理论本身是异质的，具有不同的性质和功能。它依据回答问题的不同区分三类理论：（1）围绕"教育是什么""教育为什么是这样"之类的问题，形成的教育概念和原理，是第一种教育理论，是单数的；（2）围绕"教育概念""教育原理"进行评论而形成的教育学，是第二种教育理论，它是单数的，但是教育理论体系；（3）围绕"具体的教育问题怎么解决"而引发的"好教育是什么"，进而

---

① 陈桂生：《怎样跨越教育理论与实际之间的鸿沟？》，《上海教育科研》1993年第4期。

② 陈桂生：《"教育理论与实践关系问题"的再认识》，《湖南师范大学教育科学学报》2005年第1期。

③ 刘庆昌：《教育思维论》，广东教育出版社，2008年版，第207页。

④ 刘庆昌：《教育工学初论》，《教育理论与实践》2007年第27期。

⑤ 刘庆昌：《教育工学——教育理论向实践转化的理论探索》，福建教育出版社，2016年版。

形成"教育思维",是第三种教育理论,可以是单数,也可以是类似于"实践教育学"的体系。他在《教育思维论》中将教育理论到教育实践的过程划分为两个阶段:由教育理论到教育思维;从教育思维到教育实践。后来,他又提出了教育知识实在化。所谓的教育知识实在化是指,教育知识在人的作用下从观念状态到现实状态的运动过程。从工学角度看,他认为教育理论向实践转化的现实路径有:教育理论转化为实践者个人的价值信念;教育理论转化为实践者的教育思维;教育理论转化为实践者的行为准则。在现实层面,教育工程师专门承担教育理论向教育实践的转化工作。

4. 研究主体与教育学

长期以来,教育学的声望不高,学术水平不尽如人意,作为知识生产者,教育学研究者自然承担了很大一部分责任。关于教育学地位与尊严的讨论在某种程度上折射了教育学研究者的地位和尊严。[①] 20世纪30年代已有学者注意到教育学者的问题。陈寅恪在1931年论及教育学时曾指出:"教育学则与政治相通,子夏曰'仕而优则学,学而优则仕',今日中国多数教育学者庶几近之。"[②] 赵廷为甚至将教育学被人瞧不起的原因归于研究者——他们太会赶时髦、太会适应环境、不肯下功夫、兴味过于狭隘等。[③] 研究者为自己的"产品"负责,是自然之理。在一定意义上,教育学就是教育学者,或者说是通过教育学者的个性、知识、信念、能力等塑造了教育学的形象。有论者指出:"离开了从事学术研究的教育学者,教育学只是一个空壳而已。因此,所谓的教育学,其实正是由诸多的教育学者在学术思考和研究实践基础上生发出来的理论和话语,以及围绕它们而形构起来的相应建制构筑而成。"[④] 1978年后,在大量关于教育学的反思中,教育

---

① 张建国:《教育学的地位:一种马克思主义的分析》,华南师范大学博士学位论文,2014年。

② 王雪峰:《教育系和教育学》,《读书》2008年第4期。

③ 轶尘:《教育的学问为什么给人家瞧不起?》,《东方杂志》1933年第30卷第2期。

④ 姜晓强、孙元涛:《教育学"学科认同"的心理建构与实践建构》,《现代大学教育》2009年第4期。

学研究者时常成为关注的对象，但多是作为批评对象而存在，主体与教育学的关系没有作为独立问题得到探讨。①

在一项元研究中，周作宇指出："理论主体并不是在真空中进行纯粹玄览的'思维机器'。他处在生机勃勃的文化系统之中。"他从文化角度将教育理论视为一种特殊的文化指令，是"教育理论主体在特定的理论环境下对教育问题所作出的尝试性解答。这也就是说，教育理论是由它所研究的问题以及问题的解所组成的。而这样构成的理论，既是在一定的文化范式中形成的，又是文化结构中的基本因素"。② 这样，教育理论就是一个理论主体提出问题、寻求解答的过程。这种观点实际上隐含了研究主体与教育学的关系。石中英明确地意识到这个问题，他说："对于教育学活动的主体与主体性问题的讨论尚未有深度地展开。不能不说，这是当前的教育学反思还不够深入，教育理论界状况总体上还有些沉闷的一个原因和表征。"③ 他通过分析历史上 50 位教育学者及其作品，得出初步结论：教育学活动的动力来自于变革特定时代的教育实践活动的迫切需要；在提出和解决问题的过程中，教育学活动主体受到"前有""前见"和"前设"的强烈影响；要想站在社会历史的高度看教育问题，要想拥有深刻的教育洞察力，就必须拥有丰富的社会和人文科学方面的知识；教育学著作是教育学主体整个心灵生活的结晶，而不仅仅是理智活动的产物；教育学者是时代造就的，是时代的产物。在此基础上，他勾勒了教育学者生存方式的理想轮廓。④

---

① 如周元宽、郭孝文：《研究主体迷失：中国教育学"贫困"的症结》，《安徽师范大学学报（人文社会科学版）》2015 年第 6 期；魏宏聚、张晖：《教育学研究的危机与决择——教育研究主体的视角》，《荆门职业技术学院学报》2007 年第 1 期；周艳：《中国教育研究原创缺失的主体因素分析》，湖南师范大学硕士学位论文，2007 年。

② 周作宇：《问题之源与方法之镜——元教育理论探索》，教育科学出版社，2000 年版，第 83 页。

③ 石中英：《教育学的文化性格》，山西教育出版社，2005 年版，第 134 页。

④ 石中英：《教育学的文化性格》，山西教育出版社，2005 年版，第 138—146 页。

吴康宁从价值取向角度探讨了研究主体与教育学的关系。他指出，相当一部分研究者倡导的价值取向与其自身实际持有的取向背离，并认为这些研究者实际上在"说假话"："君不见，研究者在论著中、报刊中、讲坛上、研讨会上所提倡的明明是教育要培养学生的主体意识与批判精神，但其本人在其周围环境中却总是扮演着一个'无条件适应者'的角色，并不尝试对于环境的积极参与、认真反思与必要改造……"在他看来，研究过程应当同时成为研究者的心路历程。这实际上是要求研究者在"做研究"与"做人"上的统一。① 后来，他特别探讨了研究者选择的"研究问题"。② 在他看来，一个"好"的研究问题既对实践或理论发展而言是个"真问题"，同时也应当唤起研究者的热情与欲望。吴康宁再次强调，"任何真正的研究都必须是研究者的一种生命运动，都必须是研究者自身生活史的产物与延续"。事实上，他所批判的现象相当普遍，这种现象深植于研究者的体制化的生存方式，其中教育学者的身份认同不可避免地与教育学这门学问、学科、专业联系在一起。对教育学者生存方式的思考表明了这个群体的自觉程度。

刘铁芳指出，体制化是现存教育与教育研究的基本事实，这既为教育与教育研究的发展提供了支持，同时也施加了某种限制。就教育研究而言，面临的问题是：如何可能研究体制化的教育？身处于体制化中的研究者如何可能去研究教育？他诉诸研究者的自识与操守：尽可能意识到体制中的我们以及体制内研究的局限性，意识到体制带来的挑战；努力提高并彰显研究者的独立意识，坚守学术研究的信念。③ 孙元涛探讨了体制与教育学者的复杂关系。④ 在他看来，学术体制与教育学者之间不应当是一种简单应和或批判的关系，而是更多地思考自我如何在体制内外更好地承担

---

① 吴康宁：《我们究竟需要什么样的教育取向研究》，《教育研究》2000 年第 9 期。

② 吴康宁：《教育研究应研究什么样的"问题"》，《教育研究》2002 第 11 期。

③ 刘铁芳：《体制化时代的教育和教育研究》，《湖南师范大学教育科学学报》2006 年第 5 期。

④ 孙元涛：《研究主体：体制化时代教育学者的学术立场与生命实践》，华东师范大学出版社，2014 年版。

一个教育学者的学术使命。从"当事人"立场出发，他主张，应当以生命实践心态看待教育学研究，反哺学者的精神生命，影响研究主体的生命实践。在体制与学术的紧张关系中，教育学研究者应当反思体制问题，至少在精神世界中保持一种跨越学科边界，冲破专业禁锢的自觉意识，同时对自身作为知识人的社会使命和公共责任保持自觉。但是，他也指出，当代中国教育学在警惕"体制化困境"的同时，还面临学科边界再清理、再巩固的课题，面临自身专业性再培育的问题。尽管如此，体制不能完全决定学者的生存方式，学者是学术体制的参与建构者。

如果说，上述学者大体停留在理论层面言说主体与教育学的关系，那么徐继存则以一种心灵独白的方式拷问体制化时代教育学的价值与意义。他针对教育学者对体制化的过度依附，作出无情的剖析："我们的成就感是难以言表的，我们的幸福感是自以为是的，这是一种自欺欺人的生活，而这种生活在很大程度上依附于当下的学科体制，很少是靠教育学者自身拥有的教育学知识赢得的。作为教育学者，我们可以仔细反观自己究竟拥有多少教育学知识，这些知识又是如何获得的？其中有哪些是自己独有的？如果有，是否又经过了自己亲身践行的证实？我们可以大胆地设想，如果大学没有专门的教育系科，没有因为不知情而来到我们教育系科的学生，我们是否还有能力或者说依靠我们所拥有的教育学知识过上现在相对体面的生活呢？"[①] 他的反思是振聋发聩的："在我们教育学者工作和生活的教育系科里，实际上长期以来弥漫着一种浓厚的悲观主义。这种悲观主义虽然触动不了价值诉求较低的理念，却对价值诉求较高的理念有着极大的破坏力，它像一种隐秘的辅助催眠术一样，不断地侵蚀和消解着对教育的敬畏和对教育学专业的虔诚。……这样一来，曾经召唤和规约着我们教育学者的使命感和责任感便慢慢地消失了。"[②] 后来，他以自身多年研习教育学的经验、体会和观察，以个体化的方式，系统地反思了教育学的基本

---

① 徐继存：《专业化时代的教育学及其批判》，《教育学报》2013年第5期。
② 徐继存：《专业化时代的教育学及其批判》，《教育学报》2013年第5期。

问题。[①] 在他看来，教育学研究者与教育学密不可分，"教育学者的心灵的磨砺和修炼乃是教育学术尊严救赎之必经之路"。徐继存深刻体察到，体制化的生存方式使教育学研究者知与行、理论与实践分离，也使其面临名利的诱惑，这在很大程度上侵蚀了教育学研究者的责任感，造成意义的失落。尽管如此，他仍然试图从教育学的专业生活中寻求教育学的意义。他的策略是将研究者的人格养成与研习教育学统一起来："学习和研究教育学是一个熏陶的过程，体验的过程，陶冶的过程，实践的过程，因而也是自我涵养、自我修行、成人成己的过程，即教育学研究者的德性养成的过程。"这里，他表达了与吴康宁同样的信念：不能将教育学的知识和思想表达与教育学者自身生活信念分离。与孙元涛一样，他也认为，教育学者不是被体制完全决定的，强调"做出自己的选择是作为教育学者的我们不可让渡的权利，也是确证我们教育学者主体性是否持存的基准。而且，不论做出什么样的选择，我们都应该承担责任，这是因为，我们的选择将直接影响着他人甚至是整个社会"。

上述研究凸显了教育学研究者的主体地位，关注研究者本身的精神世界。它涉及教育学研究者对教育学术、体制化、专业化、公共责任等的态度问题。这些问题不仅仅是理论问题，更是一个关涉研究者应以何种态度从事研究，如何对待教育学的现实问题。与其说，这些讨论解决了什么问题，不如说，它们以醒目的方式提出了关于教育学研究群体的精神问题。

三、教育系科的生存与发展

与教育学的理论或历史探讨相比，教育系科受到的关注相对较少。20世纪末，随着师范学校由三级向两级过渡，教育学专业毕业生就业陷入空前危机。因此，在世纪之交，教育系科的改革与发展受到广泛关注。事实上，20世纪80年代初教育系科的问题已相当严重。1982年，叶澜曾指出，"教育系毕业生的出路，即教育系的培养目标问题，不必违忌，一直是我

[①] 徐继存：《教育学的学科立场——教育学知识的社会学考察》，北京师范大学出版社，2014年版。

国高校专业设置中的老大难问题"。① 1985年,国家教委决定对高师院校专业目录进行修订,于1987年出台《普通高等师范院校本科基本专业目录》的征求意见稿。依此,对教育学专业作了调整与改革,但未触及问题实质。当时,教育系科办学的主要问题在于:知识结构不合理,知识面太窄;教学内容陈旧空泛,缺乏实用性;专业设置及办学形式不能适应社会需求;只招收应届毕业生,缺乏实践经验等。② 1989年末,国家教委出台《高等学校教育系教育专业改革的意见》,改革教育学专业。具体表现在:拓宽培养目标,调整专业设置;招收有一定专业知识基础和实践经验的在职人员;改革培养目标和要求以及课程、教材及方法等。但成效并不显著。③ 1997年,李秉德曾撰文指出,需要将教育系的改革与整个师范教育体制的改革联系起来,加强师范生的教育专业训练。教育系应以培养研究生水平的专业师资为主,减招或停招多数教育系本科生。④

20世纪末的讨论表明,由于教育学专业人才培养与社会需求严重脱节,教育系科的改革势在必行。通过对山东师范大学教育学专业在校生和1995年以来的部分毕业生的调研,徐继存发现:教育学专业社会认可度低;就业形势严峻,学生不满与迷茫并存;目标定位不准,办学与需求脱节;课程设置不尽合理,针对性不强;教学过程问题多,缺乏示范效应;教育实习时间与方式需改进。⑤ 尽管如此,鲜有研究者对教育系科改革作系统探索。1998年3月,叶澜主持"面向21世纪教育系科改革研究与实

---

① 叶澜:《漫步在异国的同一领域中——南斯拉夫教育见闻之四》,《外国教育资料》1982年第1期。
② 郑金洲:《我国教育系科发展史略》,《华东师范大学学报(教育科学版)》1999年第4期。
③ 赵建军、耿向红:《深化教育系专业改革的思考》,《高等师范教育研究》1994年第4期。
④ 李秉德:《高师学生的教育训练与教育系的改建》,《西北师大学报(社会科学版)》1997年第1期。
⑤ 山东省高等学校教学改革立项项目课题组:《教育学专业发展的问题与对策——关于山东师大教育学专业改革的调查研究》,《当代教育科学》2008年第3期。

践"课题,该研究的系列成果主要刊于《华东师范大学学报(教育科学版)》。① 王枏在调查了 23 所教育系科基础上,从办学层次、教学实践、专业与学科建设、培养目标、就业去向等方面,指出教育学系的专业设置过窄及其与社会需求相脱离成为突出问题。专业设置与课程体系的主要问题表现为:培养目标过时,模式单一;专业设置陈旧,口径过窄;课程体系混乱,内容重叠。② 这些判断得到崔允漷和王建军调查的支持。从历史和国际比较角度,他们指出其他许多国家教育学系科旨在培养中小学教师,而我国的重心在于培养教育学教师。他们建议:我国教育系科应重新定位培养目标,已有目标已经无效;分层培养,划分全国教育学系的格局;促进课程的多样化、综合化、现代化。③ 王守恒与周兴国对安徽师范大学教育系的个案研究,反映了教育系科改革的艰难程度。安徽师范大学教育系在进入 20 世纪 90 年代后遇到前所未有的压力:毕业生就业难;教学经费不足;整体办学水平横向差距拉大;对基础教育缺乏灵活反应能力。尽管教育系科也作过一些改革,但成效有限。④ 关于改革教育系科的建议大都提及就业市场的变化,需重新定位人才培养,不是简单停招或减招本科生的问题。西南师范大学教育系改革课题组形成了一份改革思路纲要,其中将教育设计师作为培养目标之一,颇富新意。据称,教育设计师的作用在于,"找准教育对象的最近发展区的实际,进而整合各类学科,

---

① 西南师范大学教育系改革课题组:《面向 21 世纪西南师大教育系改革思路纲要》,《华东师范大学学报(教育科学版)》1999 年第 1 期;王守恒、周兴国:《关于教育系办学现状的个案研究报告——安徽师范大学教育系近年来改革的基本经验与教训》,《华东师范大学学报(教育科学版)》1999 年第 1 期。

② 王枏(误为王楠):《全国高校教育系科现状调查研究》,《华东师范大学学报(教育科学版)》1999 年第 3 期。

③ 崔允漷、王建军:《教育学系改革的比较研究与未来建议》,《华东师范大学学报(教育科学版)》1999 年第 2 期。

④ 王守恒、周兴国:《关于教育系办学现状的个案研究报告——安徽师范大学教育系近年来改革的基本经验与教训》,《华东师范大学学报(教育科学版)》1999 年第 1 期。

设计特定教法,最终完成教育科学理论到具体教育实践的转换"。①"教育设计师"同叶澜在"南斯拉夫教育见闻"中描述的"学校教育家"②颇为相似。这种主张也在刘庆昌的"教育工程师"概念中得到呼应。③

叶澜在该课题的总报告中指出,教育系处于世纪之交复杂的环境中。在她看来,教育系有三个生态圈:改革开放和实现现代化的社会生态圈;全国教育系分布格局及具体院校教育系所在地区的教师培养机构的格局变化;教育系所在院校的生存环境。她认为,需要重建教育系发展学术的功能与服务社会的功能。她的建议肯定了"教育设计师"的必要性:"建议教育部在普通中小学岗位设计中,除学科教师外,增设学校教育研究员(或学校教育设计人员)一职。"④这意味着,教育系科的发展或需要基础教育作出相应变革。

总体上,关于教育系科的探讨主要存在于20世纪90年代中期至21世纪的第一个十年。大部分讨论限于反思问题,提出建议和对策,鲜有理论探讨。⑤ 2006年,司洪昌面对教育学本科专业的就业困境不禁感叹:"几十年过去了,面临的社会形势依然故我。教育学本科还在继续生产,但销路几乎被封死,面临就业市场的严重缩水。"⑥或许他没有料到,十多年后,相当数量的教育学本科专业依然存在。根据张晴等人对92所高校教育学专

---

① 西南师范大学教育系改革课题组:《面向21世纪西南师大教育系改革思路纲要》,《华东师范大学学报(教育科学版)》1999年第1期。

② 叶澜:《漫步在异国的同一领域中——南斯拉夫教育见闻之四》,《外国教育资料》1982年第1期。

③ 刘庆昌:《论教育工程师——一种新职业的理论建构》,《华南师范大学学报(社会科学版)》2016年第5期;刘庆昌:《教育工程师的现实存在方式》,《湖南师范大学教育科学学报》2016年第2期;刘庆昌:《论教育工程师的培养》,《当代教育与文化》2016年第2期。

④ 叶澜:《"面向21世纪教育系科改革研究与实践"结题总报告》,《华东师范大学学报(教育科学版)》2000年第3期。

⑤ 例如,高金岭:《论高等师范院校教育系科的改革与发展》,《广西师范大学学报(哲学社会科学版)》2000年第3期;杜芳芳、徐继存:《高师院校教育学专业改革初探》,《国家教育行政学院学报》2007年第12期。

⑥ 司洪昌:《教育学本科专业,最后的晚餐?》,《教育与职业》2006年第9期。

业本科培养目标的调查，"教育学专业人才培养的社会角色以教育教学、科研、管理人员为主，秉承了教育学专业传统"。① 这表明，以往改革并未触及教育系科的深层问题。进入21世纪的第二个十年，教育系科不再是受关注的话题，只是偶尔引起争论，比如兰州大学、中山大学、山东大学等裁撤教育学院。② 不过，这个问题多与综合性大学发展教育系科有关。

一些学者从历史角度探讨教育系科问题。郑金洲回顾了我国教育系科近百年的历史，指出了一些令人深思的问题。其中，关于教育系课程，颇值得注意："从总体上来看，教育系科的课程变化不是很大，与其他系科相比，有时的确给人一种'几十年如一日'的感觉。并且令人难以接受的是，先前的个别学科，以及关注的一些基本问题，却正逐渐被现今的教育系科遗忘，如教育物理学，这些学科及问题不属应予以淘汰之列，倒是应大力张扬的，因为它所研究的问题至今仍存在，且没有得到很好解决。"③ 侯怀银和李艳莉考察了民国时期大学教育系科的变迁，并探讨了其对今日教育系科发展的启示。④ 有学者探讨了教育系科在20世纪上半叶的遭遇。⑤ 部分学者研究了历史上著名大学的教育系科，如大夏大学、国立暨南大

---

① 张晴、谢梦、王顶明：《教育学专业本科培养目标的固有传统与变化趋势》，《大学教育科学》2017年第2期。

② 可参考田杰：《从裁撤教育学院透视我国综合性大学及其教育学科发展模式的转变》，《现代教育科学》2018年第8期；王光荣、骆洪福：《国内综合性大学教育学科裁撤问题探究》，《山东高等教育》2017年第3期；顾明远：《从裁撤教育学院看师范教育转型》，《教育文化论坛》2016年第5期；胡乐乐：《"一窝蜂"裁撤教育学科不理性》，《光明日报》2016年7月26日；王洪才：《教育学：危机、重建与回归——关于教育学在综合性大学发展中地位的思考》，《大学教育科学》2018年第3期。

③ 郑金洲：《我国教育系科发展史略》，《华东师范大学学报（教育科学版）》1999年第4期。

④ 侯怀银、李艳莉：《民国时期大学教育系科变迁研究》，《中国教育科学》2016年第3期。

⑤ 如，张礼永：《"教育学危机"与大学教育学者的应对——民国时期中国教育学会成立之考述》，《高等教育研究》2013年第5期；张礼永：《教育学能否立于大学之林？——三十年代教育学者与傅斯年的大论战之回顾与探析》，《现代大学教育》2013年第5期。

学、华中大学等。[1] 孙岩考察了美国四所著名综合性大学教育学科的发展。他探讨了教育系科在发展过程中反复出现的问题，很值得思考。同时，他也指出综合性大学教育学科容易产生的问题，如课程冗繁、建制多变、学科定位模糊等。[2] 这些历史探讨表明，教育系科问题或许不只是与就业需求脱离那么简单。

以往探讨很少关注研习教育学的当事人的感受。有研究者调查了 500 余名来自不同层次教育系的学生，发现近半数学生的专业认同感偏低，但有 65.6% 的学生认为教育学专业存在较大或非常大的社会价值。[3] 常佩雯访谈了 20 名教育学本科生，发现就业困境、专业性欠缺等方面问题同其他调查一致，但有部分受访者认同教育学的专业价值。一名曾参与支教的学生说："和别的专业的同学在一起讨论，同样的问题，教育学专业学生可能会从教育的视角或眼光去看待，而这种视角或眼光正是教育学所赋予你的。"[4] 另一些研究探讨了教育学研究生存在的问题，以认同问题为主。[5] 这些研究表明，教育学（主要指教育学原理）研究生同样存在就业问题。李亚飞对 3 位本、硕均为教育学的研究生进行了深度访谈，通过生活叙事

---

[1] 如，侯怀银、李艳莉：《大夏大学教育系科的发展及启示》，《华东师范大学学报（教育科学版）》2011 年第 3 期；李艳莉、侯怀银：《华中大学教育系科的发展及启示》，《教育研究与实验》2016 年第 5 期；张礼永：《教育学在国立暨南大学——从师范科到教育系到教育学院再到教育系的演变（1918—1932）》，《山东高等教育》2016 年第 3 期。

[2] 孙岩：《美国综合性大学教育学科的历史考察——以哥伦比亚大学等 4 所大学为中心》，浙江大学博士学位论文，2017 年。

[3] 鲍秋旭：《教育学专业本科生专业认同问题与对策研究》，华中科技大学硕士学位论文，2012 年。

[4] 常佩雯：《教育学本科生专业认同研究》，山西大学硕士学位论文，2016 年。

[5] 这类研究较为丰富，如岳婷婷：《教育学专业认同的研究述评》，《大学（研究版）》2015 年第 2 期；周三：《教育学硕士研究生专业认同研究》，苏州大学硕士学位论文，2012 年；张丹：《教育学硕士研究生专业认同研究》，辽宁师范大学硕士学位论文，2016 年；张惠明：《教育学硕士研究生专业认同研究——以福建师范大学教育学原理专业为例》，福建师范大学硕士学位论文，2012 年。也有关于教育学专业自身研究的，参见席琴：《关于我国教育学专业发展的研究》，河南大学硕士学位论文，2003 年。

方式揭示了学生面临的内在矛盾。① 一些受访者接受了专业的内在价值，但又不免受到社会的功利性评价影响："这个专业即使在社会上不被认可，但是它有其内在的价值，它有它那种相当于精神财富的东西。当你想到这个的时候，它就像一块宝石一样，它只是被埋在了煤堆里面，你只是还没有把它挖掘出来，但这并不影响他（应为'它'）的光泽。"受访者们大体上呈现了教育学的某些社会形象：教育学专业在他人眼里地位确实不高，就业不好，考研比较容易，门槛比较低。不少受访者都提到"适合考博的人读"："这个专业无论是在本科还是在研究生它都是冲着培养理论型、研究型人才去的，不像学前、小教（小学教育专业）在研究的同时还带有技能、实践的特征。"也有受访者认为，教育学本科专业压根不应该存在，"尤其是本科阶段，学的太泛，对就业一点帮助都没有，你可以开教育学的课程，但是把它设为一种专业，就是浪费"。

如果说减招或停招教育系本科生是应对就业市场的无奈之举，那么它对教育学术人才的培养绝非幸事。实际上，对教育系科而言，不仅教育学本科生教育存在不少问题，而且研究生培养问题亦不容忽视。据谭咏梅对湖南师范大学教育学研究生的调查，教育学术人才质量堪忧：生源质量不高，跨专业考生增多，尤以英语专业学生为多；教育学基础理论不扎实，知识不系统，严重影响后期学习。② 朱志勇分析了某重点师范大学教育科学学院 2004 年 11 篇教育学博士学位论文。他发现，大部分论文（9 篇）缺乏方法论的自觉意识，甚至有些研究者将博士论文理解成一本书的写作；多数研究者将文献回顾当成一种研究方法。在他看来，在教育学博士学位论文的研究中，科学的方法论和方法的自觉意识还没有形成制度性氛围。③ 这些研究从不同侧面反映了教育学存在的危机远非孤立的问题。

---

① 李亚飞：《教育学研究生专业认同感的叙事研究》，南京师范大学硕士学位论文，2014 年。
② 谭咏梅：《教育系研究生培养质量现状与改进》，《高教论坛》2003 年第 2 期。
③ 朱志勇：《教育研究方法论范式与方法的反思》，《教育研究与实验》2005 年第 1 期。

第三节　教育学基本概念研究

在一定意义上，关于教育学基本概念的探讨是对教育学本身反思的自然延伸。原因在于，人们对教育学的不满常指向其理论建构不尽如人意，而概念是教育理论建构的细胞，因而概念问题受到教育基本理论研究者的关注，在情理之中。在教育学中，哪些概念堪称"基本"概念似乎缺乏共识。这同教育学中的概念来源与历史比较复杂不无关系。有些概念属于教育学独有，如教育、教学等；有些源于其他学科，后来才成为教育学的重要概念，如兴趣、经验；有的概念只是在某种教育学传统中占有重要地位，但在其他传统中没有对应，如德语地区教育学中的教养概念；有的概念在历史上曾经居重要地位，如今已经消失，如中国大陆地区不再提训育[1]等。因此，就教育理论的建构来说，哪些属于基本概念实难一概而论。不过，教育、教学、课程是被讨论得最频繁的三个重要概念。本节的重点不在于确定教育学的基本概念，这里的任务仅限于通过呈现少数教育学概念的研究状况，指出概念研究中存在的主要问题。相对而言，教育概念受到的关注最多，教学与课程概念次之，其他概念处于被零星关注状态。本节尝试在观照其他概念的情况下，重点论述教育、教学和课程概念的研究，以此反映教育学基本概念的进展与问题。

一、教育概念的研究

1978年后，有关教育概念的探讨最初表现在教育本质研究。[2] 尽管教

---

[1] 不过，个别学者试图恢复训育概念的使用。参见刘庆昌：《对训育的操作化理解》，《教育学术月刊》2013年第7期。

[2] 瞿葆奎主编，郑金洲副主编：《教育基本理论之研究（1978—1995）》，福建教育出版社，1998年版，第151—207页。

育本质与教育概念不是一回事[①]，但它们之间的联系显而易见：确定教育概念的内涵就是揭示出教育之为自身的本质规定性，使教育有别于其他的存在。有学者甚至直接将二者联系在一起讨论。[②] 不过，教育本质讨论主要由教育现实问题引发，理论不是它的主要关切。但它为包括教育概念探讨在内的教育学术研究打开了一个讨论空间。就对教育概念探讨的直接价值来说，本质讨论为教育的定性提供了不同的选择（如上层建筑、实践、活动、文化等）。[③]

教育概念作为独立问题约在 20 世纪 80 年代中后期被提出来，主要是关于教育概念的定义问题。1985 年《中国大百科全书·教育》出版，其中关于广义教育的定义引发争论。以张福祥与傅维利为代表率先质疑广义教育定义。[④] 从逻辑学角度看，为教育概念下定义，包括两部分：为教育定性，明确教育的属；识别教育有别于其他现象或活动的根本属性，确定教育的种差。在质疑广义教育定义的同时，一些学者也在不同层面反思教育定义本身。谢兰荣指出，当时流行的定义偏于从教育的外部联系、从教育在社会结构中的地位和功能角度来寻找教育的含义，只注意用形式逻辑的方法来建立定义，忽视了辩证逻辑的方法。[⑤] 在李和平看来，当时教育概念被定义得相当混乱，其根源在于教育的政治化和意识形态化。他重申：

---

① 教育本质有别于教育概念。参见陈桂生：《我国近十年间关于若干教育理论问题的论争述评》，载陈桂生：《教育原理》，华东师范大学出版社，1993 年版，第 304—314 页；赵雪薇、孙迎光：《教育概念与教育本质新解》，《上海教育科研》2016 年第 7 期。

② 例如，钟祖荣：《论教育的本质及定义》，《高等师范教育研究》1991 年第 1 期。

③ 郑金洲：《教育本质研究十七年》，《上海高教研究》1996 年第 3 期；程少波：《教育本质研究之批判》，《教育理论与实践》1995 年第 4 期。

④ 参见张福祥：《关于广义教育定义的一点思考——兼与〈中国大百科全书·教育〉的作者商榷》，《教育研究》1987 年第 1 期；傅维利：《广义教育涵义再议——与董纯才、刘佛年、张焕庭先生商榷》，《教育评论》1987 年第 1 期；程少波：《广义教育定义再探讨》，《江西教育科研》1993 年第 5 期。

⑤ 谢兰荣：《试论"教育"概念的界定及其方法论问题》，《教育理论与实践》1994 年第 5 期。

"教育是什么"在性质上是事实问题，给教育下定义是作出事实判断。[①] 世纪之交，郑金洲和瞿葆奎在分析了当时若干具有代表性的教育定义后，指出："这些认识都是在某种程度上或从某一角度反映了教育的一些特性，但在有的研究者看来，这似乎是过多地从教育的外部联系，从教育在社会结构中的地位和功能角度来寻找教育涵义，只注意了用形式逻辑的方法来建立定义。"[②] 从当时的讨论来看，多数参与者试图寻求教育概念的科学定义，因为他们有意无意地假定，教育概念的定义是从教育实践中抽象和概括而来的。

2000年后，寻求教育的科学定义的努力受到怀疑和挑战。马凤岐从语言学角度分析了定义教育的认识论假设。据称，已有的教育概念研究有两个假设：教育实践是客观的，教育概念是对教育实践的抽象和概括；教育概念与实践之间存在对应关系。这种认识论导致两个根本缺陷：（1）只关注教育实践，不重视人们对教育的各种不同观念，而正是这些观念决定了人们将哪些活动称为教育活动；（2）教育实践是人为设计的，教育思想是教育实践的一部分，教育实践包含了人们对教育的理解，对教育实践的人为、主观方面注意不足。他利用维特根斯坦的"家族性相似"概念来把握教育概念的多样性。他进一步为这种多样性辩护："如果试图以一个教育概念代替其他所有概念，就会有思想和学术专制的嫌疑。教育思想和教育实践的活力在一定程度上有赖于它们的丰富性和多样性。"借此，他从根本上否认一个科学的教育定义的必要性与可能性："教育本质不是存在着等待人们认识的东西，而是等待着人们创造的东西。人们表达一种教育思想，就包含一种对教育概念的纲领性表达，也同时宣称，教育在本质上应该是这样的。"[③] 不少学者亦采取了类似的立场。如刘铁芳指出："人们实际上不可能给教育下一个放之四海而皆准的、一劳永逸的'科学''规范'

---

① 李和平：《教育是什么——试论教育定义问题》，《江西教育学院学报（社会科学版）》1998年第2期。
② 郑金洲，瞿葆奎：《中国教育学百年》，教育科学出版社，2002年版。
③ 马凤岐：《教育的概念与本质：一种语言学分析》，《现代教育论丛》2000年第1期。

的定义。教育乃是一种开放的阐释。"[①] 有论者甚至认为，寻求教育的定义是一种本质主义思维在作怪，进而断言：教育是不可定义的。[②]

然而，真正的问题毕竟不能通过简单地抛弃问题的方式来解决。声言教育定义具有多样性，宣称教育不可定义，这种做法不仅无助于解决教育概念问题，甚至淡化了研究者的专业意识。[③] 原因在于，只要教育学是一门学问，它必然需要在理论上界定教育概念。或许我们需要重新理解教育概念，抛弃如下幻想：用一个定义便可揭示教育本质；寻求一个普遍的教育定义。

自20世纪90年代后期开始，教育概念的探讨似乎进入了一个新时期。主要表现为：研究者对教育定义本身进行多维度反思；一些学者有意识地超出简单地为教育下定义的层面，将教育概念问题复杂化。这里尝试呈现几种探索路径，以表明人们对教育概念认识的深化。

第一种路径是历史视角，它有两种主要类型。教育概念是人们对教育的认识的凝结，而认识又是历史地发生变化的。为了理解教育概念就需要厘清教育的内涵与外延的演变，这样就不必希求一个一劳永逸的教育定义。第一种类型的代表人物是陈桂生教授。在他那里，教育概念不是单一的平面性概念，而更像一个具有结构的立体概念。原因在于，随着教育活动的演进，衍生出不同范围与层面的教育，遂形成含义有别的"教育"概念。他意识到定义不足以理解教育概念的复杂性："即使给'教育'下一

---

① 刘铁芳：《什么是教育》，《天津市教科院学报》2002年第2期。
② 郝德永：《不可"定义"的教育——论本质主义教育思维方式的终结》，《教育研究》2009年第9期。
③ 在讨论教育定义时，不少论者简单地采用了谢弗勒的定义分类，未注意到这个分类针对的是非科学语言中的教育定义，而我们讨论的是理论上的教育定义。这种"误用"或表明，研究者在讨论中未注意区分日常语言与专业语言。"大体说来，本文所探讨的是非科学性的讨论中各种教育观念的定义……这些行文情境中所使用的定义是否以科学权威的姿态出现并不重要，关键在于它们并不是专门科学研究里所用的术语，也没有理论的目的，只是普通的实际沟通语句而已。"参见伊士列尔·谢富勒：《教育的语言》，林逢祺译，贾馥茗校，桂冠图书股份有限公司，1994年版，第9—10页。

个明确的定义，其意义仍然有限。"① 通过中西比较，他指出"教育"与"教"（音 jiāo）原本有别。"教育"所固有的"使人向善"的含义，从来就有，非"有时"存在。他将教育概念问题还原为人们对"教育活动"的理解，而教育活动有不同的演进阶段。教育活动原是不定型的、非形式化教育，进入文明时代后，教育活动逐渐定型于一定的实体。"教"的活动的发生是区分形式化教育与非形式化教育的标志；至近代，前者实现了从非制度化到制度化教育的转变，以近代学校的产生为标志。到了现代社会，在"终身教育"思潮影响下，制度化的学校教育之外，又有各类非制度化教育的兴起，从中区分出制度化的与非制度化的所有教育。在后续研究中，他探讨了教育内涵的演变：教育的本义是道德人格之善（善良），在古代向近代社会转变中发生了第一义的转义即健全个性之善（完善），至 19 世纪与 20 世纪之交又发生了第二义的转义即社会性人格之完善。② 如果说，这种历史探讨还停留于高度抽象的层面，那么第二种类型表现为一定文化背景下的教育概念史研究。章小谦的工作可作为这方面的代表。他在

---

① 陈桂生：《"教育学视界"辨析》，华东师范大学出版社，1997 年版。作者对教育概念群的辨析之作：《常用教育概念辨析》，华东师范大学出版社，2009 年版。在前一本基础上进行修订（原作仅保留 13 篇），改动幅度有 80% 左右。陈桂生教授在最近的访谈中论及这个问题。殷玉新："您虽然注重教育学基本概念的单义性，并未给出'教育''教养'和称之为'教学'的教—学活动下一个明确的定义；其中，虽然提到教育学中各个基本概念之间的联系，也并未展开分析。"陈桂生："其实，早就有青年朋友提出，我虽然写了许多关于教育学基本概念辨析的文章，却未见其中给若干概念下过定义。听了以后，如梦初醒，仔细一想，果然如此，但又说不出其中的缘由。关于教育学诸多基本概念之间的联系，确实未能展开分析，这两个问题经你郑重提出，我自己倒也该好生想一想。"参见陈桂生、殷玉新：《关于教育学基本概念的内涵问题——陈桂生先生教育学问对》，《当代教师教育》2020 年第 1 期。

② 陈桂生：《普通教育学纲要》，华东师范大学出版社，2009 年版；陈桂生：《学校教育原理》，湖南教育出版社，2000 年版；陈桂生：《略论"教育"概念演变的轨迹》，《杭州师范学院学报（社会科学版）》2005 年第 1 期。关于二次转义，他在最近的研究中作了调整。参见陈桂生：《再论教育学究竟是怎么一回事》，《中国教育科学》2019 年第 2 期。

其博士论文中探讨了中国近代教育概念的形成。[①] 值得一提的是，据他考证，唐宋以后，"教育"就是个常用词，有别于关于"教育"一词的流行见解。尽管如此，"教育"一词获得其近代教育含义，经历了从"学"到"教育"的转变：近代意义上的教育概念早期是以"学"来表达，后来才由"教育"表达。不过，章小谦的探讨侧重于近代教育概念的外延（中国教育向近代转型，主要表现在培养目标、内容、教学组织、规模、教育制度诸方面的变化）。此外，他还指出，在中西文化交流背景下，"教育"一词是以日语中作为 education 的译词的方式回归中国。由于不少近代教育术语具有类似于"教育"一词的经历，这实际上触及一个普遍问题：近代教育术语常夹杂汉语的传统含义和对应译词的含义，再加上历史上深受日本、欧美、苏俄等国教育学的影响，无形中增加了理解教育术语的难度。张小丽在考察清末国人"教育"观念的演变时，明确意识到其中的复杂性。她指出，"教育"的近代含义并不是来自 education，清末国人对"教育"一词的理解更多夹杂着中国"教化"传统与日本的国民教育经验。"教育"一词或因翻译日本书籍，或借用日文资源获得新含义，但旧含义并未消逝或减灭，而是凭借旧理解对新含义展开丰富的联想。[②]

第二种视角关注教育概念的语词表达。这种视角的合理性在于，概念总是借由语词表达，因而语词本身可作为考察概念的重要线索。从历史角度探讨教育概念的研究者大都会关注表达概念的语词，只是其重心不在语词本身。在第二种视角下，研究者的工作重心在于表达教育概念的语词，它们又可以区分出不同的倾向。这里提供几种代表性做法。黄向阳分析了"教育"一词在不同典型语境（特别是日常语境与理论语境）中的用法与含义。[③] 他首先从日常语言角度区分教育与学习、有教育意义的活动、哺

[①] 章小谦：《传承与嫁接：中国教育基本概念从传统到现代的转换》，华东师范大学博士学位论文，2004年。

[②] 张小丽：《清末国人"教育"观念的演变》，《中国人民大学教育学刊》2011年第1期。

[③] 黄向阳：《"教育"一词的由来、用法和含义》，载瞿葆奎主编：《元教育学研究》，浙江教育出版社，1999年版。

育、教学、教唆、管理、改造等，指出"教育"一词在日常语言中是个评价词，通常指"一个人或一群人以道德上可以接受的方式善意地对另一个人或另一群人施加的积极的心理影响"。① 他认为，古代社会关于修业、进德、学习、践行的言论丰富，形成一套"以学为本"的话语系统，有别于近代"以教为本"的话语系统。"教育"成为常用词，是20世纪初的事情。值得注意的是，黄向阳否认"教育"为日语外来词，这有别于高铭凯、实藤惠秀等人的观点，但承认现代汉语"教育"一词的用法源自日语的"教育"。另一种探讨教育语词的路径是关注"教育"一词的汉语语源。在探讨教育概念时，不少研究者会引用并接受《说文解字》对"教""育"的解说，但鲜有研究者探讨这种解说本身。王静、何启贤曾于20世纪90年代利用考古学、甲骨文、文字学等方面的成果，探讨了《说文》关于"教""育"的解释。② 李本东对汉语中单音词"教""育"到词组"教育"的生成机制作了探讨，但他似乎混淆了教育的概念与语词的区别。③ 高华平利用新出土的楚简中关于"教"字多写作"季"或"斋"，与今天多采《说文》的写法不同。他指出，"教"字的写法是否从"攴"，与使用者的教育思想观念密切相关。在甲骨文与金文中，"教"字从"攴"，表明在西周早期，特别是商代，认同的是一种"政教合一"的教育思想。而在春秋战国时的楚国，流行的主要是一种温和地开导、教诲和视民如子的教育思想观念，"教"字不从"攴"，不诉诸行政命令的教育思想观念。④ 近些年来，类似的研究还有不少。⑤ 尽管这些成果的可靠性尚有待评估，但它们

---

① 黄向阳：《德育原理》，华东师范大学出版社，2000年版。
② 王静：《试论〈说文解字〉中的"教育"二字》，《教育研究》1995年第3期；王静：《再论〈说文〉中的"教"字》，《教育研究》1997年第8期；何启贤：《也说"教""育"二字》，《教育研究》1995年第12期。
③ 李本东：《"教育"概念的汉语语源学辨析》，《教育文化论坛》2016年第6期。
④ 高华平：《先秦教育思想观念的演变史——论楚简中"教"字的几种写法》，《中国文化研究》2010年第3期。
⑤ 例如，刘峻杉、张学涛：《"教"字的词义演变及其教育史意义》，《教育学报》2017年第4期；燕燕、冯建民：《教与学：训诂原意考释》，《大学教育科学》2017年第2期；宋金兰：《从"教"字看古代传统教育的源起及其基本特征》，《首都师范大学学报（社会科学版）》2003年第3期。

丰富了有关汉语"教育"词源的理解。

另有学者关注西语中教育概念的语言表达。娄雨在新近的研究中勾勒了教育概念从早期 Paideia 到近代 Education 词义的演变轨迹。她分析了三个重要教育语词：希腊文 παιδεία、拉丁文的 educare 和 humanitas，并指出 παιδεία 的特点在于重视整全人格与完美和谐的灵魂的教育，对城邦的政治责任感的塑造，和灵魂的德行与善的培养；educare 是最为综合性的，包含从保育、养育到教育的广泛含义；humanitas 是最具人性与人文教育特征的教育概念，是后天通过教育培养起来的人性修养、技艺与德行。① 也有哲学研究者专门探讨了希腊文的 παιδεία。鲍永玲指出，公元前3世纪，《旧约》的希伯来文被译为希腊文时，musar 被 παιδεία 取代，后者更近于后世的教育概念，由此开始了对人类教育想象的理智化进程。该词表达的观念涵盖了当时所有的人类努力，指将人类培养成与绝对完美事物相一致的方法和路径，也是个体与共同体和谐存在的最终理由。②

第三种探讨立足于中西跨文化比较。石中英在 20 世纪 90 年代末的工作是这方面的代表。他指出，英文中的 Education，德文中的 Bildung 和 Erziehung，汉语中的"教育""学""教"等词的含义在不同文化演进中会发生变化。在石中英看来，"教育"概念的历史用法形成了一个强大的语意场。教育概念不是描述性的，而是表达性的，它表达了一定的文化背景中人们对教育的主观态度和价值追求。他强调了教育概念的民族文化性："离开了民族文化的语言背景，我们也许只能在逻辑或技术的层面上理解另一种'教育'概念，决不会把握它的精髓、它的质。从这个意义上说，'教育'概念是不可译的，或者说是'译不准'的。"③ 这种观点间接地提出了如下问题：不同文化中教育概念是否可以通约？在全球化时代，这个

---

① 娄雨：《从 παιδεία 到 education：西方"教育"概念的词源学分析》，《教育学报》2017年第3期。
② 鲍永玲：《驯养、教化和自然——从〈旧约〉musar 到古希腊 παιδεία 观念的流变》，《哲学分析》2018年第4期。
③ 石中英：《"教育"概念演化的跨文化分析》，《高等师范教育研究》1997年第4期。

问题具有普遍性，且对中国教育学来说，又具有特殊意义，因为我国教育学术用语大抵是中西文化交流的产物。陈桂生在论及教学论话语与课程论话语时指出，两种话语虽然不同，但它们所指称的教学实践与课程实践，却有相通之处。[1] 或许不同文化中的教育概念之间的确是"译不准"的，但并不意味着它们完全无法沟通。

第四种是对教育概念作理论或哲学的分析。这是一种常见思路。不少研究者批判了已有的界定教育概念的方式和假设。例如，郝德永认为定义性思维，使"教育"成为"定义最多但效果最差的术语"。[2] 谢兰荣也批评了只注重形式逻辑，忽视辩证逻辑。[3] 一些研究注意到教育概念有复杂的结构或维度。方展画注意到教育概念具有内在的结构。[4] 在他看来，对教育概念的分析可在三个层次上展开，即合社会目的性、合教育目的性和教育手段。并且他认为，教育概念是"一种逻辑推导的产物"。这实际上否定了以直观的方式揭示教育内涵的做法。另有学者认为，教育作为多学科研究对象，不可能有统一定义。为了把握教育自身，既需要将教育作为本体，勾勒出教育范畴永恒的一面，也需要探讨"教育是怎样的"，以把握教育的历史内涵。[5] 刘庆昌反思了教育概念探索中的本质主义提问方式。他指出，"教育是什么"的本质主义追问都会在不同程度上失败，但其价值在于为教育思想者提供思想舞台。在他看来，属加种差的定义思路"在逻辑的意义上是合理的，但其中存在着一个致命的问题就是把教育合理地静态化了，而实际的教育恰恰是一个动态的、历史的现象和过程"。因而他主张应当采取历史与逻辑统一的思路来理解教育，进而提出"教育性"

---

[1] 陈桂生：《变化中的"课程"概念》，《江苏教育学院学报（社会科学版）》2007年第2期。
[2] 郝德永：《不可"定义"的教育——论本质主义思维方式的终结》，《教育研究》2009年第9期。
[3] 谢兰荣：《试论"教育"概念的界定及其方法论问题》，《教育理论与实践》1994年第5期。
[4] 方展画：《教育概念：一种分析》，《教育评论》1996年第2期。
[5] 冯向东：《教育自身：教育学学科立场与理论的基石》，《教育研究》2013年第7期。

作为教育概念最高意义上的种差，将教育理解为一种善意的干预。① 刘庆昌还从个体认识史角度回顾了自己对教育概念进行的长达 30 余年的思考，展现了一位教育学人如何认识教育概念，进而生成教育概念的过程。② 对教育学人来说，这类个性化的教育认识史不无参考价值。③ 此外，还有研究者参照布列钦卡的教育概念分析为框架，采用文本分析的方法，探讨了主要教育学教材和专著中的教育定义，从另一个侧面呈现了流行的教育定义的结构性特征：注重结果性导向，社会本位的教育价值取向，教育目的表述不完整性；教育主体与对象的单向互动关系。④

第五种视角是从知识社会学角度探讨教育概念。马凤岐可作为这方面的代表。⑤ 他关心的是，在教育理论研究中，为什么研究者会赋予教育概念不同的定义。他认为，答案存在于教育学知识的历史和社会背景之中。在他看来，古代封建社会的教育"就是要教会受教育者信仰和遵守封建伦理标准"。鸦片战争后，教育的概念发生显著的变化，它不再仅仅指道德教育、意识形态教育，不再仅仅是维护政治统治的工具，教育包含科学技术和新的社会思想。1949 年之后近 30 年政治生活和理论研究中，教育作为政治的一部分，就是意识形态。改革开放后，关于教育本质的讨论，"从根本上说，并不是学术上的，而是政治思想上的，是一场思想解放运动。不过，作为这场思想解放运动的一个主要结果，教育的含义经历了变化"。他还指出，在西方，自卢梭后，理论家倾向于将教育视为儿童天赋能力的自然成长。这种观念本质上是资产阶级的自由、民主理想在教育领域中的反映。

---

① 刘庆昌：《论教育性——关于"教育是什么"新探索》，《当代教育科学》2006 年第 15 期；刘庆昌：《教育：一种善意的干预》，《当代教育与文化》2019 年第 6 期。
② 刘庆昌：《教育概念的个人认识史》，《当代教育与文化》2020 年第 3 期。
③ 陈桂生在"再论教育学"中也回顾了自己对教育概念的认识史。参见陈桂生：《再论教育学究竟是怎么一回事》，《中国教育科学》2019 年第 2 期。
④ 钟晓：《基于语言分析的"教育"概念问题研究》，东北师范大学硕士学位论文，2019 年。
⑤ 马凤岐：《教育概念的社会学分析》，《教育理论与实践》2005 年第 4 期。

二、教学、课程概念及其他

除教育概念外，教学与课程亦受到较多关注，但它们从未像教育概念那样获得教育基本理论研究者的广泛关注。这种情形或表明，教育学研究内部分工对研究者视野的限制。研究者大抵出于发展教学论或课程（研究）论的目的来探讨它们。① 大体而言，课程概念从 20 世纪 80 年代中后期开始受到较多关注②；对教学概念的关注稍晚一些，并且它似乎同《教育学文集·教学卷》（1988）的出版和谢弗勒有关教学与课程的特约稿有关③。

早期关注教学或课程概念的研究者大都旨在寻求科学的定义，试图揭示教学或课程的本质属性。在季震看来，"给'教学'下定义和给一切概念下定义一样，最根本的是确切地把握住概念的内涵和外延。这样，一方面要把握一切教学的共性，把握住古今中外一切教学的真正共性……另一方面，也是把教学跟其他一切非教学的现象区别开来……这样，才能抽象出'教学'唯我独有的本质属性"。④ 陈侠在谈及课程概念时也指出："我们既然承认教育学是一门科学，科学中的每一个概念都必须有明确的含义，否则就会引起误解。如物理学上什么叫重量？什么叫质量？这些基本

---

① 这一点可以从改革开放后较早探讨教学或课程概念的研究者那里看到。参见周浩波：《从教学概念的分析谈教学论》，《教育研究与实验》1990 年第 1 期；季震：《试论教学概念的界定》，《华东师范大学学报（教育科学版）》1990 年第 2 期；陈侠：《课程研究引论》，《课程·教材·教法》1981 年第 3 期。

② 任长松：《关于"课程"的概念》，《山东教育科研》1995 年 Z1 期；钟启泉：《课程的概念》，《外国教育资料》1988 年第 4 期；埃利尔特·W. 艾斯纳、埃利泽布斯、瓦伦思、廖哲勋：《五种课程概念——它们的思想根源及其课程设计的思想（下）》，《课程·教材·教法》1985 年第 4 期；埃利尔特·W. 艾斯纳、埃利泽布斯、瓦伦思、廖哲勋：《五种课程概念——它们的思想根源及其课程设计的思想（上）》，《课程·教材·教法》1985 年第 3 期。

③ 谢弗勒：《对教学和课程的思考》，《华东师范大学学报（教育科学版）》1988 年第 2 期。

④ 季震：《试论教学概念的界定》，《华东师范大学学报（教育科学版）》1990 年第 2 期。

概念都必须讲明白。我们研究课程也应当如此。而课程又是一个用得最普遍的教育术语,也是一个定义最差的教育术语。如当代英美教育书籍中,对课程一词的解释,众说纷纭,莫衷一是。"[1] 这种科学追求使研究者普遍对教学或课程定义的多样性感到不满。[2] 不过,研究者在多大程度上能够寻找到"教学"或"课程"的本质,并证明所找到的就是本质,仍然是个问题。结果,像教育概念研究中出现的那样,有人怀疑是否真的能够做到这一点,即使做到了,这样的定义又有多大的意义。至世纪之交,大部分研究者在承认定义多样性的前提下,放弃了统一性界定的努力。刘铁芳在论及教学概念时指出:"教学的形式、种类多种多样,其间的差异也高下不齐,要从那包罗万象的泥沙俱存的种种教学现象之中'抽象'出一个'本质'来或许并没有多大意义。"[3] 在概括了六种课程界定后,施良方承认,"每一种课程定义都有其社会背景、认识论基础和方法论依据,而且它们所指的课程可能并不是在同一层次上的",同时他放弃了对科学界定的寻求:"本节通过对各种课程定义的辨析以及对定义方式的考察,并不是为了得出一个精确的课程定义,而是为了说明:每一种有代表性的课程定义都有一定的指向性,即都是指向当时特定社会历史条件下课程所出现的问题,所以都有某种合理性,但同时也存在着某些局限性。而且,每一种课程定义都隐含着作者的一些哲学假设和价值取向。对于教育工作者来说,重要的不是选择这种或那种课程定义,而是要意识到各种课程定义所要解决的问题以及伴而随之的新问题,以便根据课程实践的要求,作出明智的决策"。[4]

---

[1] 陈侠:《课程研究引论》,《课程·教材·教法》1981年第3期。
[2] 参见李保强:《关于教学概念的辨析与思考》,《齐鲁学刊》1996年第2期;郑和:《课程概念的逻辑学分析》,《上海教育科研》2004年第12期。
[3] 刘铁芳:《教学:一个可能的价值世界》,《教育理论与实践》2000年第4期。
[4] 施良方:《课程理论——课程的基础、原理与问题》,教育科学出版社,1996年版。

课程定义的多样性使一些学者认为课程概念出现了泛化。① 不过，定义的多样性未必导致概念泛化。在陈桂生看来，概念泛化是指含义模糊，表达这个概念的语词，指称对象不确定，遂存在偷换概念的可能性。概念的泛化影响到教育命题，及命题之间的关系，损害教育理论的专业性和严谨性。这种现象有别于一个概念多种定义的现象。② 陈桂生指出，许多课程定义实质上是给"课程"概念下的"规定性的定义"，是以"定义性陈述"的方式，表达某种有关"课程"的价值取向，算不上通用的"课程"定义。③ 值得注意的是，尽管人们也给教学概念作出多样的规定，但这似乎没有使研究者认为教学概念存在泛化问题。这或许意味着，教学和课程定义的多样性与这两个概念是否泛化无关。不过，在教育理论陈述中，怎样清晰地界说教学或课程概念仍是一个问题。从目前来看，大部分研究者似已放弃了这种努力。

关于教学或课程概念的探讨大都涉及语言问题。关于教学与课程的词源，值得一提的是，姜国钧提出了与前人不同的观点。据他考证，"课程"一词最早出现于南北朝时期翻译的佛经中，而非通常所说的唐代；与现代汉语意义相近的"教学"一词最早出现于《战国策》，而不是通常所说的宋代。④ 尽管"教学"与"课程"两词均为汉语所固有，但它们在中西文化交流中才获得其近代含义，不过传统的含义在很大程度上仍影响着人们对这两个词的理解。有学者以中文"教学"一词为例，展示了一个词的语

---

① 参见陈莉《课程概念泛化现象之省思》，《全球教育展望》2015年第12期；王娟娟：《课程概念的泛化及其危害》，《江西教育科研》2007年第7期；王娟娟：《课程概念的泛化及其危机》，《当代教育科学》2007年第8期。

② 陈桂生：《略论"教育"概念演变的轨迹》，《杭州师范学院学报（社会科学版）》2005年第1期。在最近的研究中，他从根本上反思了教育概念泛化问题。参见陈桂生：《再论教育学究竟是怎么一回事——教育学研究中遇到的已解决与待解决的问题》，《中国教育科学》（中英文）2019年第2期。

③ 陈桂生：《变化中的"课程"概念》，《江苏教育学院学报（社会科学版）》2007年第2期。

④ 姜国钧：《"课程"与"教学"词源小考——兼与章小谦先生讨论》，《华东师范大学学报（教育科学版）》2006年第4期。

义演变与叠加在多大程度上增加了理解困难。杨龙立和潘丽珠指出，中文"教学"一词的含义自古至今有过曲折转变。古代教学的语义指教与学；目前，教学的语义限于教。中文"教学"一词有两种完全不同但又重叠的语义：(1) 作为英文 teaching 的译词，仅指教；(2) 指教与学。人们经常在这两种语义间徘徊，为有关研究和思考带来很大的困扰。① 这里，我们再次遭遇前文提及的问题：我国的近代教育学术用语最初在中西文化交流背景下获得其近代意义，然而这些用语的含义在遭遇不同的文化中被改造——新中国成立前，先后受到日本、欧美等文化的影响，而后深受苏联的影响，改革开放后又面临全球化的冲击。在这个过程中，传统文化仍然发挥着它的作用。因此，目前教育学术语言的含义及其表征的概念迫切地需要梳理。

在教育概念讨论中，鲜有研究者将教育置于同其他概念的关系中探讨，而对教学或课程概念的关注常被置于彼此的关系中进行。具体说来，这两个概念是在教学论与课程论的紧张关系中受到讨论的。② 在论及教学与课程概念时，崔允漷如是说："当人们思考教育理论重建的时候，概念整合是一个不容回避的问题。课程与教学是教育科学中两个极为重要的概念。什么是课程，什么是教学，课程与教学的关系是怎样的，大课程小教学，小课程大教学，又是怎么回事？这些问题都是教育科学共同体重建教育理论之前必须作出回答的。"③ 实际上，教学论与课程论是两套不同的教育学话语体系④，在全球化时代它们也暗含了会通问题。陈桂生指出，欧

---

① 杨龙立、潘丽珠：《"教学"的语言分析——兼述教学论和课程论之争论》，《教育学报》2006 年第 1 期。

② 如，霍秉坤、叶慧虹、黄显华：《课程与教学：区隔与连系之间的探讨》，《全球教育展望》2010 年第 6 期；杨中枢、郑学燕：《课程概念：演变与冲突》，《西北师大学报（社会科学版）》2004 年第 3 期。

③ 崔允漷：《课程与教学》，《华东师范大学学报（教育科学版）》1997 年第 1 期。

④ 黄志成、王飞：《教学论与课程论关系研究》，首都师范大学博士学位论文，2013 年；黄志成《教育研究中的两大范式比较："日尔曼式教育学"与"盎格鲁式教育科学"》，《教育学报》2007 年第 2 期。

洲大陆的教学论话语，虽不同于英语国家的"课程论"话语，但它们所指称的事实，即教学实践与课程实践，却有相通之处。[①] 历史向来是探讨概念的重要维度。部分学者探讨了教学或课程概念的历史。高维以教育学教材为线索，考察了教学的概念史。[②] 不过，这种考察以教材的教学定义为对象，因而很难算得上严格意义的教学概念史研究。章小谦和杜成宪立足于中国课程概念从传统到近代的演变，他们认为，近代中国课程概念是中国传统课程概念自身演变的产物。这挑战了流行观点：课程是从国外引入的概念。[③] 田正平和刘徽借由课程概念的演变，透视新中国课程理论研究60年的变迁。他们发现，改革开放前30年间，全盘苏化下课程研究处于失语状态，课程概念很少引起注意，被简单地置于教学论的概念下，等同于学科或学科的总和；20世纪80年代是课程工程的话语时代，真正的课程研究不多，课程被理解为一项工程；20世纪90年代是多重反思的时代，研究者趋向多元化的课程理解；进入21世纪后，关注全球化时代的课程文化重建。[④] 除从以上视角探讨教学与课程概念外，一些研究者还从文化学、逻辑学、分析哲学、谱系学等视角拓展研究视野。[⑤]

需要指出的是，除教育、教学、课程概念外，教育学中的其他重要概

[①] 陈桂生：《变化中的"课程"概念》，《江苏教育学院学报（社会科学版）》2007年第2期。

[②] 高维：《"教学"概念史考察——以20世纪以来我国教学论教材为主线》，《天津师范大学学报（基础教育版）》2012年第2期。

[③] 章小谦、杜成宪：《中国课程概念从传统到近代的演变》，《华东师范大学学报（教育科学版）》2005年第4期。

[④] 田正平、刘徽：《课程理论研究六十年——基于概念史的研究》，《社会科学战线》2009年第11期。

[⑤] 如，杨天平、范诗武：《关于课程概念的跨文化比较》，《现代教育论丛》2004年第1期；郑和：《课程概念的逻辑学分析》，《上海教育科研》2004年第12期；寇平平：《课程概念的文化阐释》，《中国教育学刊》2009年第5期；张广君：《教学概念的语词和归属类析》，《上海教育科研》1998年第10期；程良宏：《教学的文化实践属性研究》，《全球教育展望》2007年第12期；杨明全：《当代西方谱系学视野下的课程概念：话语分析与比较》，《比较教育研究》2012年第3期。

念（如兴趣、个性、人格、自由、经验、民主等）似乎未受到充分重视。[①]有些概念尽管受到关注，却流于简单推演。这里还涉及一个基本问题，即其他领域的概念进入到教育学后，如何自觉地加以利用、改造。对这个问题的解决在很大程度上反映了教育学研究者的学科自觉与专业意识。

三、概念研究的问题

以上考察表明，近些年来教育学基本概念的研究至少在三个方面有重要进步：（1）研究者意识到概念问题的复杂性，不再执着于寻求一个普遍的定义；（2）探讨概念的维度多元化，突破了早期单一的科学视角；（3）重视表达概念的语词研究。

教育学基本概念研究存在的问题也很明显，大体说来，主要有以下几个方面。第一个问题是，不少研究者或将概念的探讨等同于对定义的研究，或过分执着于定义本身的讨论。对一个学术概念来说，重要的是揭示其内涵，明确其外延。至于如何表达它的内涵则是一个语言问题。如果忽视概念内涵和定义的区别，就可能导致一种误解：定义的多样性使概念的界定成为不可能。第二个问题是，研究者在关注概念的语词时，似乎较少注意区分日常语言与专业术语。在教育学中，许多教育专业术语同时也是日常生活中的自然语言。这种情况使专业术语的理论含义往往同其日常生活含义纠缠不清。尽管它们的意义存在某种联系，但为了使概念成为学术意义上的概念，也就有必要有意识地对它们作出区分。第三个问题是，大多数研究者对概念的探讨是孤立地进行的。尽管教学与课程概念时常被置于教学论与课程论的关系中考察，但这更多的是出于教学论与课程论两套话语的紧张关系，而不是通过彼此的关系来说明对方。事实上，在一门学

[①] 这些概念有零星探讨，如胡克英：《教育与个性发展》，《教育研究与实验》1989年第2期；杨兆山：《教育学中的"个性"概念》，《中国教育学刊》1996年第1期；郭戈：《西方近代的兴趣教育思想》，《教育研究与实验》1987年第3期；郭戈：《略论兴趣及其在教育上的意义》，《心理学探新》1988年第3期；王有升：《论教育学中的"兴趣"概念：内涵与理论建构》，《全球教育展望》2007年第7期；丁道勇：《教育中的兴趣概念》，《教育学报》2014年第3期；等等。

问中，孤立的概念本身不仅价值有限，而且难以得到充分说明。单个概念的含义只有置于与其他概念的联系中才能得到充分的说明。[①] 从另一个角度看，对一门学问而言，概念之所以重要，在于清晰的概念是形成命题、发展理论的基础。在此意义上，一个概念的价值也只有通过与其他概念的联系才能得以充分评估。遗憾的是，大多数研究者似乎忘记了探讨概念的初衷。最后一个问题表现为，多数研究者在探讨教育学基本概念和术语时未能充分考虑其在特定历史文化语境中的复杂性。事实上，对包括教育学在内的人文社会科学来说，大量的概念和术语都是中西文化交流的产物。许多术语是译词，其含义不仅有别于传统典籍中的汉语词源的含义，而且同对译的原词的含义亦存在差异。在这个意义上，单纯的词源学探讨之于概念研究的价值相当有限。如将教育学的概念和术语视为不同文化交流的产物，那么概念史研究便具有特别的意义。[②] 由于教育学基本概念的内涵变化往往反映了某些教育事实的普遍变化，人们对这种变化的把握体现于对基本概念的理解之中，因而关于概念认识的多样性，并不意味着概念的内涵本身是多样的，无法把握的。像有的学者提醒和建议的那样，概念史研究要避免走从概念到概念的老路，宜从概念所反映的历史事实的变化和

[①] 少数研究者已在这方面作了探索。参见陈桂生：《常用教育概念辨析》，华东师范大学出版社，2009年版；陈桂生、殷玉新：《关于教育学基本概念的内涵问题——陈桂生先生教育学问对》，《当代教师教育》2020年第1期；陈桂生：《教育学究竟是怎么一回事——略议教育学的基本概念》，《教育学报》2018年第1期；章小谦：《传承与嫁接：中国教育基本概念从传统到现代的转换》，华东师范大学博士学位论文，2004年。

[②] 章小谦在概念史方面作了较为系统的探索。参见章小谦：《中国古代教学概念的演变——从字源的角度看》，《现代大学教育》2017年第4期；章小谦：《中国教育概念的产生——夏、商、西周时期的教育概念》，《华东师范大学学报（教育科学版）》2011年第4期；田正平、章小谦：《"老师"称谓源流考》，《浙江大学学报（人文社会科学版）》2007年第3期；田正平、章小谦：《中国教育者概念从传统到现代的演变——从"教官"到"教师"称谓变化的历史考察》，《社会科学战线》2007年第1期；章小谦、杜成宪：《中国课程概念从传统到近代的演变》，《华东师范大学学报（教育科学版）》2005年第4期；章小谦、李屏：《改"教授法"为"教学法"考》，《华东师范大学学报（教育科学版）》2005年第2期。

表达概念的词语的变化两个方面入手。①

第四节　教育基本理论的两个转向

　　1978年后，教育基本理论面临的首要问题是打开言说空间。这意味着，必须对当时"正统"马克思主义教育观点进行批判与反思，否则，教育学根本无"学"可言。这表现为一系列关于教育基本问题的争论。至20世纪90年代中期，这个过程已大体完成。对教育基本理论的建设而言，大部分讨论本身没有什么直接建树，重要的是它培育了一种氛围，这使研究者从"正统"马克思主义教育观点中解放出来。观点的多样性本身表明，教育言说的空间已经打开。这些讨论的意义不在于，它们彼此提出了多少新观点，而在于它们共同否定了旧观念的唯一合法性。伴随着教育言说空间的打开和思想的解放，研究者们开始以新的眼光来思考教育问题。

一、教育理论的"破旧"与"立新"

　　改革开放后，随着经济建设成为国家的中心工作，成为"最大的政治"，其后的十余年间，整个社会经济和思想状况发生了重大变化。对教育理论研究来说，直接面临的一个前提问题是，"以阶级斗争为中心"社会状况下的教育理论话语如何转变为适应"以经济建设为中心"的新话语。中华人民共和国成立后，教育理论界关于教育的基本看法，深受苏联教育学《关于作为社会现象的教育的专门特点的争论总结》的影响，将教育定性为上层建筑，这被认为是马克思主义关于教育的"正统"观点。"文革"期间，这一观点被无限夸大、随意引申，至改革开放前夕，社会舆论、教育实践和理论中形成了一套与当时社会政治和思想状况相适应的"正统"马克思主义教育观念，如"教育是上层建筑""教育是阶级斗争的工具""教育必须为无产阶级政治服务"等。在新形势下，教育理论工作

---

　　① 田正平、章小谦：《中国教育概念史研究刍议》，《华中师范大学学报（人文社会科学版）》2007年第5期。

者需要回答一系列基本问题：教育应当培养什么样的人？将扮演何种角色？发挥怎样的功能？如何实现这些功能？等等。

为探讨这些问题，教育理论首先需要打开思考和言论的空间，因而有必要对"正统"马克思主义教育观念予以批判和反思。《教育研究》创刊号中"编者的话"最明确地表明了这一点："林彪、四人帮公然阉割马克思主义的灵魂，肆意篡改、歪曲经典作家和毛泽东同志的某些个别词句，在教育思想上造成了很大的混乱"，我们的首要任务就是"从林彪、四人帮的束缚中解放出来，回到马克思的认识论上来，把被颠倒的东西重新颠倒过来"。[1] 这些正统观念体现于有关教育的基本问题上，如教育本质、教育起源、教育功能、教育价值、教育目的、人的全面发展等。[2] 自20世纪80年代初至90年代中期，在教育基本理论领域，几乎每个主题的讨论都率先针对"正统"马克思主义观点，如教育本质的上层建筑说、教育的劳动起源说等。其中教育本质讨论参与者最多，影响力最大，持续时间最久，对教育本质的讨论或隐或显地贯穿于其他主题的讨论。至20世纪90年代中期，教育本质的讨论热度下降，尽管进入新世纪后仍有相关讨论，但已不复当年盛况，它不再是教育学界讨论的中心议题。[3] 关于教育本质集中式讨论的结束在某种程度上表明，对"正统"马克思主义教育观念的批判和反思暂时告一段落，重新讨论教育基本问题已获得一定的言说空间。已有回顾性文献表明，上述主题的讨论，观点纷呈，但没有达成多少共识。在此意义上，可以说未能取得积极成果。不过，这也并非其历史使命，讨论本身的价值在于，冲破了所谓"正统"马克思主义教育观念的束缚，解放了教育理论研究者的思想，为进一步言说教育打开了理论空间。1989年，胡克英在回顾过去十年教育科学的历程时指出，教育本质讨论的意义在于，"否定了教育单纯为政治服务的方针，否定极左思潮宣扬的教

---

[1] 编者：《编者的话》，《教育研究》1979年第1期。

[2] 瞿葆奎主编，郑金洲副主编：《教育基本理论之研究（1978—1995）》，福建教育出版社，1998年版。

[3] 孙迎光：《为什么教育学理论对话越来越少》，《教育理论与实践》2008年第28期。

育等于政治的观点;肯定了教育的特殊功能及其相对独立地位,从而基本结束了教育和教育科学完全围绕政治风云漩涡而动荡的时代,或者说结束了那种教育和教育科学的取消主义朝代","辩论的最大启蒙作用在于端正航向,用马列主义观点、方法来指导教育建设与教育科学研究,同时启示理论工作者相信自己都是有一颗脑袋的人,是能够独立研究、独立思考的人"。①

如果说对"正统"马克思主义教育观念的批判和反思主要在于通过"破旧",为教育理论研究打开言说的空间,那么理论"立新"的建设也在同步进行。所立之"新"尽管深受当时讨论氛围的熏染,却并非上述讨论的直接成果②,而是针对当时的教育现实与理论状况的不满。有两方面的成果也许最具代表性,其一是主体教育思想的萌发,其二是教育与文化的关系逐渐受到重视。③ 前者借由重释马克思主义为自己开辟道路;后者则是通过"补"传统马克思主义之不足而受关注。

在严格意义上,主体教育思想不是一套清晰明确的观念系统,相关研究者的具体主张亦不尽相同④,其共同之处在于,重视人的主体性、人的价值、教育的主体性或独立性。并且,许多不以"主体教育"为名的教育论述同样秉持类似主张,因而主体教育思想与其说是一种思想,不如说它是一股教育思潮。主体教育思想最初同于光远和顾明远在 20 世纪 80 年代初的思考有关。前者提出教育认识现象学的"三体问题"⑤,后者针对教育中学生的被动状况,提出学生既是教育客体,也是教育主体的观点。⑥ 随

---

① 胡克英:《教育科学的十年和展望》,《中国教育学刊》1989 年第 4 期。
② 主体教育思想的发展同教育本质、功能等讨论密切相关。参见王道俊、郭文安:《试论教育的主体性——兼谈教育、社会与人》,《华东师范大学学报(教育科学版)》1990 年第 4 期。
③ 本节第三部分详细讨论这一主题。
④ 岳伟、许元元:《改革开放 40 年我国主体教育研究的回顾与展望》,《教育研究与实验》2019 年第 1 期。
⑤ 于光远:《教育认识现象中的"三体问题"》,《中国社会科学》1980 年第 3 期。
⑥ 顾明远:《学生既是教育的客体,又是教育的主体》,《江苏教育》1981 年第 10 期。

后十余年间,教育理论界针对教育者与受教育者在教育(教学)中的地位关系问题展开热烈讨论,先后出现"主导主体说""双主体说""复合主体论"等诸多观点。经多年孕育,主体教育思想逐渐超出了师生关系层面的讨论,于 20 世纪 80 年代末 90 年代初深入到教育自身的主体性问题。[①] 这一转变是在马克思主义话语中完成的。其主要表现之一是,通过重新学习、理解马克思主义,在主体(性)与马克思主义之间建立起内在联系,进而将主体教育思想视为马克思主义在教育中的新发展。

通常的做法是,建立主体性与马克思人的全面发展思想之间的内在联系,或者重新强调经典马克思主义作家中关于主体、实践、能动性、人的全面发展等论述,而这些在过去却是被遮蔽的。比如,在批判以往有关人的全面发展论述的基础上,张继良指出它们仅揭示了人的全面发展的外部条件,忽视了这些条件向现实性转化所需要的"人自身的内在条件或主体自身的条件"。通过对"人的全面发展"的重新解释,他指出那种认为马克思的人的全面发展学说是把人作为客体,从社会的视野来考察人的发展的观点是不确切的;人的全面发展只有在不断扩大的对外部世界的驾驭中才能实现。最终,他提出了"主体性是人的全面发展的核心"这一命题。[②] 如此,主体性被植入马克思主义教育话语。随着主体性问题讨论的深入,由师生关系的主体性问题转向教育本身的主体性。1990 年,王道俊、郭文安指出,教育的根本在于培育和发挥人的主体性。它主要表现为,培育人的主体性,培育人的过程的主体性,教育系统的主体性。在此基础上,他们肯定,"教育的主体性是教育的本质特性"。这必然要求教育自身有不同于政治、经济等领域的运作逻辑。正因为如此,他们将"教育必须遵循社会发展规律和儿童身心发展规律",仅仅视为教育的外部规律,而不是教

[①] 主要参见安平:《"教育与人"研讨会综述》,《教育研究与实验》1989 年第 3 期;王道俊、郭文安:《试论教育的主体性——兼谈教育、社会与人》,《华东师范大学学报(教育科学版)》1990 年第 4 期;王策三:《教育主体哲学刍议》,《北京师范大学学报(社会科学版)》1994 年第 4 期。

[②] 张继良:《主体性是人的全面发展的核心》,《北京师范大学学报(社会科学版)》1989 年第 4 期。

育的"内部规律""基本规律"①；他们在《关于主体教育思想的思考》一文中也点出了主体教育思想与马克思主义的联系："既然马克思主义对主体、主体性、个人全面自由发展均有经典的论述，为何我们不可以结合时代的需要，进一步发扬呢？"②该文多次引用马克思的相关论述，如"主体是人，客体是自然""人始终是主体""人的本质并不是单个人所固有的抽象物，在其现实性上，它是一切社会关系的总和"等。

也许最明确体现主体教育思想与马克思主义话语之间关联的是王策三的《教育主体哲学刍议》。③在该文中，他明确主张："教育是主体。教育是客观存在的一个事物、一种社会实践活动。在教育与政治、经济、文化、科学、技术等组成的整体社会结构中，它有其相对独立的主体地位。""我们所谈的教育主体是有理论前提的，即辩证唯物主义的反映论和决定论。"在他看来，教育主体性主要表现在：主动适应社会；培养主体性的人；坚持自身的规律和价值。其中为了理解第二点，他认为："需要重新学习马克思关于个人全面发展的学说。……其实，之所以要培养全面发展的人，就是要发展人的主体性。主体性，这是全面发展的人的根本特征。"文末，他强调："教育非主体哲学必须克服，必须建设和完善教育主体哲学，它是辩证唯物主义历史唯物主义世界观、价值观、认识论和马克思主义教育基本理论在当代发展的重要成果。"王策三的论述不仅表明，主体教育思想同马克思主义的内在联系，而且显示他的言说是在马克思主义话语下进行的。

实际上，主体教育思想除受马克思主义影响外，同样受惠于西方哲学。一些从西方哲学出发探讨主体教育思想的研究者，仍强调主体教育思想与马克思主义的关联。比如，邹进曾从当代哲学关于主客体同一性观点

---

① 王道俊、郭文安：《试论教育的主体性——兼谈教育、社会与人》，《华东师范大学学报（教育科学版）》1990年第4期。

② 李志宏、郭元祥主编：《主体性教育的理论与实践》，湖南教育出版社2000年版，第73页。

③ 王策三：《教育主体哲学刍议》，《北京师范大学学报（社会科学版）》1994年第4期。

出发，肯定教育主体性的建立是现代教育本体论的重大突破。但他仍强调："马克思的人的全面发展标示出每个个体的主体性建构的前景和希望。"① 也许王道俊的回顾更清楚地表明了这一点。王道俊说："近十余年来，我国哲学界对实践问题、人道主义与人的异化问题、人的主体地位与主体性问题、实践唯物论问题开展了广泛而深入的探讨。我承认，至少对我来说给了很大启发，令我意识到我过去从教科书上学来的哲学竟带有马克思所批判的旧唯物主义印记，是经过歪曲和篡改的马克思主义，而不是真正的马克思主义哲学；也令我省悟到多年来以马克思主义为指导进行教育学研究的努力，原来在很大程度上是在旧唯物主义的框架里折腾、徘徊。这对我们来说，的确是一次思想觉醒与思想解放。我们很自然地注意到，教育学理论的研究，有个回到马克思的问题。""我们提出和探讨'主体教育论'，可以说是我们在教育学研究上回到马克思的一次尝试。"②

上述研究者的论述表明，主体教育思想与马克思主义有着密切联系。而20世纪80年代末的风波又强化了这种联系。1990年，为了"纠偏"，"教育·社会·人"研讨会召开，重新强调"社会"对教育的制约作用。尽管如此，教育应重视人的主体性，教育回归育人的原点，乃大势所趋。这表现在许多研究者对教育中人（主要是受教育者）的价值的肯定："若把教育仅看作是劳动力的教育，那就是手段的教育、工具的教育，而不是目的的教育、人的教育。人是目的，教育的目的是人，而不仅应是劳动力的教育""人是教育的出发点""教育作为培养人的活动，它的超越的核心就是，要培养出能改造现存世界的人，也即是具有实践意识和实践能力，能超越现实世界、现实社会的人"等论述。③ 这一点集中体现于主体教育思想的培养目标。王道俊指出："对当前的中国社会来说，肯定人是目的

---

① 邹进：《主客体同一性与教育主体性的建立》，《教育研究》1988年第2期。
② 王道俊：《主体教育论的若干构想》，《教育学报》2005年第5期。该文是作者在为《主体教育论》编写提纲讨论会（1990）准备的发言稿基础上删减、修改而成。
③ 孙喜亭：《人的教育与劳动力教育》，《教育研究与实验》1989年第3期；扈中平：《人是教育的出发点》，《教育研究》1989年第8期；鲁洁：《论教育之适应与超越》，《教育研究》1996年第2期。

尤为重要。正是在这个意义上，主体教育论强调教育要为人的全面发展服务，要尊重人的价值和人的主体地位，不是把人单纯训练为工具或手段，而是把人培养成社会历史活动的主体。"① 从教育价值取向来看，主体教育思想实质上是人本主义在中国特定历史背景下的具体表现。扈中平在《人是教育的出发点》中坦言："笔者也并不羞于承认，本文所持观点在很大程度上是一种人道主义的教育观。……'人是教育的出发点'在本质上是一种教育价值观念，它的主要目的不在于对教育的产生和发展的历史做出解释，而在于坚持人是教育的最高价值，从人是社会生活主体的角度来理解教育的本质与功能，并依据某种教育在多大程度上促进了人的发展和弘扬了人的主体性，对它作出一定的价值判断。"② 在历经多年曲折后，中国教育界至少在理论上开始试图回归（尽管以一种相当曲折的方式）人类教育文明的大道。其间虽有波折，但回归人本主义已是大势所趋。在这个意义上，主体教育思想不是一种典型的教育思想。它在很大程度上表明，人文主义在中国教育理论话语中的回归。即使那些不使用主体教育思想术语的研究者，也几乎表达了同主体教育思想同样的观点，比如胡克英在分析教育危机时指出，根源在于，"忽视'人'。即忽视人的价值、忽视教育领域中社会主义人道主义"；又指出，"马克思主义是继承并发展了人道主义思想。它承认人的价值、人的主体地位、人的尊严、人的全面而自由的发展"。③

叶澜在回顾中华人民共和国成立40年的教育价值取向时指出，当代中国教育价值取向存在偏差，主要表现为："在政府的教育决策中历来只强调教育的社会工具价值，忽视教育在培养个性、使个体的潜能得到尽可能发展方面的价值；总是要求教育出即时的、显性的功效，忽视或者轻视教

---

① 王道俊：《关于教育的主体性问题》，《教育研究与实验》1996年第2期。扈中平在《教育目的论》一书中专门探讨了主体教育论的这一目的观。扈中平：《教育目的论》，湖北教育出版社，2004年版。
② 扈中平：《人是教育的出发点》，《教育研究》1989年第8期。
③ 胡克英：《"人"在呼唤》，《教育研究》1989年第3期。

育的长期效益。"① 最后，她认为，这一偏差的实质是忽视教育的特殊性，忽视个体的价值，忽视人格培养。这同主体教育思想的核心主张（教育的根本在于培养人，重视人的主体性，强调教育对于政治、经济的相对独立性）是一致的。因此，将主体教育思想称为一种思潮更贴切。

二、转向生活世界

如果说，在20世纪90年代中期之前，主体教育思想的探讨仍处于马克思主义话语之下，那么此后有关讨论已突破了马克思主义框架。② 王本陆指出主体教育有五大理论基础：马克思关于人的全面发展理论、现代教育论、关于主体和主体性问题的哲学研究、教学认识论、教学实验论。③ 在他看来："有些理论资源，如马克思关于人的全面发展理论、教学认识论等对于解决主体教育最一般理论问题具有最直接影响和独特作用，长期指导着主体教育的理论研究……寻找和确认支撑主体教育研究的主要学术资源，是探讨主体教育理论基础问题的一个重要目标。"实际上，马克思关于人的全面发展理论在整个教育研究中已逐渐被边缘化，而教学认识论也正在受到挑战。④ 可见，主体教育思想在90年代中后期已受到其他话语的影响，这些话语中最重要的是生活世界话语。

1. 通向生活世界的三条路径

随着对主体教育思想的反思，有研究者尝试利用新成果继续在马克思主义话语下进行言说，如鲁洁、冯建军、项贤明等。这种方式试图在马克思主义话语之下言说"生活"。20世纪90年代中期，项贤明注意到交往理论对主体性教育的意义。他重视《德意志意识形态》中关于人与自然、人

---

① 叶澜：《试论当代中国教育价值取向之偏差》，《教育研究》1989年第8期。
② 岳伟、涂艳国：《我国主体性教育研究30年回顾与展望》，《中国教育学刊》2009年第6期。
③ 王本陆：《主体教育的理论基础问题》，《教育研究》2004年第6期。
④ 参见张胤：《教学认识论之批判与新教学范式的构建》，《教学研究》2003年第3期；张广君：《反思·定位·回归：论"教学认识论"》，《西北师大学报（社会科学版）》2002年第5期；王本陆：《教学认识论：被取代还是发展》，《教育研究》1999年第1期。

与人的关系的观点。前者是主客体关系,后者是主体与主体的关系。他认为,主体性教育理论基于前一种关系看待师生关系,将面临一些内在困难,为克服这些困难,"应当在其哲学基础中引入交往理论,即不再仅仅以单一的'主-客'模式来描述教育活动中的人与人之间的关系,而且还要看到教育实践的社会关系方面,用'主-客-主'的模式来描述教育活动中人与人之间的另一层关系——主体交际关系"。① 随后,他引入了哈贝马斯的交往行动理论。因哈氏的理论深受马克思主义影响,所以仍有理由将其视为马克思主义话语下的言说,只是突破了经典马克思主义话语而已。冯建军则更多地借由经典马克思主义与国内马克思主义哲学成果,反思主体教育思想。② 在他看来,中国的主体性教育有双重使命:"一是,它应该成为工业文明和市场经济所要求的理性的、自由的、创造性的个人主体的催生剂;二是,它又要成为现代个人主体性的种种弊端和片面倾向的解毒剂。"③ 在另一项研究中,冯建军引入主体间性概念。平等对话、理解、交往、合作是主体间性交往关系的特征。他认为,"主体间性抛弃了主体性的主客关系,把教育过程改造为交往实践的关系,实现了对教育过程的完整认识"。④ 这种转换使教育学成为人文之学,体验与理解成为教育学的特殊方法,"对人的意义生命体的把握只能通过对话、移情、体验、理解,进入人的内心世界"。这样,主体教育思想借由主体间性回到了人的生活世界。在这种视角下,"教育研究……是对教育生活体验的研究,它所关注的是具体的特殊的而不是普遍的规律。教育研究应该注重研究的具体性、情境性、理解性,关注教育生活的意义。……把教育的世界看作人与人的交流,成为人的意义世界,从而使之成为人文科学的对象。……关注个体的生命,关注教育的生活,只有这样的研究,才是真正的'教育'的

---

① 项贤明:《交往理论与主体性教育》,《教育研究与实验》1996 年第 5 期。
② 马志生、冯建军:《占有性个人主体性的超越与类主体的凸现》,《学术月刊》1999 年第 12 期;冯建军:《个人主体教育的反思与类主体教育的建构》,《南京师大学报(社会科学版)》1999 年第 6 期。
③ 冯建军:《时代·类主体·教育》,《现代教育论丛》1998 年第 4 期。也参见冯建军:《教育的人学视野》,安徽教育出版社,2008 年版。
④ 冯建军:《教育的人学视野》,安徽教育出版社,2008 年版,第 80 页。

研究"。① 在回顾改革开放后 30 年间的教育时，鲁洁批判了社会本位论的社会哲学，明确地提出向"生活哲学"的转变：在这种社会哲学中"社会"是和人、人的生活无关的实体，是一种超验结构；以人为本的教育就是要回归生活的教育，是以生活哲学的社会观为思想根据。在她看来，生活哲学的观点从根本上改变了以往"个人"与"社会"二元对立的思维，"教育所要回归的生活世界是自我与他人、个体与社会相统一的世界，在这个世界中，社会在人中，人也在社会中。教育所要回归的人，也就是马克思所说的现实的、单个的社会存在，个体既作为一个独立的分子，又作为社会共同体中有机的组成而存在"。②

事实上，主体教育思想本身已蕴含了走向生活世界的可能性。由于这种思想强调人在社会历史实践与在自身发展中的主体性，因而在人文学术界普遍关注生活世界的背景下，主体教育思想研究者关注生活世界，十分自然。王道俊在回顾"主体教育论"时指出，这一思想的人性假设是，"人是社会历史活动的主体，同时也是自身发展的主体"；其逻辑起点是"现实的人的现实生活，包括现实的个人生活、社会生活、人类生活"；"在'主体教育论'看来，教育的根本问题是人的问题，教育的主旨在于从现实生活出发，引导人的发展，启发人的生活觉醒，面对生活，审视生活，选择生活，创新生活，成为社会历史活动的主体"。③ 这同他将"活动"概念引入教育学的主张是一致的。④ 引入"活动"概念意味着，承认学生是现实生活中的活生生的社会的人；承认学生是教育活动的主体；学生的活动是其发展的基础。他特别指出："近几年，'教育回归生活'，特别是'教育以人为本'，已上升为教育学界的主流话语。主体教育理论与'教育回归生活''教育以人为本'关注的重点虽有差异，但基本思路一

---

① 冯建军：《教育的人学视野》，安徽教育出版社，2008 年版，第 84 页。
② 鲁洁：《教育的原点：育人》，《华东师范大学学报（教育科学版）》2008 年第 4 期。
③ 王道俊：《主体教育论的若干构想》，《教育学报》2005 年第 1 期。
④ 王道俊：《把活动概念引入教育学》，《课程·教材·教法》2012 年第 7 期。

致，联系密切，并相互补充，都意味着教育观念的根本性的更新。"①

第二条走向生活世界的路径源于对教育中的交往问题的关注。20世纪八九十年代，教育与交往主题已引起关注。如关于教育起源，叶澜认为，在形态上，教育起源于人类的交往活动。教育是人与人之间的交往，根本上不同于生产劳动中人与物的关系。在她看来，教育是人类交往的一种特殊形式，"交往"与"教育"之间的关系，是一般与特殊的关系。② 这种观点似乎与20世纪90年代中后期开始流行的生活世界话语无直接关系，不过已隐含后者的基本观点。叶澜在21世纪初提出的"生命·实践"教育学说，实为交往起源说的合乎逻辑的自然结果。20世纪90年代中后期，一些研究者在马克思主义哲学与当代西方哲学的启发下，将交往自觉地引入教育理论，重要的是将"交往"提升到本体论的地位。如果教育是主体间的交往，必然涉及如何交往、交往的特征及意义等问题。因而对话是教育的交往观中的应有之义。黄忠敬将交往视为教学活动的本质，主张应当摒弃知识授受的师生关系，确立平等的"你-我"关系，走向交往和对话的时代。③ 在刘庆昌看来，对话之于教育而言，不仅仅是一种方法，而且代表了一种时代精神："对话教学是对话的时代精神在教育领域的回应。"④ 蔡春、扈中平从教育交往理论出发，批判了传统的"独白"式教育，提出"对话式"教育的构想。⑤ 以交往为基础的教育观点，意味着对教育本质的重新思考，师生关系是其关注的核心。就价值取向而言，这些观点近乎一致主张，教育关系应当是民主的、平等的，强调师生之间的经验的分享，重视学生的经验与体验，重视教育生活的价值与意义。

与以往的教育观相比，一些研究者甚至将基于教育生活的教育观，视

---

① 王道俊：《把活动概念引入教育学》，《课程·教材·教法》2012年第7期。
② 叶澜：《教育概论》，人民教育出版社，1991年版。
③ 刘庆昌：《教学理论：走向交往与对话的时代》，《教育理论与实践》2001年第21期。
④ 刘庆昌：《对话教学初论》，《课程·教材·教法》2001年第12期。
⑤ 蔡春、扈中平：《从"独白"到"对话"——论教育交往中的对话》，《教育研究》2002年第2期。

为一种革命。比如，李银玲等人将"回归生活世界"视为教育视野的根本转换。① 刘庆昌、蔡春等人将对话教育（或教学）视为一种新形态。其革命性可见一斑。这种转变是由探讨教育中的师生关系开始。它主要涉及：受教育者被视为一个学习、接受教育的抽象人，转变为一个感性的、生活的、完整的、具体的人；教育过程不再只是一种授受关系，在本质上是两个主体之间的交往关系，学生的发展正是通过交往过程而得以实现的。这种转变由过分重视知识（认知）转向强调非认知因素（如情感、体验、经验、身体等）的意义。这些转变不仅是具体观点上的革命，而且隐含了教育思维方式的根本变化。例如，蔡春等人在探讨"对话"式教育的内涵时指出，"对话"作为一种态度是"介入"，不允许有旁观者；作为一种关系是"平等"；作为一种认知方式是从"对象思维"到"关系思维"；作为一种生活方式是一种"人生相遇""培养一种生活意识与生活态度"。② 在刘庆昌看来，对话教学是民主的、平等的；是沟通的、合作的教学；是互动的、交往的教学；是创造的、生成的教学；是以人为目的的教学。③ 关于"回归生活世界"的意义，郭元祥认为，"生活世界"的核心是人及人的生成，"回归生活世界"不是回到生活原点或日常生活事件，它是一种教学理念，更是一种思维方式，一种生成性思维；它不是一种非此即彼的思维方式，更不是一种本质主义思维，"回归"的本质是关注人的生成，关注教学活动的过程价值。将"生活世界"引入教学理论意味着，确立人本意识和生命意识；人是中心，重视人的生存与人生价值；注重人的动态生成，"教育理论引入这一概念，意味着被称为'教育'的活动对人的生命历程的整个动态地把握，即观照人的过去生活、现实生活和可能生活"。④

　　第三条路径是借由教育理论研究的反思走向生活世界。20 世纪 90 年

---

　　① 李银玲、张宗法、宋秀葵：《回归生活世界——教育视野的转换》，《山东农业大学学报（哲学社会科学版）》2006 年第 2 期。

　　② 蔡春、扈中平：《从"独白"到"对话"——论教育交往中的对话》，《教育研究》2002 年第 2 期。

　　③ 刘庆昌：《对话教学初论》，《课程·教材·教法》2001 年第 12 期。

　　④ 郭元祥：《"回归生活世界"的教学意蕴》，《全球教育展望》2005 年第 9 期。

代初，金生鈜在探讨教育哲学的性质时，将其定性为实践哲学。在他看来，实践哲学进入的现实就是人的"生活世界"。而教育活动属于"生活世界"，教育本身就是人类的一种生活。教育活动和人在教育中的生活皆属于"生活世界"。如此，教育哲学不仅需要对教育活动的基本问题，也包含对人在生活时间中所经历的精神变化的历程的解释，包含着对教育过程中人的精神运动的解释。① 在另一篇论文中，金生鈜再次强调，"教育哲学必须考察人类的教育生活。人类的教育生活是怎样的，个体在教育中怎样生活？人在教育生活中获得的是什么？教育生活的价值何在？教育生活以何种方式对人施以教育？等等"。② 同一时期，刘铁芳从反思教育研究出发，认为教育研究应当充分关注人，关注人的生存与意义，人的生成与完善；教育研究的生命在于，"对人的关注和热爱"。③ 在他看来，教育学是教育生活之学，是探寻教育生活之本真、表达对教育生活的价值关涉、引导教育生活走向的学问。关注人的生活世界是教育学摆脱思想贫困的必由之路。④ 从 20 世纪 90 年代末开始，教育理论向生活话语的转变，也许最明显地体现于"教育回归生活世界"口号。尽管这个口号存在颇多争议，但它确乎表明了不少教育理论研究者开始用一种有别于以往的眼光打量教育，这就是关注人的感性存在，视教育为一种特殊的生活，将教育中的人看作生活着的人。如此一来，"交往""对话""理解""权力""身体""个人知识""规训""自由""解放"等便成为新世纪以后，教育理论研究的关键词，从而大量的理论资源也被引入教育理论领域，形成了不同于以往马克思主义话语下的理论景观。

这三条路径之间并非泾渭分明。20 世纪 90 年代中期后，教育理论话语不约而同地走向了生活话语。主体教育思想由经典马克思主义话语借助

---

① 金生鈜：《论教育哲学的实践意识》，《教师教育研究》1992 年第 1 期。
② 金生鈜：《教育哲学是实践哲学》，《教育研究》1995 年第 9 期。
③ 刘铁芳：《试论教育研究的人文关怀》，《高等师范教育研究》1997 年第 4 期。
④ 刘铁芳：《简论教育研究的知识基础》，《教育评论》1997 年第 4 期；刘铁芳：《必要与可能：教育学范式的打破与话语的更新》，《高等师范教育研究》1997 年第 5 期；刘铁芳：《走出"思想"的"贫困"：教育研究的反思》，《教育理论与实践》1997 年第 6 期。

当代西方哲学和马克思主义哲学而关注教育生活,而另一些研究者则是通过重新定义教育研究、教育理论研究走向这里,可谓殊途同归,但它们的意义不同。尽管同为关注生活世界,其区别相当明显:第一种路径关注生活世界,重视马克思主义的价值,尤其是实践概念;第二种路径注重从交往理论(特别是哈贝马斯的交往行动理论)那里寻求启发;最后一种路径深受当代解释学、现象学、社会理论、文化研究等影响。无论如何,通过关注生活世界,教育理论实现了研究视野的根本转变。

主体教育思想最初针对受教育者的被动状况,高扬人的主体性,而主体性是一种属性。它通过重释经典马克思主义,选择性地突出人的主体性,进而推及教育的主体性。主体间性概念的引入,促使思考教育的方式发生根本变化。人与人的交往关系,必然涉及对话、理解、生活,这样受教育者便不仅仅是学生,首先是生活着的人。如此一来,打开了教育研究的新视野。与此同时,以往的教育理论问题与探讨问题的方式在根本上受到质疑。这一点明确地体现在石中英的《本质主义、反本质主义与中国教育学研究》一文中。以教育本质讨论为例,石中英指出:"20多年来,伴随着教育本质问题的大讨论,以本体信仰和本体论思维为基础,以语言学上的符合论为工具,以知识霸权的解构与重构为目的,以本质范畴、本质信仰和本质追求为基本内涵的本质主义知识观和认识论路线逐渐在中国教育学术界占据支配地位,扮演着教育学意识形态的角色,影响着教育学研究的方方面面,从单个问题的提出、研究的思路、成果的表达一直到教育学者群体的自我意识、教育学术论争的形式乃至教育学者之间的学术交流和对话。"[1] 反本质主义恰是后现代思想的基本观点,而关注生活世界又同后现代思想的兴趣密切相关。

对教育理论研究而言,关注生活世界意义重大。这既反映了研究者对现实教育脱离生活的不满,也表现出对教育理论创新的渴望。就前者而言,关注生活世界,似乎是主体教育理论的自然发展。因为人的主体性和

---

[1] 石中英:《本质主义、反本质主义与中国教育学研究》,《教育研究》2004年第1期。

主体间性的培育，只有通过交往、对话、理解等方式才能得以发展。这意味着，学生在成为学生前，首先是一个人，一个生活着的人，纯粹的学生在现实中并不存在。这样，一个巨大的空间展现在教育研究者面前：学生的情感、体验、理解、遭遇等均可能成为探讨的主题。教育学不再只是建构教育规律、原则、体系的宏大叙事，关注意义和价值、促进沟通和理解，成为新的兴趣中心。有人将这种转变视为"科学世界向生活世界"的转变。① 这是 20 世纪 90 年代中后期以来教育研究的重大转变。这一变化可从四方面得到验证。（1）价值取向。早期教育理论研究关注人的主体性，主张培养主体的人，借由主体间性概念，通向人的生存、价值与意义。（2）随着对感性的人的关注，教育理论研究主题高度多样化，如身体、交往、理解、对话、权力、自由、规训等。（3）丰富的理论资源。马克思主义不再居于支配地位，现象学、解释学、社会理论、后现代主义等对教育理论研究产生重要影响。（4）在研究方法上，人文学的方法（尤其是质性研究方法）受到重视，极大地改变了教育研究的整体景观。

2. 三个主题：身体、知识与方法

为更好地理解生活世界的转向，这里从身体、知识、人文学的方法三个方面予以说明。之所以选择这些主题，原因在于，对它们的认识可以清晰地折射出教育理论话语的转变。

首先是教育中的身体受到重视。虽然教育通常被认为是一项事关学生身心发展的活动，但偏重于"心"，对"身"的关注往往也只是出于关"心"的缘故，身体处于边缘化、附属性地位，缺乏独立价值。有学者指出，长期以来，教育学研究忽视身体，而事实上身体是教育的出发点与基础。即使偶尔重视身体，也只是重视其功用性，不是重视作为本体的身体。② 在生活话语中，人作为感性存在，其基础就是人的身体。多年来，学校教育在选择性地发展人的精神时，压抑了人的身体。李冲锋考察了身

---

① 李太平、刘燕楠：《教育研究的转向：从科学世界到生活世界》，《湖北大学学报（哲学社会科学版）》2015 年第 1 期。

② 蔡春、易凌云：《审视教育中的"身体"》，《湖南师范大学教育科学学报》2006 年第 3 期。

体在学校中的种种遭遇，他指出，身体是规训与控制的对象，身体在其中不堪重负，没有自由，受到伤害，因而倡议建立身体教育学。[①] 这一倡议得到不少学者呼应。刘良华回顾了不同时期教育中"身体"的地位。他指出，"古代教育学"基本形态显示为亲身感觉；近代"知识教育学"以"理性"名义借助于"科学"的威力支配整个近代教育领域。[②] 李政涛则将"身体"作为教育学问题提出来，主张教育学的身体转向。在他看来，身体转向的意义在于，重新审视教育学中的灵魂假设和身体的缺席；确立以整体的身体为核心，思考教育的目的和实践过程；对身体的转向就是对人的体验和感觉的转向，反之亦然；回归教育生活，就是回归人的身体；以身体为核心，探讨身体、社会和文化的互动关系；意味着过程研究的转向。[③] 总体而言，在传统的教育和教育学存在中，身体是被规训和控制的对象，它隐含了身体之于精神发展的某种消极意义。新的身体观或身体转向旨在发掘身体本身的价值。

程红艳从身体哲学角度，审视了自我与身体的关系，指出人体不是单纯的物，它是一种"人体-主体"。身体有物质、美学、哲学三个层面。学校教育对身体的认识，必须超越物质和生理层面，认识到身体的美学和哲学层面。[④] 李柯柯、扈中平指出，身体哲学为思考教育中的身体提供一种视域，教育应当实现身体转向以重塑教育中的身体形象，解放身体，还身体以自由。[⑤] 闫旭蕾甚至认为，身体不仅仅是"躯体"，还具有精神性，身

---

① 李冲锋：《学校里的身体——学生的身体遭遇》，《教育理论与实践》2006 年第 12 期。
② 刘良华：《"身体教育学"的沦陷与复兴》，《西北师大学报（社会科学版）》2006 年第 3 期。
③ 李政涛：《身体的"教育学意味"——兼论教育学研究的身体转向》，《教育理论与实践》2006 年第 11 期。
④ 程红艳：《被遗忘的领域：身体与自我的关系》，《湖南师范大学教育科学学报》2007 年第 4 期。
⑤ 李柯柯、扈中平：《教育中"身体"的解放与自由》，《教育研究与实验》2015 年第 1 期。

体本身是身心的统一;身体是一种实践模式。① 她还将身体作为一种视角,认为教育中的身体可折射出学生的生存状态。② 这样一来,身心分离的二元论被打破,身体本身具有某种精神性和文化性。这也使从不同角度探讨教育中的身体成为可能。比如,熊和平从微观权力观的视角探讨了课程与身体的关系。他指出,在现代社会,课程对身体的规训在时空上变得越来越隐秘,难以使人觉察,"学生的身体……是各种微观权力关系作用的对象"。③ 叶浩生则从具身认知角度探讨了身体与学习的关系。具身认知的中心原则是:心智是身体的心智,认知是身体的认知。其核心观点是:认知、思维、情感和态度等是身体作用于环境的活动塑造出来的。心智基于身体、源于身体。④ 上述观点实际上已将身体置于本体论的地位,对重新审视教育中的身心关系,特别是教育中的规训与惩罚,不无参考价值。然而,将身体的重要性提升到本体论地位,是否犯了同"扬心抑身"一样的错误?无论如何,教育活动的顺利开展,毕竟需要一定的秩序,而任何秩序本身便隐含了对身体的规训。在教育中,如何对待身体确实是一个值得深入探讨的问题。

第二个主题是知识。现代教育是以知识教学为主要手段促进学生的发展,因而知识观的变化从根本上影响着有关现代教育的思考。在现代知识观中,真正的知识是客观的、普遍的和价值中立的。然而,后现代思想家则认为,知识是建构的产物,是情境性的。这从根本上挑战了现代知识观。在新知识观中,知识的社会性、文化性、情境性、个人性等特征受到重视。⑤ 世纪之交,后现代知识观被引入教育理论研究,从而教育中的知

---

① 闫旭蕾:《个体社会化之管窥——身体社会学视角》,《教育研究与实验》2008年第4期。
② 闫旭蕾:《身体:透视教育的视角》,《教育理论与实践》2007年第4期。
③ 熊和平:《课程与身体:微观权力观的视角》,《比较教育研究》2006年第11期。
④ 叶浩生:《身体与学习:具身认知及其对传统教育观的挑战》,《教育研究》2015年第4期。
⑤ 潘洪建:《知识本质:内在、开放、动态——新知识观的思考》,《教育理论与实践》2003年第2期。

识也被引入生活话语,这样,原来师生所具有的经验、信念、技巧等在实践性知识、缄默知识、个人知识等名义下受到重视。教育理论对知识的探讨主要集中于实践性知识、缄默知识、个人知识等方面。这些讨论不仅使人们重新认识教育研究的传统方式和旨趣,也为师范教育、教师专业成长和重构课堂教学提供了新思考。

在石中英看来,多年来我国教育理论研究者倾向于将个人的教育研究活动看作是追求客观的教育知识的活动,喜欢用"本质""规律"一类的词语表述见解。争论本身过程缺少理智的谦逊与反思。教育学家"气量"的狭小与"学风"的霸道多与这种缄默的客观知识信念有关。他还指出,当教师把学科知识当成是客观知识,放弃了对知识合理性的质疑,绝大多数情况下就会漠视学生的质疑。在这种信念支配下,个体从生活中所获得的大量的缄默知识被剥夺了合法性。为克服上述教育理论与实践的痼疾,需要彻底抛弃绝对客观性的知识信念,拓展我们所持有的显性知识观念,从个体知识和缄默知识的视角重新审视我们的教育理论与实践。① 夏正江探讨了不同的知识性质与教学的关系。根据奥克肖特的实践性知识概念,他肯定了学徒制在现代教育中的重要意义,强调主观介入是人文科学寻求认识的主要手段。② 蔡春则通过个人知识概念重新审视了教育目标。他认为,教育目标不仅仅是公共知识的掌握,更应是智慧的养成。个人知识的情境性决定了教育实践的生活世界取向,介入性决定了教育实践的体验取向,意会性决定了教育实践的表达取向,建构性决定了教育实践的理解取向,实践性决定了教育实践的效用取向。③ 陈向明将实践性知识视为教师专业发展的知识基础。在她看来,这类知识不是外在的客观实体,而是此时此地关系中的社会文化建构。其证实的方式是通过直接体认和当下的经

---

① 石中英:《波兰尼的知识理论及其教育意义》,《华东师范大学学报(教育科学版)》2001年第2期。

② 夏正江:《论知识的性质与教学》,《华东师范大学学报(教育科学版)》2000年第2期。

③ 蔡春:《个人知识:教育实现"转识成智"的关键》,《教育研究》2006年第1期。

验被发现和辨别出来；它是对教师有用的知识，而不只是学者们制造的命题型知识。① 她还通过大量课堂观察、访谈和案例分析，解析了教师实践性知识的构成：主体、问题情境、行动中反思和信念。② 总体上，教育理论中有关知识的研究主要集中于教师或学生的实践知识、个人知识、缄默知识，以及新知识观对教育的启发。③

第三个主题是人文学方法。如果说教育是人与人的交往，是一种特殊的生活方式，那么科学取向的教育研究表现出明显的局限性。原因在于，科学取向的研究是以一定程度的抽象为前提，关注普遍性而非特殊性。而教育是一种价值性存在，富有情境性，特殊与差异较普遍与共同对理解教育更重要。也许由于这一点，劳凯声认为，教育学不是严格意义上的科学。他认为，包括教育学在内的社会科学必须重新寻觅表达的可能性。对此，质的研究方法可以作出重要贡献。④ 问题在于，如何揭示隐于复杂教育现象中的普遍道理。在生活话语中，人文学的方法（如人种志、叙事研究、现象学等）被认为适合教育研究，日益受到重视。余东升指出，教育体现出人文世界的整体性、个别性、差异性和丰富性。教育本身就是一种人文实践活动。质性研究秉承经验描述与阐释学方法，"在研究教育的人文性方面，有着十分恰当的适切性"。⑤ 陈向明同样认为，质性研究非常符合教育这一介于人文学科与社会科学之间的学科的基本特点，既可以对学校作为社会组织的结构和运作机制进行宏观探究，亦可以对教育中个体的思维和行动进行微观观察。⑥ 在质性方法中，人种学和叙事研究特别受到

---

① 陈向明：《实践性知识：教师专业发展的知识基础》，《北京大学教育评论》2003年第1期；陈向明：《教师实践性知识研究的知识论基础》，《教育学报》2009年第2期。

② 陈向明：《对教师实践性知识构成要素的探讨》，《教育研究》2009年第10期。

③ 与大多数研究聚焦于微观主题相比，石中英提供了一个思考知识与教育的宏大框架。参见石中英：《知识转型与教育改革》，教育科学出版社，2001年版。

④ 劳凯声：《教育学与教育研究刍议》，《天津市教科院学报》2002年第1期。

⑤ 余东升：《质性研究：教育研究的人文学范式》，《高等教育研究》2010年第7期。

⑥ 陈向明：《范式探索：实践—反思的教育质性研究》，《北京大学教育评论》2010年第4期。

一些学者的青睐。20世纪90年代中期,一些研究者注意到人种学方法,并将其视为教育领域中"方法的变革"。① 王洪才甚至认为,人种学是教育研究的根本方法。原因在于,它更注重日常教育活动中具有个性意味的事件,而非传统所关注的普遍的、具有代表性的事件,特别适合探讨教育活动的独特意义。② 赵蒙成指出,人种学方法用于教育研究,其目的不在于获得普遍性的知识,而在于描述教育事实、促进对教育现象的认识与理解,其结论具有个别性、情境性、文化性等特征。它对教育理论的贡献在于,促进规范性教育理论的发展。③ 叙事研究是另一种广受推崇的质性研究方法。丁钢认为,教育经验的复杂性、丰富性与多样性,使任何一种预先设定的理论框架都会陷入叙述紧张。叙事研究可以回归教育时空中各种具体的人物、机构及事件,能够揭示种种教育存在方式或行为关系,以及当事人的处境与感受。它不仅是经验的呈现方法,也是教育意义的承载体,更构成了一种开放性意义诠释的理论方式。④

三、走向教育的文化研究

在"文化是生活方式"的意义上,将教育的文化研究理解为生活世界转向的表现未尝不可,但它们似乎有不同的源头,且在不同层面影响教育理论研究。教育理论的生活世界转向在话语上往往表现为,以理论的方式谈论教育的生活世界,倾向于凸显教育中主体的感受、经验、意义等的独特性;教育的文化研究通常表现为,以感性的方式谈论教育的生活世界,倾向于强调感受、经验、意义等在社会历史背景中的某种普遍性。它们的共同之处在于,重视被教育的科学研究所遮蔽的人的价值与意义世界。如果说主体教育思想是对"正统"马克思主义教育观念忽视人的主体性的反

---

① 袁振国、徐国兴、孙欣:《方法的变革——人种学在教育研究中的应用》,《上海高教研究》1996年第3期。
② 王洪才:《人种学:教育研究的一种根本方法》,《厦门大学学报》2008年第3期。
③ 赵蒙成:《人种学的研究方法在教育研究中的运用》,《教育评论》2002年第6期。
④ 丁钢:《教育经验的理论方式》,《教育研究》2003年第2期。

动，那么教育的文化研究则缘于"正统"马克思主义教育观念对教育与文化关系的忽视。改革开放初期，流行的教育学教科书主要关注教育与社会、教育与人的发展两大主题，它们的马克思主义解释被视为教育学的两条规律。其中，教育与社会的关系通常又被分解为教育与经济、政治、文化的关系，而有关教育与文化的论述最为薄弱。

教育的文化研究大体上是在20世纪80年代中期引起关注。肖川指出："解放以来，我国比较重视教育与政治经济，教育与生产力关系的研究，对教育与文化的关系论之很少，在现行《教育学》中，很少论及教育与文化的关系。思想界学术界'文化热'兴起，一些同志也意识到文化与教育的关系。认识到文化本身不仅起着非正式的教育作用，而且对学校教育的各个方面都有深刻的影响；而教育不仅是传播、保存文化的重要手段，而且对文化起着'逆向选择'、更新和发展的作用。"[①] 丁钢亦指出："以往关于教育功能的考察，不外乎从政治或经济的角度进行分析，对于教育历史的研究更是如此。……问题在于，把这样一种研究方式变成既定的或唯一的思考途径，就容易忽视社会历史发展的多重性与复杂性。在文化讨论中，由于人们引入了大文化的观念，便把文化问题推向更为广阔的领域。文化的研究不再局限于政治经济两个方面……这种研究所导致的积极成果之一，便是对教育功能的文化观照。"[②] 在早期有关教育功能的讨论中，教育的文化功能常被提及。[③] 值得注意的是，有学者把教育的文化置于教育所有功能的基础地位："现代教育具有经济、政治、文化和促进人的全面发展等多方面的功能，但教育整体功能的释放必须以文化功能为基础"，"文化功能可以说是现代教育最基本的功能"。[④]

关注教育的文化研究的另一个重要动因来自研究者对教育理论的不

---

① 肖川：《文化与教育关系浅探》，《教育研究与实验》1986年第4期。

② 丁钢：《文化和教育研究中的若干问题》（代前言），载丁钢主编：《文化的传递与嬗变——中国文化与教育》，上海教育出版社，1990年版。

③ 瞿葆奎主编，郑金洲副主编：《教育基本理论之研究（1978—1995）》，福建教育出版社，1998年版。

④ 周志超、张文超：《试论现代教育功能》，《教育探索》1990年第2期；周志超：《试论教育文化功能的形成、释放与完善》，《江西教育科研》1991年第1期。

满。它被视为一种走出理论贫困、解决教育学危机的尝试。这在早期教育文化研究者那里可见一斑。肖川指出:"当前,国内教育理论界的同仁们都为教育理论的不景气深感不安。'教育理论的贫困与危机'成为青年学子的热门话题。……然而,要从根本上改变目前教育科学不景气的状况却有待于教育理论界新老学人的艰苦努力。本书便是初涉教育科学研究领域的'初生之犊'所作努力的一个大胆尝试。"[1] 在论及教育研究的文化学路向时,周勇指出:"在更大程度上,我们选择文化研究路向乃是出于这样的一系列互相关联的客观原因。我们知道,进入90年代后,教育研究领域存在着诸多的迷茫与困惑,以探索整体性知识为使命的教育研究对这一点感触或许会更深一些,以至有人觉得'教育学'已经走到了'终点',陷入了彻底的'贫困'。毫无疑问,这已经向我们提出了挑战。但是,同样毋庸置疑的是,我们应该而且能够承担起这样的挑战。"[2] 从文化角度探讨教育在很大程度上也是20世纪80年代整个学界文化热在教育学中的反映。

20世纪80年代中期至90年代初,将文化视角引入教育领域,确实扩大了教育研究的视野,使人们开始重视教育与文化的关系,尤其是教育的文化功能。问题在于,早期教育与文化的研究,多流于一般层面的探讨,因而重蹈了当时教育与社会关系论述模式的覆辙,难以展现文化研究的精义。20世纪80年代后,教育学的反思意识日益增强。至世纪之交,教育理论研究的流行思维方式,已受到质疑。叶澜指出了它的缺陷:"教育与社会的关系、教育与个体发展关系的研究,一向是教育理论中的基本课题,而且几乎在所有的教育学教材中都会涉及这两大关系……的论述。尚未形成较为一致观点的是关于两大关系的关系。问题经常以'教育究竟以个体本位还是社会本位'这种经典的两分方式,或者以'两大关系如何实现对立统一'这种习惯的两分方式提出。显然,这种提问的方式,本身就是把这两种关系看作是可以分割的,可以寻找出一种确定的、唯一的回

---

[1] 肖川:《教育与文化》,湖南教育出版社,1990年版,第7页。
[2] 周勇:《论教育研究的文化学路向》,《教育研究》2000年第8期。

答，以便作人们行动的依据。"① 在反思和批判自己所著的《教育概论》和王道俊、扈中平主编的《教育学原理》的相关论述后，叶澜指出："就其所用的思维方式和所走的思维路线而言，基本上还是把复杂的事物看作可分解为简单来分别认识，而后把分别得出的结论加以联结，即可形成对复杂事物的总认识。如果我们继续沿着这条思路走下去，也许还能不断提出修正、补充或加深的观点。然而，不可能真正对教育复杂性的整体式关系形成突破性认识。"② 她认为，重要的是改变已有的思维方式，学会用复杂思维的方式来认识复杂事物。叶澜虽未提出教育的文化研究，但复杂性思维与文化研究在精神上却是相通的。

20世纪80年代中期至整个90年代，深得文化研究精义的是教育史研究。丁钢的《中国佛教教育：儒佛道教育比较研究》（1988）及其主编的"中国文化与教育"研究丛书（八种）算得上这方面的代表。不过，这类文化研究的旨趣似乎不在于教育理论。20世纪90年代至21世纪初，教育的文化研究颇受新一代教育学人的欢迎。③ 可以说，教育研究这一时期正孕育着一种文化学转向。2000年后，不同领域的教育研究似乎均意识到文化研究的重要性。具有代表性的有吴康宁主编的"教育社会学"丛书，"社会学视野中的教育"丛书，陈向明主编的《质性研究：反思与评论》，"万卷方法"丛书，丁钢主编的《中国教育：研究与评论》，杜成宪主编的"中国教育文化研究"丛书，周洪宇主编的"中国教育活动史专题研究"丛书，北师大教育历史与文化研究院主编的"教育与社会、文化变迁"丛

---

① 叶澜：《世纪初中国教育理论发展的断想》，《华东师范大学学报（教育科学版）》2001年第1期。

② 叶澜：《世纪初中国教育理论发展的断想》，《华东师范大学学报（教育科学版）》2001年第1期。

③ 代表性论著——陈卫：《中国教育文化初探》，南京师范大学博士学位论文，1993年；白明亮：《教育文化研究》，南京师范大学硕士学位论文，2001年；周浩波：《走向文化研究的教育》，南京师范大学博士后出站报告，2000年；周宗伟：《高贵与卑贱的距离——学校文化的社会学研究》，南京师范大学出版社，2006年版。郑金洲：《多元文化与教育研究》，华东师范大学博士学位论文，1996年。

书，陈桂生关于师资文化的系列研究[①]。自然这些研究有不同的旨趣。

教育的文化研究似乎内含一个悖论：文化研究最初被作为创新教育理论的一种策略，但大部分教育的文化研究缺乏理论旨趣。2000年后，教育的文化研究贡献了不少力作，但教育基本理论令人不满的状况并未根本改观。这不能不令人怀疑，教育的文化研究与教育理论之间是否存在某种紧张关系？文化研究的特点以问题为中心，多采取跨学科，甚至非学科化的方式，关注情境，重视异质性。教育理论，就其作为理论而言不能不具有抽象性，教育基本理论则具有更高的抽象性，理论本身需要超越具体的情境，在差异中寻求共性，它关注的是共性而不是差异。教育理论的追求与教育的文化研究至少在形式上存在某种紧张。文化研究意味着，教育理论的建构须基于一定的历史文化背景，这样便否定了普适性教育理论的必要性与可能性。如将文化本身作为某种同质性存在，一般性地探讨教育与文化的关系，不过再次复演了讨论教育与政治、经济的思维方式。这正是一些早期教育的文化研究的不足。[②] 迄今为止，教育史是教育的文化研究最富成果的领域，这并不奇怪。原因在于，历史研究的基本旨趣在于特殊的事物，这同文化研究具有诸多相通之处。可以说，教育领域中文化研究的兴起对教育基本理论自身提出了问题，它不得不反思：教育基本理论关于自身的想象是什么？教育基本理论是怎样的理论？它如何在理论上关注教育的异质性、差异性？理论的抽象性必然需要舍弃某些具体内容，那么它该如何取舍？适合于它的呈现方式是什么？等等。对此，教育理论界似乎尚缺乏成熟的考虑。

实际上，一些敏锐的学者已意识到上述紧张关系。在反思教育基本理

[①] 陈桂生：《萧承慎中国师资文化研究的学术价值》，《基础教育》2018年第5期；范敏：《西学东渐影响下的中国师资文化问题——专访华东师范大学陈桂生教授》，《教师教育学报》2015年第6期；陈桂生、张礼永：《中国古代师资文化要义——"师说"辨析》，《教育研究》2015年第9期；陈桂生：《师资文化研究旨趣》，《北京大学教育评论》2014年第3期。

[②] 如，肖川：《教育与文化》，湖南教育出版社，1990年版；傅维利：《教育与文化》，《现代中小学教育》1987年第3期。

论时，董标指出，在教育与人的发展、教育与社会的发展之外，可尝试将教育的文化研究作为第三条道路。① 在他看来，前两条道路预设了人与社会的分离，这种设计有其合理性，但局限性亦很明显："教育理论所能陈述的，多属作为其资源的知识材料，少见自己贡献的知识资源。"不过，将文化研究作为第三条道路，同样内含悖论。董标明确意识到文化研究与教育基本理论的建构间的紧张："文化研究的意图和使命是，透视文化的政治经济背景、分析文本的价值意义，批判估定文化生产和消费，以引导个人从文化对个性的操纵中获得解放。……教育是文化生产行动，通过传递知识、训练行为的过程，是对人行使权力、进行控制的过程。出于这样的认识，文化研究主张的教育理论的核心起点是，解析和批判人们在特定历史情境中的生活经验。……这个选择也有不利。一是它与我们对教育学立场的追求相冲突，有碍于教育学律令的建立；二是在进行文化批判时容易批错对象，无助于教育学生存情境的改善；三是它的知识含量不高，对教育学知识的增长提供即时帮助的意义，不大。"也许正是基于这种认识，他没有主张文化研究取代其他两条道路，而强调，教育的文化研究离不开其他两条道路。丁钢从另一个角度也意识到了上述紧张关系。在讨论教育理论如何表达教育经验时，他曾提出："教育研究究竟是为理论本身而存在，还是为教育的创新活动而存在？也许回答这个问题并不难。但实际上，教育创新活动的经验形态在理论表述中往往容易在可编码的修辞过程中被不知不觉地抽干和掏空，当这些经过修辞后的理论返回实践时，教育活动或经验本身就可能已经被遮蔽，以致出现理论面对实践推动的尴尬境地。"② 为此，丁钢指出，理性的知识不仅包括认知式思辨，还包括实践本身。教育思辨的理论方式不等于教育经验的理论方式。与教育思辨的理论方式相比，教育叙事研究更适合表达教育经验。叙事研究强调的不是形式、规律，而是经验的意义。它通过多种方式逼近经验和实践本身。自20世纪90年代主持"中国文化与教育"研究丛书后，丁钢转向教育文化研究

---

① 董标：《教育的文化研究——探索教育基本理论的第三条道路》，《华东师范大学学报（教育科学版）》2002年第3期。

② 丁钢：《教育经验的理论方式》，《教育研究》2003年第2期。

的理论探索。① 这些工作在一定程度上体现了他的上述信念。

回望教育基本理论四十余年的发展，历史向我们提出的最具价值的问题也许就是教育基本理论本身是什么，作为研究者，我们对它的想象是什么，判断这种想象的合理性的依据又是什么。最近二十余年来，有关教育基本理论的讨论未曾间断②，但思考的深度有待推进，而这首先取决于提出正确的问题。好在，问题已经提出来了！③

---

① 丁钢主编的"中国教育传统与文化"研究系列，参见丁钢：《历史与现实之间：中国教育传统的理论探索》，广西师范大学出版社，2009年版；丁钢：《全球化视野中的中国教育传统研究》，广西师范大学出版社，2009年版；丁钢：《文化的传递与嬗变：中国文化与教育》，广西师范大学出版社，2009年版。

② 参见扈中平、刘朝晖：《对教育基本理论学科建设与发展的几点看法》，《华东师范大学学报（教育科学版）》1998年第2期；刘晓红：《"教育基本理论"课程教学检视》，《东北师大学报（哲学社会科学版）》2018年第6期；冉亚辉：《中美基础教育基本理论主要分歧论析》，《当代教育与文化》2018年第4期；刘源：《教育基本理论包含什么》，《辽宁师范大学学报（社会科学版）》2016年第1期；夏青：《教育基本理论年会主题的演变历程研究》，《现代教育论丛》2015年第6期；冉亚辉：《中国基础教育基本理论论析》，《教育理论与实践》2015年第22期；柳海民、王澍：《重大成就：教育基本理论的创新发展》，《教育研究》2013年第2期；姚玉香：《本土生长：教育基本理论的创生之路》，《教育研究》2013年第2期；周霖：《理论思维：教育基本理论的发展之钥》，《教育研究》2013年第2期；林丹：《实践导引：教育基本理论的存在价值》，《教育研究》2013年第2期；侯怀银、王霞：《五年来中国教育基本理论发展之路》，《中国人民大学教育学刊》2011年第3期；林丹、马健生：《教育基本理论对教育改革的作用方式及其实现路径》，《教育发展研究》2011年第1期；柳海民、王晋：《教育基本理论研究的第三条道路》，《教育理论与实践》2009年第1期；王振存：《论当前教育基本理论研究的特点及其启示》，《河南大学学报（社会科学版）》2008年第5期；刘庆昌：《教育基本理论研究的性质和方法初探》，《太原师范学院学报（社会科学版）》2004年第1期；李国庆：《新中国教育基本理论发展的回顾》，《教育理论与实践》2000年第2期；郑金洲：《教育基本理论若干问题研讨综述》，《课程·教材·教法》1999年第1期。

③ 李政涛：《什么是"教育基本理论"》，《高等教育研究》2020年第3期。

重要文献

(不含期刊文献、翻译著作和学位论文)

1. 《北京大学学报(人文科学)》编辑委员会编:《批判资产阶级学术思想论文集:科学研究大跃进专刊》,高等教育出版社,1958年版。

2. 《教育研究》杂志编辑部编:《党的十一届三中全会以来中国教育科学的回顾与展望》,教育科学出版社,1988年版。

3. 《教育资料丛刊》社编:《当前教育建设的方针》,人民教育出版社,1952年版。

4. 《中国教育年鉴》编辑部编:《中国教育年鉴(1949—1981)》,中国大百科全书出版社,1984年版。

5. 《中国青年》杂志编辑部编:《毛泽东同志论青年和青年工作》,中国青年出版社,1960年版。

6. 文化教育出版社编:《资产阶级教育思想批判》(1—3集),文化教育出版社,1955年版。

7. 北京师范大学教育系、广东师范学院教育学教研室、河南南阳地区教育干部学习班编:《教育史上的儒法斗争概况》,人民教育出版社,1975年版。

8. 曹孚:《教育学通俗讲座》,人民教育出版社,1954年版。

9. 常春元:《新民主主义教育教程》,上海杂志公司刊行,1950年版。

10. 陈桂生：《"教育学"辨——"元教育学"的探索》，福建教育出版社，1998 年版。

11. 陈桂生：《"教育学视界"辨析》，华东师范大学出版社，1997 年版。

12. 陈桂生：《常用教育概念辨析》，华东师范大学出版社，2009 年版。

13. 陈桂生：《回望教育基础理论》，北京师范大学出版社，2008 年版。

14. 陈桂生：《教育学的建构》，湖南教育出版社，1998 年版。

15. 陈桂生：《教育学究竟是怎么一回事》，上海教育出版社，2020 年版。

16. 陈桂生：《教育原理》，华东师范大学出版社，1993 年版。

17. 陈桂生：《马克思主义教育论著研究》，华东师范大学出版社，1993 年版。

18. 陈桂生：《人的全面发展理论与现时代》，上海教育出版社，1988 年版。

19. 陈桂生：《现代中国的教育魂》，辽宁教育出版社，1993 年版。

20. 陈友松主编：《当代西方教育哲学》，教育科学出版社，1982 年版。

21. 陈元晖、曹孚：《教育学》，人民教育出版社，1956 年版。

22. 成有信：《现代教育论集》，人民教育出版社，2004 年版。

23. 成有信主编：《教育学原理》，河南教育出版社，1993 年版。

24. 程亮：《教育学的"理论-实践"观》，福建教育出版社，2009 年版。

25. 程天君、吴康宁主编：《中国高校哲学社会科学发展报告 1978—2008》，广西师范大学出版社，2008 年版。

26. 崔相录：《二十世纪西方教育哲学》，黑龙江教育出版社，1989 年版。

27. 崔晓麟：《重塑与思考：1951 年前后高校知识分子思想改造运动

研究》，中共党史出版社，2005 年版。

28. 戴伯韬：《陶行知的生平及其学说》，人民出版社，1982 年版。

29. 戴伯韬等摘录和编辑：《马克思主义经典作家论教育》，人民教育出版社，1958 年版。

30. 丁钢：《中国教育的国际研究》，上海教育出版社，1996 年版。

31. 丁钢：《文化的传递与嬗变：中国文化与教育》，广西师范大学出版社，2009 年版。

32. 董标：《马克思主义教育思想论纲》，中国矿业大学出版社，1999 年版。

33. 董标：《毛泽东教育学》，时代国际出版公司（香港），2011 年版。

34. 杜成宪、崔运武、王伦信：《中国教育史学九十年》，华东师范大学出版社，1998 年版。

35. 方辉盛、何光荣主编：《陈友松教育文集》，社会科学文献出版社，2009 年版。

36. 方晓东等：《中华人民共和国教育史纲》，海南出版社，2002 年版。

37. 冯建军：《教育的人学视野》，安徽教育出版社，2008 年版。

38. 冯建军主编：《教育基本理论研究 20 年（1990—2010）》，福建教育出版社，2012 年版。

39. 冯天瑜：《孔丘教育思想批判》，人民出版社，1975 年版。

40. 傅统先、张文郁：《教育哲学》，山东教育出版社，1986 年版。

41. 傅统先：《反动的实用主义教育思想批判》，湖北人民出版社，1957 年版。

42. 顾明远：《顾明远文集》，北京师范大学出版社，2018 年版

43. 顾明远：《世界教育发展的启示》，四川教育出版社，1989 年版。

44. 顾明远：《中国教育的文化基础》，山西教育出版社，2004 年版。

45. 顾明远口述，李敏谊整理：《顾明远教育口述史》，北京师范大学出版社，2007 年版。

46. 郭笙、王炳照、苏渭昌：《新中国教育 40 年》，福建教育出版社，

1989 年版。

47. 郭文安：《论教育的主体性思想及教育的规律性》，华中师范大学出版社，1995 年版。

48. 郝文武、郭祥超：《教育学的改造》，北京师范大学出版社，2014 年版。

49. 郝文武主编：《教育学人讲演录》（1—5 卷），北京师范大学出版社，2013 年版。

50. 何东昌主编：《中华人民共和国重要教育文献（1949—1975）》，海南出版社，1998 年版。

51. 侯怀银：《20 世纪中国教育学史》，人民教育出版社，2020 年版。

52. 侯怀银：《中国教育学发展问题研究——以 20 世纪上半叶为中心》，山西教育出版社，2008 年版。

53. 胡德海：《教育学原理》，甘肃教育出版社，1998 年版。

54. 胡德海：《陇上学人文存·胡德海卷》，甘肃人民出版社，2014 年版。

55. 湖北人民出版社编辑出版：《批判杜威的反动教育思想》，湖北人民出版社，1955 年版。

56. 扈中平：《教育目的论》，湖北教育出版社，2004 年版。

57. 扈中平：《教育人性化四讲》，华东师范大学出版社，2019 年版。

58. 黄济、劳凯声主编：《王焕勋教育文集》，江苏教育出版社，2011 年版。

59. 黄济、王策三主编：《现代教育论》，北京师范大学出版社，1996 年版。

60. 黄济：《雪泥鸿爪：黄济教育文选》，北京师范大学出版社，2001 年版。

61. 江苏人民出版社编：《我国教育事业的大革命和大发展》，江苏人民出版社，1960 年版。

62. 金林祥主编：《20 世纪中国教育学科的发展与反思》，上海教育出版社，2002 年版。

63. 金生鈜：《规训与教化》，教育科学出版社，2004年版。

64. 金生鈜：《教育研究的逻辑》，教育科学出版社，2015年版。

65. 金一鸣主编：《中国社会主义教育的轨迹》，华东师范大学出版社，2000年版。

66. 金一鸣主编：《刘佛年教育文集》，江苏教育出版社，2010年版。

67. 康永久：《教育学原理五讲》，人民教育出版社，2016年版。

68. 李秉德：《李秉德教育文集》，教育科学出版社，2005年版。

69. 李江源：《我是一个工农兵学员：泛政治化教育中的受教育者》（上、下），福建人民出版社，2006年版。

70. 李政涛：《教育学科与相关学科的"对话"——从知识、科学、信仰和人的角度》，上海教育出版社，2001年版。

71. 励雪琴：《教育学是什么》，北京大学出版社，2006年版。

72. 刘佛年：《刘佛年学述》，浙江人民出版社，1999年版。

73. 刘佛年主编：《回顾与探索——论若干教育理论问题》，华东师范大学出版社，1991年版。

74. 刘猛：《意识形态与中国教育学：走向一种教育学的社会学研究》，南京师范大学出版社，2008年版。

75. 刘庆昌：《教育思维论》，广东教育出版社，2008年版。

76. 刘庆昌：《人类教育认识论纲》，福建教育出版社，2023年版。

77. 刘铁芳：《走向生活的教育哲学》，湖南师范大学出版社，2005年版。

78. 刘英杰主编：《中国教育大事典（1840—1949）》，浙江教育出版社，2001年版。

79. 柳海民：《教育理论的诠释与建构》，安徽教育出版社，2009年版。

80. 鲁洁：《超越与创新》，人民教育出版社，2001年版。

81. 鲁洁：《回望八十年：鲁洁教育口述史》，教育科学出版社，2014年版。

82. 陆有铨：《现代西方教育哲学》，河南教育出版社，1993年版。

83. 陆有铨：《躁动的百年——20 世纪的教育历程》，山东教育出版社，1997 年版。

84. 匿名编者：《毛主席论教育革命》，人民出版社，1967 年版。

85. 匿名编者：《谈培养和造就革命接班人》，中国青年出版社，1965 年版。

86. 匿名编者：《五四以来反动派、地主资产阶级学者尊孔复古言论辑录（附苏修以及美、日帝国主义分子有关孔子的反动言论）》，人民出版社，1974 年版。

87. 匿名编者：《战斗的声音：首都高等学校反右派斗争文艺作品选辑》，北京出版社，1957 年版。

88. 牛国兴：《早期德意志教育学形态》，中国社会科学出版社，2022 年版。

89. 瞿葆奎、马骥雄、雷尧珠编：《曹孚教育论稿》，华东师范大学出版社，1989 年版。

90. 瞿葆奎主编，郑金洲副主编：《教育基本理论之研究（1978—1995）》，福建教育出版社，1998 年版。

91. 瞿葆奎编著：《教育学的探究》，人民教育出版社，2004 年版。

92. 瞿葆奎主编，杜成宪副主编：《孟宪承文集》，华东师范大学出版社，2010 年版。

93. 瞿葆奎主编，瞿葆奎、沈剑平选编：《教育学文集·教育与教育学》，人民教育出版社，1993 年版。

94. 瞿葆奎主编，雷尧珠、余光、黄荣昌选编：《教育学文集·中国教育改革》，人民教育出版社，1991 年版。

95. 瞿葆奎主编：《元教育学研究》，浙江教育出版社，1999 年版。

96. 人民教育出版社编：《"活教育"批判》，人民教育出版社，1955 年版。

97. 人民教育出版社编：《当前教育革命指针》，人民教育出版社，1960 年版。

98. 人民教育出版社编：《毛泽东同志论教育工作》，人民教育出版

301

社，1958年版。

99. 人民教育出版社编：《我国教育工作方针》，人民教育出版社，1958年版。

100. 上海师范大学教育革命组编：《把无产阶级教育革命进行到底——大学教育革命经验选编》，上海人民出版社，1973年版。

101. 上海市出版革命组编：《彻底批判凯洛夫的〈教育学〉》，上海市出版革命组，1970年版。

102. 上海市虹口区编写组：《我们是毛主席的红卫兵》，上海人民出版社，1971年版。

103. 石佩臣主编：《教育学基础理论》，东北师范大学出版社，1996年版。

104. 石佩臣：《马克思主义教育思想引论》，中国展望出版社，1990年版。

105. 石中英：《教育学的文化性格》，山西教育出版社，1999年版。

106. 石中英：《知识转型与教育改革》，教育科学出版社，2001年版。

107. 宋恩荣、吕达主编：《当代中国教育史论》，人民教育出版社，2004年版。

108. 孙喜亭：《教育问题的理论求索》，人民教育出版社，2004年版。

109. 孙喜亭：《教育问题的理论思考》，河南大学出版社，1997年版。

110. 孙喜亭：《教育学问题研究概述》，天津教育出版社，1989年版。

111. 孙喜亭：《教育原理》，北京师范大学出版社，1993年版。

112. 孙振东：《中国教劳结合研究》，教育科学出版社，1996年版。

113. 涛声辑：《马恩列斯毛论学习问题》，读者书店，1949年版。

114. 田正平主编，肖朗、周谷平副主编：《中外教育交流史》，广东教育出版社，2004年版。

115. 涂艳国：《走向自由——教育与人的发展问题研究》，华中师范大学出版社，1999年版。

116. 王北生主编：《当代教育基本理论论纲》，人民教育出版社，2012年版。

117. 王炳照主编：《陈元晖教育文集》，江苏教育出版社，2011年版。

118. 王道俊、郭文安主编：《教育学》，人民教育出版社，2009年版。

119. 王道俊、郭文安主编：《主体教育论》，人民教育出版社，2005年版。

120. 王逢贤：《教育学原理》，教育科学出版社，2015年版。

121. 王焕勋主编：《马克思教育思想研究》，重庆出版社，1988年版。

122. 王坤庆：《20世纪西方教育学科的发展与反思》，上海教育出版社，2002年版。

123. 王涛：《追寻教育的语言基础：一种交际民族志学视野》，广东高等教育出版社，2011年版。

124. 王铁：《社会主义教育方针的理论与实践——中国教育方针研究》（上、中），教育科学出版社，1982年版。

125. 王枬（误为王枏）：《教育基本理论与实践》，广西师范大学出版社，1999年版。

126. 夏正江：《教育理论的哲学基础的反思——关于"人"的问题》，上海教育出版社，2001年版。

127. 项建英：《近代中国大学教育学科研究》，华东师范大学出版社，2012年版。

128. 肖川：《教育与文化》，湖南教育出版社，1990年版。

129. 新教育学会编：《毛泽东论新民主主义的文化教育》，东北书店，1947年版。

130. 徐继存：《教育学的学科立场——教育学知识的社会学考察》，北京师范大学出版社，2014年版。

131. 杨德广主编：《中国教育的回顾与展望：1949—1989》，上海交通大学出版社，1990年版。

132. 杨东平主撰：《艰难的日出：中国现代教育的20世纪》，文汇出版社，2003年版。

133. 叶澜主编：《二十世纪中国社会科学·教育学卷》，上海人民出版社，2005年版。

134. 叶澜：《回归突破："生命·实践"教育学论纲》，华东师范大学出版社，2015年版。

135. 叶澜：《教育研究方法论初探》，上海教育出版社，1999年版。

136. 叶志坚：《中国近代教育学原理的知识演进——以文本为线索》，浙江大学出版社，2012年版。

137. 于述胜、李兴洲、倪烈宗、李涛：《中国教育三十年：1978—2008》，四川教育出版社，2008年版。

138. 于述胜：《中国现代教育学术史论》，中国社会科学出版社，2012年版。

139. 于伟：《现代性的省思：后现代哲学思潮与我国教育基本理论研究》，教育科学出版社，2014年版。

140. 余清臣：《教育实践的哲学》，北京师范大学出版社，2018年版。

141. 袁振国编：《中国当代教育思潮》，三联书店上海分店，1991年版。

142. 张健主编：《教育的新认识——社会主义初级阶段教育思想探讨之一》，四川教育出版社，1988年版。

143. 张健主编：《中国教育科研成果概览（1979—1991）》，山西高校联合出版社，1992年版。

144. 李荣安、方俊、罗天佑编：《中国的自由教育》，香港朗文教育，2001年版。

145. 张凌光、朱智贤、陈选善：《教育学》（第1册），中南人民出版社，1954年版。

146. 赵德强：《1949—1957：共和国教坛风云》，福建教育出版社，2005年版。

147. 郑金洲、瞿葆奎：《中国教育学百年》，教育科学出版社，2002年版。

148. 郑金洲：《教育文化学》，人民教育出版社，2014年版。

149. 中国科学院江苏分院教育研究所编：《毛泽东教育思想学习资料》（初稿），江苏人民出版社，1960年版。

150. 中央教育科学研究所编:《中华人民共和国教育大事记:1949—1982》,教育科学出版社,1984年版。

151. 周谷平:《近代西方教育理论在中国的传播》,广东教育出版社,1996年版。

152. 周兴国:《教育实践话语的意义阐释》,安徽师范大学出版社,2016年版。

153. 周扬:《哲学社会科学工作者的战斗任务》,人民出版社,1963年版。

154. 朱智贤:《论新民主主义教育》,文光书店,1949年版。

后　记

2018年1月，张斌贤教授创意，编写"当代中国教育学术史"丛书。丛书的编写建议与体例，涉及22个学科和学科领域，"教育基本理论"排在首位。

我领受光荣任务后不久，商请程亮教授（华东师范大学）、张建国副教授（江苏师范大学）、孙嘉蔚博士（上海师范大学），分工合作，编写《教育基本理论研究》。在学务缠身、分身乏术的情况下，各位依然应允。很有感慨，很是幸运。

循例，在整体构思略有眉目之后，应约请业内人士，与我们坐在一起，讨论几个回合。孰料，那几年，大家见面嘘长问短，都像特嫌似的。"讨论几个回合"，黄粱一梦。无奈。线上交流，一种低温度、低认知、低情感、低效能的辅助手段，跑龙套的，唱了主角。变形的面容，走调的声音，时断时续，零落难堪。此情此景，神，或能入情入脑，入心入定；人，不能。

议定编写方略后，各自独立研究、创作。我撰写了引言和第一、二章；第三、四、五章是程亮教授和孙嘉蔚博士写的；张建国副教授完成了第六章，又编出"重要文献"初稿；我增删定型。浏览书稿各章后，我与各位作者，分别探讨过进一步完善一些的可能性。

本书各章，文风不一。书写差异，出于人文学科的特性，兼有社会科学的偏好，体现理论与语境互动的多样化陈述选择。这些，都是跑龙套的不具备的，做不到的。

后　记

　　一些师友和同行，关心、指导、助力本书的编写。有的意见，颠覆了第一、二章的初稿。特别感谢扈中平教授、王枬教授、杨兆山教授、孙振东教授、郑金洲教授等，特别感谢出版社成知辛先生、丛书主编张斌贤教授等，在温度、认知、情感、效能上的慷慨或加持。华东师范大学的童想文编辑，全程参与了编写工作。除在文献方面出工甚勤外，更校订了第一、二章的全部内容。同谢！

　　佛所加持无有边，故得见如是不思议庄严境界。

　　谢辞与责任两分。

　　请批评指正。

董　标

2024 年 6 月